谨以此丛书纪念
钱学森诞辰一百周年

曹刚川 二〇一〇年
十一月

国家出版基金项目
NATIONAL PUBLICATION FOUNDATION

钱学森科学技术思想研究丛书

从工程管理到社会管理

黄顺基　涂序彦　钟义信　著

科学出版社
北京

内 容 简 介

本书主要内容包括：上篇，从社会管理的时代背景，论述钱学森创建社会工程的基本设想。在现代科学技术革命新形势下，如何组织管理社会？处在社会主义初级阶段的中国，如何组织管理现代化建设？这是我们时代的新课题。中篇，论述钱学森创造性地提出的构建社会工程总体框架的思路。下篇，论述社会工程的基本思想与基本方法："开放复杂巨系统"概念；信息方法与大系统协调控制理论在"综合集成法"中的作用。

本书适合党政领导干部、国家公务员及社会人士、高校师生阅读。

图书在版编目(CIP)数据

从工程管理到社会管理/黄顺基，涂序彦，钟义信著. —北京：科学出版社，2012

(钱学森科学技术思想研究丛书)

ISBN 978-7-03-036086-1

Ⅰ. 从… Ⅱ. ①黄…②涂…③钟… Ⅲ. ①钱学森(1911～2009)-工程管理-研究②钱学森(1911～2009)-社会管理-研究 Ⅳ. ①F40②C916

中国版本图书馆 CIP 数据核字(2012)第 280780 号

责任编辑：魏英杰 杨向萍 / 责任校对：宋玲玲
责任印制：吴兆东 / 封面设计：陈 敬

科学出版社 出版
北京东黄城根北街 16 号
邮政编码：100717
http://www.sciencep.com

北京中科印刷有限公司印刷
科学出版社发行 各地新华书店经销

*

2012 年 11 月第 一 版 开本：B5(720×1000)
2024 年 3 月第三次印刷 印张：16 1/4
字数：299 000

定价：158.00元

(如有印装质量问题，我社负责调换)

《钱学森科学技术思想研究丛书》编委会

《钱学森科学技术思想研究丛书》序

在现代科学技术革命、政治多极化、经济全球化与文化多元化的新形势下，人类面对越来越复杂的世界，我国社会主义现代化建设同样也面对各种各样的复杂性问题。突破还原论，发展整体论，在还原与整体辩证统一的系统论基础上构建现代科学技术体系，探索开放的复杂巨系统理论与方法，并付诸实践，已经成为现代科学技术发展进程中的重大时代课题。

早在19世纪末，恩格斯就曾经预言①，随着自然科学系统地研究自然界本身所发生的变化的时候，自然科学将成为关于过程，关于这些事物的发生和发展以及关于把这些自然过程结合为一个伟大的整体的联系的科学。1991年10月，钱学森根据现代科学技术发展的新形势，进一步明确指出②："我认为今天的科学技术不仅仅是自然科学工程技术，而是人认识客观世界、改造客观世界整个的知识体系，这个体系的最高概括是马克思主义哲学。我们完全可以建立起一个科学体系，而且运用这个科学体系去解决我们中国社会主义建设中的问题。……我在今后的余生中就想促进这件事情。"

在东西方文化互补、融合的基础上，钱学森提出的探索宇宙五观世界观（胀观、宇观、宏观、微观、渺观）、社会主义社会三个文明（物质、政治、精神）与地理建设（生态文明）的体系结构、现代科学技术体系五个层次、十一个大部门的总体思想、开放的复杂巨系统理论、从定性到定量综合集成研讨厅与大成智慧学等，构成了钱学森科学技术思想的核心内涵。可以说，钱学森科学技术思想的核心是对现时代科学技术发展趋势的总体把握，是依据现时代科学技术综合化、整体化的发展方向，对恩格斯关于自然科学正在发展为"一个伟大的整体联系的科学"这一预见的科学论证与深刻阐发，它必将大大推动科学技术的发展，必将成为中国社会主义现代化建设的强大思想武器。因此，深入学习、研究、解读、继承，并大力传播与发展钱学森的科学技术思想，是我们这一代科技工作者不可推卸的历史责任。

钱学森在美国的二十年，潜心研究应用力学、工程控制论和物理力学，参与开拓美国现代火箭技术，成就为世界著名的技术科学家和火箭技术专家；回国后的前二十五年，专心致志地领导、开拓我国导弹、航天事业，成为世界级的航天发展战略家、系统工程理论与实践的开拓者和国家功臣；晚年的钱学森，在马克思主义哲学

---

① 马克思恩格斯选集(4卷). 2版. 北京：人民出版社，1995：245.

② 钱学森. 感谢、怀念与心愿. 人民日报，1991-10-17.

的指导下，在科学技术的广阔领域里不懈地探索着，从工程技术走向了科学论，成为具有大识、大德和大功的大成智慧者，具有深厚马克思主义哲学功底的科学大师和思想家。钱学森提出的科学技术思想具有非同寻常的前瞻性和战略意识，对于我国科学技术的发展与社会主义现代化建设是一座无价的思想宝库。我们这些来自不同学术领域的后来者，研究、解读他的创新科学技术思想，是有难度的，在知识域上也是有局限性的。现在呈现在读者面前的《钱学森科学技术思想研究丛书》只是我们学习、研究钱学森科学技术思想的初步成果。我们把本丛书奉献给读者，目的是希望尽我们的微薄之力，进一步推动钱学森科学技术思想的研究工作，诚恳地欢迎社会各界提出不同的意见，并进行广泛的学术交流。

在《钱学森科学技术思想研究丛书》陆续与读者见面的时候，我们衷心地感谢国内相关领域的学者、专家积极主动地参与研讨，尽心尽力地出谋划策，无私地贡献自己的知识和智慧；特别要感谢谢光选、郑哲敏院士和新闻出版总署、科学出版社的领导和同志们，正是他们的大力支持和鼓励，才使本丛书得以在钱学森百年诞辰之际问世。

《钱学森科学技术思想研究丛书》编委会

2010年12月11日

前　言

社会系统工程是钱学森20世纪80年代初以后极为关注的问题。1978年他在“两弹一星”工程成功的组织管理理论与实践的基础上，总结出独创的“系统工程”，指出它是现代化的组织管理技术。紧接着，1979年他提出“社会系统工程”，把系统工程组织管理的理论与方法推广到社会的组织管理。我国当前这个历史阶段的社会组织管理，具体地说，就是现代化建设的组织管理，所以钱学森称社会系统工程是“组织管理社会主义建设的科学技术”。他指出：在改善生产关系，改善上层建筑，使之适应生产力的发展的同时，我们必须研究改革过程中组织管理的科学技术①。1991年在中央授予他“国家杰出科学家”荣誉称号的大会上，他又一次满怀激情地表示：用现代科学技术建设有中国特色的社会主义，是他在余生中想促进的事情②。钱学森念念不忘社会主义中国的繁荣昌盛、中华民族的伟大复兴，回国伊始就致力于把现代科学技术的理论研究与中国发展的实际需要相结合，特别是面对中国的改革与发展这样一个极其复杂、瞬息万变的问题，他认为：光靠经验方法不行，必须有现代化的科学方法。

“社会系统工程的思想理论”是钱学森留给我们的极为宝贵的精神财富，对它的学习和研究，是继承与弘扬钱学森勇于开拓创新的精神、坚定的社会主义信念的一项极为重要的任务。

本书是我们学习钱学森“社会系统工程的思想理论”初步探索的成果，下面简要地介绍我们几点粗浅的体会。

1. 社会系统工程的基本问题

（1）社会系统工程与马克思主义国家学说

马克思主义认为，无产阶级在取得国家政权后，必须运用国家政权组织管理社会活动，才能巩固政权，推动社会进步。钱学森创建的社会系统工程（可简称

---

① 钱学森，等．论系统工程．上海：上海交通大学出版社，2007：13.

② 钱学森．感谢、怀念与心愿．人民日报，1991-10-17.

社会工程），就是在马克思主义国家学说指导下，开创的哲学、自然科学、社会科学、地理科学、系统科学与数学科学相结合的、关于我国进行改革与发展的组织管理的科学技术。

钱学森指出，当前正在进行的社会主义现代化建设，是根本改变我国科学、技术与经济落后面貌的伟大革命，必须研究组织管理的科学方法，这个科学方法叫做社会系统工程。它“是综合了近 100 多年来马克思主义的社会科学发展成果，综合了近半个世纪自然科学技术发展成果，并吸取了近 20 多年电子计算机发展成果才成立的”[①]，是一项伟大的技术创新，其意义绝不亚于 200 多年前的工业革命。

（2）社会系统工程是组织管理现代化建设的科学方法

30 年前钱学森就提出：社会主义现代化建设是中国人民伟大的历史任务，也是各级领导的任务。为此，领导决策必须科学化。怎样做到领导决策的科学化？他提出：除了领导者的马克思主义哲学素养外，还必须有科学的方法和实现这个方法的机构，因为现代科学技术是一个庞大的知识体系，任何个人都不可能全面地掌握；更何况在改革的过程中，各种矛盾错综复杂，各种突发事件，如金融危机、恐怖袭击等层出不穷。

社会系统工程是国家范围的组织管理的科学技术，它的对象是极其复杂的社会系统。通常讲的系统工程是工厂、企业、机构等单位，相对于社会系统而言是子系统。社会系统工程关系到社会主义现代化建设的全局与长远发展，关系到国家的长治久安，因而早在 20 世纪 80 年代中期钱学森在中央党校作的报告中，就对社会系统工程的理论与方法做出了全面的、系统的论述[②]。

（3）社会系统工程的极端重要性

钱学森指出：“我国社会主义现代化建设是一项认识世界和改造世界的复杂、艰巨而伟大的社会工程。组织和实施这项伟大工程，要求各级党政干部具备马列主义理论修养、丰富的实践经验，掌握现代科学技术知识，学会现代化的预测、组织、管理、决策和领导的科学方法。运用人类认识世界和改造世界的全部学问，研究和创立社会主义现代化建设的科学，这是摆在我们面前具有重大理论意

① 钱学森，等. 论系统工程. 上海：上海交通大学出版社，2007：18.

② 钱学森. 社会主义现代化建设的科学和系统工程. 吴义生，编. 北京：中共中央党校出版社，1987.

义和实践意义的课题。”社会系统工程的理论和方法对广大干部开阔眼界，增长知识，掌握科学方法，提高领导水平，会起到重要作用。

2. 社会系统工程的基本思想

钱学森倡导创建的社会系统工程，思想深刻、内容丰富，按照我们初步的探索，将其基本思想扼要论述如下：

① 社会系统工程的理论意义与实际意义。社会系统工程是马克思主义哲学的发展，是马克思主义社会科学的重要组成部分。这门新兴的交叉科学技术，应对当代社会发展面临的复杂性问题的挑战，建立社会主义现代化建设的系统（它的子系统包括政治文明、物质文明、精神文明与生态文明的建设），以及从整体上把握、思考、解决我国社会的发展问题，贯彻落实科学发展观，具有极为重要的意义。

② 社会系统工程对象与方法。社会系统工程的对象是整个国家的社会系统，它是有意识的人参加的、开放的复杂巨系统，因此首先必须明确“开放的复杂巨系统”概念。在此基础上提出研究它的方法，这就是从定性到定量综合集成法。

③ 综合集成研讨厅体系。它是实行社会系统工程方法的组织形式，由专家体系、知识体系和机器体系三个部分组成，是高度智能化的人—机结合体系。它不仅具有信息与知识采集、存储、传递、调用、分析与综合的功能，更具有产生新知识和智慧的功能。既可用来研究理论问题，又可用来解决实际问题，是智能化的组织机构。

④ 总体设计部。它是应用社会系统工程方法的实体机构。其研究方法是近代自然科学“定性与定量相结合的方法”的提升，近代自然科学方法是科学家个体的手工业式的方法；而综合集成法则是科学家与技术专家构成的、有组织的、集体的工作方法，它利用思维科学、人工智能、知识工程、数据库、知识库等现代科学技术成果其中特别是人的创造性，因此钱学森认为总体设计部要“以人为主”，计算机体系、信息库与知识库为辅。这样，总体设计部应用的综合集成法，比起自然科学研究中个人的“定性与定量相结合的方法”，优越性不可同日而语，用钱学森的话说：它是“更上一层楼了。”①

① 钱学森. 创建系统学. 上海：上海交通大学出版社，2007：99，100.

⑤ 总体设计部的任务。它从系统总体协调的需求，对系统进行总体分析、总体论证、总体设计、总体协调、总体规划，在此基础上提出具有科学性、可行性和可操作性的总体方案，向领导提供组织管理和决策的依据。社会主义建设的总体设计部的任务，是为国家的组织管理提供咨询，为国家文明建设与发展战略提出总体方案，从而推进科学发展观的贯彻落实，提高应对社会发展可能面临的各种重大风险的科学预见性。

⑥ 总体设计部的产生与形成。钱学森建议的社会主义建设总体设计部，是在吸取了第二次世界大战以来世界大国军队总参谋部、总结了我国“两弹一星”研制总体设计部等成功经验的基础上提出来的。周恩来总理生前对我国航天系统工程“总体设计部”的成功经验十分重视，曾期望把它推广到国民经济建设中去。钱学森在总结我国两弹一星研制经验时指出：“总体设计部的实践，体现了一种科学方法，这种科学方法就是‘系统工程’”。总体设计部的设计是顶层设计，它设计的“是系统的‘总体’，是系统的‘总体方案’，是实现整个系统的技术途径。总体设计部一般不承担具体部件的设计，却是整个系统研制工作中必不可少的技术抓总单位。总体设计部把系统作为它所从属的更大系统的组成部分进行研制，对它的所有技术要求都首先从实现这个更大系统技术协调的观点来考虑；总体设计部把系统作为若干分系统有机结合成的整体来设计，对每个分系统的技术要求都首先从实现整个系统技术协调的观点来考虑；总体设计部对研制过程中分系统之间的矛盾、分系统与系统之间的矛盾，都首先从总体协调的需要来选择解决方案，然后留给分系统研制单位或总体设计部自身去实施。”①

综上所述，钱学森应用于社会管理的系统工程的理论和方法，是在马克思主义哲学指导下，综合了近半个世纪自然科学技术的发展成果，近100多年来马克思主义社会科学的发展成果，并吸取了近30多年电子计算机技术发展成果创立起来的，特别是通过他本人70多年在现代科学技术前沿领域探索的历练和50多年国家社会主义建设实践的锤炼，面对国际竞争日益激烈，我国改革开放面临种种问题的情况下，高瞻远瞩地提出必须把系统工程推广应用到现代化建设中去。钱学森曾预言：社会系统工程关系到改造社会，提高社会生产力，提高国防力量，是组织管理社会系统的一项伟大的技术创新，广泛运用社会系统工程方法，

① 钱学森，等. 论系统工程. 上海：上海交通大学出版社，2007：3.

整个国家的面貌将会有一个大改变[①]。

3. 社会系统工程的基本内容

(1) 社会主义国家的组织管理功能

钱学森根据马克思的社会形态的学说，提出我国现代化建设是一个系统工程，它包括四个子系统，即经济建设、政治建设、文化建设与地理环境建设。围绕这四个子系统，国家的组织管理功能可分为下列八个[②]：

① 物质财富生产。没有物质财富的生产，改善民生便无从谈起。

② 精神文明创造。精神文明为物质文明的发展提供精神动力和智力支持，为它的正确发展方向提供有力的思想保证。

③ 社会公众服务。物质财富的生产和精神文明的创造，要有后勤保障工作，也就是社会公众服务工作保证。

④ 国家行政管理。国家行政管理机构要随着情况的变化、经验的积累和工作效率的改进，及时做出调整。

⑤ 国家法制体系。依法治国，必须建立健全的国家法制体系，包括法律、立法机构和执法机构，各级公安部门、检察院、法院等。

⑥ 国际友好交往。除了政治交往，还有经济、贸易、科学技术、文化方面的交往，以及友好访问、国际旅游，要有一个专门机构，负责搞好各方面的协商、协调、协作。

⑦ 国防事业建设。包括各军兵种部队，如陆军、海军、空军、武警等，以及国防科学技术的研究机构，国防工业和军队院校。

⑧ 国家环境管理。包括生态平衡、环境保护、地质勘探、气象预报、地震监测、海洋工程，以及废旧物资的回收利用。

上述国家组织管理功能协调配合、动态平衡、统筹兼顾，国家的发展就正常、健康、可持续。社会系统工程关系到现代化建设的科学发展，是管理科学技术的“伟大的创新，整个社会面貌将会有一个大改变。”[②]

---

① 钱学森. 社会主义现代化建设的科学和系统工程. 吴义生，编. 北京：中共中央党校出版社，1987：218.

② 钱学森. 社会主义现代化建设的科学和系统工程. 吴义生，编. 北京：中共中央党校出版社，1987：32-45.

(2) 社会系统的学科体系

社会系统工程的对象是社会系统，应该按照现代科学技术认识发展规律，“基础科学—技术科学—工程技术”双向互动的规律，建立社会系统的学科体系。据此，可以把它划分为如下的三个层次：

社会系统的基础科学——社会系统的技术科学——社会系统的工程技术

在交叉科学时代，如何按照社会系统工程横跨自然科学、社会科学、地理科学、系统科学、信息科学、计算机科学、数学科学的特点，建立与完善它的学科体系，这是有待进一步深入研究的课题。

4. 本书的内容要点

本书分三篇，共十二章，其内容扼要介绍如下：

上篇　在现代科学技术革命新形势下，如何组织管理社会？处在社会主义初级阶段的中国，如何组织管理现代化建设？这是一个新的课题。本篇论述社会管理的时代背景以及钱学森的基本设想。

第一章　论述科学技术与社会发展的关系，它是社会管理的时代背景。

第二章　论述科学技术是现代社会的第一生产力，它是社会发展的动力。

第三章　扼要介绍钱学森关于组织管理现代化建设的基本设想、基本内容与基本程序。

中篇　社会系统工程是在马克思主义国家学说指导下，开创的哲学、自然科学、社会科学、地理科学、系统科学、信息科学、计算机科学、数学科学相交叉的、关于国家的组织管理的科学方法。本篇提出它的总体框架。

第四章　马克思主义关于社会发展的论述，特别是中国共产党结合中国具体实际进行的关于社会发展的理论创新，是社会系统工程的思想理论基础，在这个基础上，根据当前面临的国际国内新形势，提出组织管理现代化建设的新问题。

第五章　管理科学是社会系统工程的基础科学之一，西方管理科学是从企业管理发展起来的，所以钱学森指出：“除了复杂的工程系统的组织管理技术的发展之外，还有一个领域的发展，大企业的经营管理技术，这在国外也叫‘经营科学’”①。这一章介绍了与系统工程密切相关的行为科学和系统管理理论，以及技

① 钱学森，等. 论系统工程. 上海：上海交通大学出版社，2007：4.

术科学层次的运筹学。运筹学"是体系组织管理的实践总结出来的、有普遍意义的科学理论"①，阐明钱学森对这三个领域成果的分析、概括与创建。

第六章　以科学为基础的社会工程，是推动社会发展的强大力量，是一个开放的复杂巨系统，从成功的系统工程的理论与管理实践，推广应用于社会主义现代化建设，是社会系统工程研究的任务。本章阐明社会系统工程作为一门新兴的交叉科学技术的内容与方法。

第七章　钱学森的社会系统工程，是总结系统思想与系统科学发展史，结合他自己从事系统工程的实践经验提出的。他克服了科学研究中占统治地位的机械论观点与还原论方法的局限性，创造性地提出"开放的复杂巨系统"概念与"从定性到定量综合集成方法"，以及应用于现代化建设中的组织形式（综合集成研讨厅体系）和执行机构（总体设计部）。这是科学思想和科学方法上的革命，本章论述系统科学的产生与形成，以及钱学森的重大贡献。

下篇　社会系统工程是组织管理社会系统的现代技术，本篇论述它的思想与方法。

第八章　社会系统工程，是把马克思主义哲学与现代科学技术结合、适应现代化建设的需要提出的、一门新兴的交叉科学技术。有必要从方法论上对它特有的综合集成法做出分析。阐明它与近代自然科学的综合分析方法的本质区别。本章论述钱学森"从定性到定量综合集成方法"的划时代的创新。

第九章　对于社会工程这种特殊的开放的复杂巨系统，现在能用的、唯一有效的处理方法，就是定性定量相结合的综合集成方法。应用这个方法首先是要处理从调查研究得来的大量的信息与知识；在网络时代我们面对海量的信息，如何发挥人的思维能力和智慧的作用，把信息"激活"？如何从信息到知识，从知识到智能？这是成功使用综合集成法的关键。本章从信息的观点与方法对这个问题进行初步的探索。

第十章～第十二章。综合集成法的执行机构是总体设计部，它的工作过程是：第一步，从系统的'总体'出发，设计系统的"总体方案"，它是实现整个系统的"技术途径"。第二步，应用系统科学理论、特别是应用它的技术科学层次的协调控制理论，对每个分系统的技术要求都首先从实现整个系统技术协调的

---

① 钱学森，等. 论系统工程. 上海：上海交通大学出版社，2007：7.

观点来考虑，研究它们之间的相互关系，研究如何使它们协调发展，以取得最好的整体效益。第三步，综合集成方法的思维过程如下：

问题——信息与知识——广义模型——算法与软件——计算机仿真

在这个过程中，起关键作用的是模型的建立（定性）与模型的仿真实验（定量），两者都离不开计算机。电子计算机具有非常强大的功能：一是有高效的综合信息库；二是能对信息进行快速处理；三是便于修改变换的模型，可以进行计算机仿真实验。在这三章，可进行数学仿真实验，便于修改、变换模型。用钱学森支持赞成的“大系统控制论”和方法，分别对这三步做出分析，作为进一步深入探索复杂系统的基础。

本书由黄顺基总体设计，前八章由黄顺基撰写，第九章由钟义信撰写，第十章～第十二章由涂序彦撰写，全书由黄顺基统稿。

钱学森创建的社会系统工程，是一门组织管理社会的交叉科学技术，它对我国改革与发展有着极为重要的理论意义与实际意义。由于我们学识有限，况且这是初步探索，全书难免有不完善的地方，有待进一步加以完善。我们希望这本书能凝聚更多的同志共同努力，把这个事关中国改革与发展的重大课题深入地研究下去，把社会主义现代化建设事业推向前进。

目　　录

上篇　科学技术革命与社会发展
——社会管理的时代背景

第一章　科学技术是推动社会发展的革命力量

关于科学技术与社会发展的关系，19世纪马克思就已经指出："科学是一种在历史上起推动作用的，革命的力量。"① 20世纪40年代后，一场以信息技术为核心的新技术革命，给人类社会带来了翻天覆地的变化，如何进一步研究科学技术发展与社会发展的关系，这是马克思主义的新课题，是创建社会系统工程的时代背景。

1.1　技术革命、产业革命与社会发展

1.1.1　人类社会的发展始于农业革命

早期的人类还没有从动物界中分化出来，人类以采集天然野生植物和狩猎现成动物为生活来源，史称渔猎社会。

人类社会的产生是从农业生产活动开始的。一万年前新石器时代，农耕技术的出现，使得人类从采集、狩猎过渡到种植业、畜牧业，从此人们便开始了生产维持自己生存所必需的物质生活资料。马克思和恩格斯指出：物质生活资料的生产，是人类必须每日每时都要进行的一种历史活动，是一切人类生存的第一个前提，从而是一切历史的第一个前提，一切历史的一种基本条件，因而从农业革命（物质生活资料的生产活动）开始，诞生了人类社会②，从此有了人类社会生产方式与生活方式的发展。历史学家与未来学家正是按照重大生产技术的发展，把人类社会的历史，划分为如下不同的时期和不同的社会类型：

农业技术革命——工业技术革命——信息技术革命

农业社会——工业社会——信息社会

1.1.2　恩格斯对英国工业革命的分析

19世纪40年代，以英国工业革命基本完成为标志，人类社会从传统农业社会转变为工业社会。恩格斯对工业革命引发的这一伟大的社会转变过程，特别是科学技术在这个过程中的作用，进行了深刻的分析。

---

① 马克思恩格斯全集（19卷）. 北京：人民出版社，1956：375.

② 马克思恩格斯全集（3卷）. 北京：人民出版社，1965：31，32.

1. 工业革命的社会影响

18世纪英国工业革命的起点是工具机的发明①。恩格斯分析了当时在英国主要工业部门（纺织业）中使用的工具机的一系列发明对工业的产生与发展的影响。他指出：工具机发明的“最直接的结果是英国工业的诞生，首先是棉纺织业的诞生。”② 但只是在1785年瓦特建立了第一个蒸汽纺纱厂，有了工厂制度之后，纺织业生产的社会影响才充分显示出来。这主要表现在：一方面，所有的棉纺织业部门都革命化了——从家庭劳动变成工厂劳动，劳动社会化了；另一方面，棉纺织业劳动生产率的提高，迅速扩展到其他纺织业部门，如毛纺织业、麻纺织业、丝纺织业，使生产的社会影响方面发生了根本的变革。

2. 纺织业的发展带动相关工业的发展

这主要表现在以下几个方面：一是在纺织业革命化的过程中，纺和织对最终产品所经过的顺序产生了重要的影响，使得染色业、印花业和漂白业迅速发展起来；二是纺纱机、织布机的制造发展成为一个独立的工业部门，引起了机器制造业的发展；三是机器制造业的发展需要钢铁为材料，于是采矿业也发展起来了。由此可见，工业革命带来的社会影响是巨大的，一个工业部门的进步会把所有其余的部门也带动起来。

3. 工业革命引起社会的变革

工业革命的社会影响不仅如上所述，它还带来社会的变革，主要是教育、就业与生活方式的显著变化，原因是工业革命产生的新的生产技术，需要培养、训练一大批能够熟练操作的工人，他们带来了新的生产关系和新的需求；工业生产降低了产品的价格，人们的生活得以改善；生产技术的改良与创新产生出新的需要、新的生产部门。于是，随着纺织部门的革命，发生整个工业的革命。一系列新兴工业，如金属加工业、采矿业、交通运输业（公路、运河、铁路）等，如雨后春笋般成长起来。

4. 工业革命是社会发展的动力

恩格斯从社会发展的角度深刻地指出：由英国工业革命所产生的社会革命，比法国的政治革命或德国的哲学革命都更广泛、更深刻。政治革命和哲学革命必然以社会革命为依归。英国工业革命“是现代英国各种关系的基础，是整个社会

---

① 马克思恩格斯全集（23卷）. 北京：人民出版社，1966：410.
② 马克思恩格斯全集（1卷）. 北京：人民出版社，1956：668.

发展的动力。”[①] 但是，在资本主义历史时代，工业革命导致的社会后果是：本来应该属于全人类的工业生产力，却“为少数富有的资本家所独占，成为他们奴役群众的工具。以市场为纽带的商业，吞并了工业，变得无所不能，人与人之间的一切关系（个人的或国家的），都被归结为商业关系，或者换句话说，财产、物成了世界的统治者。”[①]

5. 技术革命、产业革命与社会革命之间的关系

恩格斯详尽地研究了英国的工业革命后，以它为典型，深刻地指出技术革命、产业革命与社会革命之间的关系，即技术革命是从蒸汽机和棉花加工机的发明开始的，“这些发明推动了产业革命，产业革命同时又引起了市民社会中的全面变革”[②]。它破坏了农业社会的生活方式，产生了以工业为中心的大城市，英国就是发生这样一种变革的典型国家。

1.1.3 钱学森关于科学革命、技术革命、产业革命与社会革命的论述

20 世纪钱学森在现代科学技术革命的新情况下，坚持并发展了马克思恩格斯关于技术革命、产业革命与社会发展的基本思想，根据我们时代科学技术的新进展，提出了更丰富、更全面的论述。

19 世纪前期，当英国工业革命蓬勃进行的时候，马克思洞察历史发展的新动向，第一次提出：科学是生产力，并预见到科学是一种在历史上起推动作用的、革命的力量。19 世纪后期，以电力科学领先，一系列高新技术的发展继后，推动自由资本主义向垄断资本主义发展，证实了马克思的预见。钱学森关于“科学革命—技术革命—产业革命—社会革命”的相互联系与相互作用，及其与社会形态的飞跃的论述，是在 20 世纪 90 年代初提出的，它极大地丰富发展了马克思的观点。

(1) 关于科学革命

科学家公认，16—17 世纪哥白尼—牛顿的科学革命是宇宙观、认识论、方法论的变革。

哥白尼（1473—1543）在《天体运行论》中，建立了一个同宗教宇宙观对立的、以太阳为中心的宇宙体系，推翻了特勒密的“地心说”，否定了“地球是上帝特地安排在宇宙中心”的宗教神话。哥白尼“日心说”的建立，为以后天文学的发展奠定了基础，并使自然科学从宗教神学的桎梏中解放出来。爱因斯坦高度评价哥白尼的成就，他说：哥白尼“对于西方摆脱教权统治和学术统治枷锁的精神解放所作的贡献几乎比谁都要大。”哥白尼的成就

① 马克思恩格斯全集（1 卷）. 北京：人民出版社，1956：674.
② 马克思恩格斯全集（2 卷）. 北京：人民出版社，1965：281.

“不仅铺平了通向近代天文学的道路，而且也帮助人们在宇宙观上引起了决定性的变革。”①

牛顿（1642—1727）在开普勒和伽利略等前人和同时代人的科学工作的基础上，结合自己的科学实践，总结出力学运动的三个基本定律和万有引力定律，奠定了经典力学的基础，实现了物理学史上、也是人类对自然界认识史上的第一次理论性的综合。爱因斯坦高度评价牛顿的成就，他说：牛顿是位杰出的天才，“在他以前和以后，都还没有人能像他那样地决定着西方的思想、研究和实践的方向。”②

哥白尼—牛顿的科学革命对人类思想史、文明史、认识史的变革，其意义是无法估量的。钱学森根据现代科学技术革命的新发现（如相对论、量子力学），从哲学认识论上概括指出：“科学革命是人认识客观世界的飞跃”③。

（2）关于技术革命

马克思和恩格斯十分关注技术革命与社会发展的关系，他们非常重视技术革命在社会发展中的作用，特别是指出了技术革命对资本主义社会产生与发展的影响。

马克思说：“火药、指南针、印刷术是预告资产阶级社会到来的三大发明。火药把骑士阶层炸得粉碎，指南针打开了世界市场并建立了殖民地，而印刷术则变成新教的工具，总的来说变成科学复兴的手段，变成对精神发展创造必要前提的最强大的杠杆。”④

机器和新的工具机的技术发明，把资本主义的工场手工业推向现代机器大工业，从而把资产阶级社会的整个基础革命化了⑤。

技术是生产力，它决定生产关系的发展，在古代，手推磨产生的是封建主为首的社会，在现代，蒸汽磨产生的是工业资本家为首的社会⑥。

因此，马克思和恩格斯认为，技术革命必将引起社会的深刻变革，这可从18世纪末、19世纪初英国的机器技术革命以及由之引发的工业革命得到最好的证明。在工业革命策源地英国，18世纪后期从纺织工具机的发明开始了工业革命，此后纺织部门的技术进步把所有其余的部门也带动起来，于是发生了整个工业的革命：生产方法改变了，人们不是在家里工作了，他们开始共同在一个工厂内工作，机器大生产代替了手工业生产，工业把劳动集中到工厂和城市里⑦，引

① 爱因斯坦文集（1卷）．许良英，范岱年，编译．北京：商务印书馆，1976：601.

② 爱因斯坦文集（1卷）．许良英，范岱年，编译．北京：商务印书馆，1976：222.

③ 中央组织部第五部委．九十年代科技发展与中国现代化．长沙：湖南科学技术出版社，1991：9.

④ 马克思恩格斯全集（47卷）．北京：人民出版社，1979：427

⑤ 马克思恩格斯（20卷）．北京：人民出版社，1971：285.

⑥ 马克思恩格斯全集（1卷）．北京：人民出版社，1956：108.

⑦ 马克思恩格斯选集（1卷）．北京：人民出版社，1976：670，676.

起了生产方式的变革，这是全社会整个物质资料生产体系的变革，它使得英国经济腾飞，跃居世界首位。

钱学森站在马克思主义哲学立场上，结合现代技术的新发明（如电子计算机技术、核技术），深刻地指出："技术革命是人改造客观世界技术的飞跃"①。

（3）关于产业革命

产业革命是由于科学技术上的重大突破，使国民经济的产业结构发生重大变化，进而使经济、社会等各方面出现崭新面貌。近代史上英国的工业革命，以机器取代人力，以大规模工厂化生产取代个体工场手工生产，使得国民经济发生了以工业为主导的产业结构，这是一场科技革命与生产方式的革命。

钱学森总结历史上已经发生的几次产业革命，认为产业"是指整个物质生产的事业，其影响涉及全社会"②，产业革命是"经济的社会形态的飞跃"③，它是"由一项或众多的技术革命引起的。"④

（4）关于社会革命

社会革命有两种含义：第一种是指社会制度的根本变革，即由一种先进的社会制度代替另一种落后的社会制度；第二种是指在原有社会制度的前提下，改革生产关系和上层建筑中不适应生产力发展的一系列相互联系的环节和方面，这是原有社会制度的自我完善和发展。我国目前进行的改革就是第二种含义的社会革命，"它既要大幅度地改变目前落后的生产力，就必然要多方面地改变生产关系，改变上层建筑，改变工农业企业的管理方式和国家对工农业的管理方式。"⑤ 所以，邓小平多次指出：我国进行的改革是一场革命。

钱学森从社会形态与社会革命的关系的角度，提出"社会形态的飞跃才是社会革命。"⑥ 这是社会革命的第一种含义。至于在原有制度下的"产业革命、政治革命和文化革命都是社会形态的飞跃，都是社会革命"⑦，这是社会革命的第二种含义。

---

① 中央组织部等五部委. 九十年代科技发展与中国现代化. 长沙：湖南科学技术出版社，1991：9.

② 中央组织部等五部委. 九十年代科技发展与中国现代化. 长沙：湖南科学技术出版社，1991：7

③ 钱学森. 社会主义现代化建设的科学和系统工程. 吴义生，编. 北京：中共中央党校出版社，1987：12.

④ 中央组织部等五部委. 九十年代科技发展与中国现代化. 长沙：湖南科学技术出版社，1991：8.

⑤ 邓小平文选（2卷）. 北京：人民出版社，1993：135.

⑥ 钱学森. 社会主义现代化建设的科学和系统工程. 吴义生，编. 北京：中共中央党校出版社，1987：11.

⑦ 钱学森. 社会主义现代化建设的科学和系统工程. 吴义生，编. 北京：中共中央党校出版社，1987：12.

其次，钱学森阐明了四种不同的革命之间的相互联系和相互作用。

如前所述，恩格斯早就指出技术革命、产业革命与社会革命之间的关系。这是马克思主义的一个基本观点。它表明：产业革命既是生产技术的革命，同时也是生产关系的深刻变革；产业革命是全局性的，伴随着工业部门的技术革命，必然会引起农业、交通运输业，服务业以及相应的社会经济关系的变化。

历史唯物主义的基本原理认为：生产力发展推动社会形态发展，其过程大致如下：

生产力→生产关系→与经济基础相适应的上层建筑以及社会意识形态

钱学森从现代科学技术的整体及其对社会的作用出发，深入地分析了“科学革命—技术革命—产业革命—社会革命”的相互联系与相互制约①，指出它们之间的关系是网络式、反馈式的关系，即其中一种革命的发生必然会引发另外一种革命，并且其自身也要受到其他类型革命的影响，如图 1-1 所示。

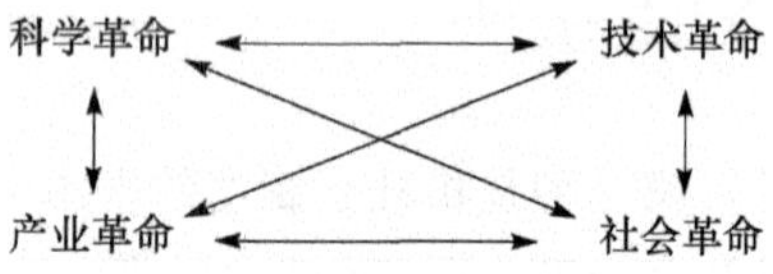

图 1-1

这就丰富并发展了历史唯物主义基本原理，钱学森根据现代科学技术革命的新情况，对这个基本原理作出了深入的论述，认为当代社会发展的规律是：“科学革命在先，然后导致技术革命，最后出现产业革命”②，产业革命是物质资料生产方式的变革，它“影响到整个社会发生飞跃。”③ 钱学森关于四种革命之间的相互联系和相互作用及其对社会发展影响的论述，大大发展了马克思主义的科学观、技术观及科学技术与社会发展关系的观点。

再次，钱学森指出科学技术革命与社会发展的前景。

20 世纪 60 年代以来，由于科学技术革命给人类社会带来了翻天覆地的变化，从 18 世纪 60 年代的工业革命到 20 世纪 40 年代，在短短的一百多年内，科学技术革命深刻地变革了人类的生产方式、生活方式与思想观念。国外的社会学家与未来学家，如贝尔、托夫勒、奈斯比特等，纷纷研究科学技术革命所引发的社会变革，并作出预测。他们从产业革命的角度出发，把人类社会的历史发展划分为三个历史时期，相应地出现了三种社会，即

第一次农业革命——第二次工业革命——第三次信息革命

① 中央组织部等五部委. 九十年代科技发展与中国现代化. 长沙：湖南科学技术出版社，1991：6-11.

② 中央组织部第五部委. 九十年代科技发展与中国现代化. 长沙：湖南科学技术出版社，1991：9.

③ 中央组织部等五部委. 九十年代科技发展与中国现代化. 长沙：湖南科学技术出版社，1991：7.

农业社会——工业社会——信息社会

他们用的名词虽然有所不同，但含义是一致的，如表 1-1 所示。

表 1-1

人　物	社会划分		
贝尔	前工业社会	工业社会	后工业社会
托夫勒	第一次浪潮社会	第二次浪潮社会	第三次浪潮社会
奈斯比特	农业社会	工业社会	信息社会

钱学森站在历史唯物主义的立场上，从现代科学技术体系的整体观与动态观出发，深入地考察科学技术革命与人类社会发展，以及与现代中国发展的关系，提出了深刻的论述并预言 21 世纪社会发展的趋向。

第一次产业革命——农业革命。大约一万年前农耕技术的出现，人类开始从事生产，开始制造最广义的生活资料，这是自然界离开了人便不能生产出来的，而动物所能做到的最多是搜集[①]。人类从采集、狩猎为生发展到种植业、畜牧业，开始生产自己生存所必需的生活资料，从此开始了社会的发展。农业革命、农业生产活动，是人类“第一个历史活动”[②]，农业的发展引起了由原始公社到奴隶社会的社会革命。

第二次产业革命——商业革命。奴隶制后期，由于农牧业与手工业的发展，产品除了自给自足外，还有剩余，于是出现了为交换而生产；由个人交换逐渐发展为集市，出现了为交换服务的商业，它成为联系生产与消费的产业，是经济活动中必不可少的产业部门。商业革命加速了社会分化，导致奴隶社会到封建社会的社会革命。

第三次产业革命——工业革命。18 世纪后期，在英国首先是纺织部门工具机的革命，然后是动力机与传动机的革命，由此带动了一系列产业部门，如加工业、机器制造业、采掘业、交通运输业等，产生了一个大的产业部门——工业。工业中的机器制造业为资本主义社会的发展奠定了物质技术基础。工业革命开创了人—机结合的物质生产体系，由于机器动力的驱动使生产力大大发展，资产阶级正是利用机器大工业所创造出来的生产力，“比过去一切世代创造的全部生产力还要多，还要大。”[③] 工业生产力的发展，引起了欧洲由封建社会向资本主义社会的过渡。

第四次产业革命——服务业革命。19 世纪末，20 世纪初，由于工业蓬勃发展，生产集中于越来越大的企业，在西方工业发达国家出现了大规模、组织起来

① 马克思恩格斯全集（20 卷）. 北京：人民出版社，1971：652.

② 马克思恩格斯全集（3 卷）. 北京：人民出版社，1965：31.

③ 马克思恩格斯选集（1 卷）. 北京：人民出版社，1976：256.

的大公司、跨国公司，生产、交换成为世界性的了。大公司的发展，一方面把自由资本主义推向垄断资本主义，原来服务于交换的商业，现在发展为服务于生产—消费—分配—流通的服务业，包括商业、金融保险业、交通运输业、通信业、电业、医疗卫生业、教育业、公用事业、娱乐业等。在美国，正如丹尼尔·贝尔所指出的，美国1900—1980年间经济发生了两次结构性变化，主要是服务业的变化：一次是向服务业的转化，另一次是公共部门作为就业的主要领域而发展起来①。另一方面，大公司向股份公司的转变，意味着私人资本向社会资本的转变，生产资料的所有权和剩余劳动的所有权的分离，股份公司将成为“由资本主义生产方式转化为联合的生产方式的过渡形式。”②

第五次产业革命——信息业革命。1946年电子计算机的发明，掀起了一场以微电子、信息技术为基础，以计算机、网络和通信等为核心的信息革命。它使劳动的信息化、智能化程度大大提高，开创了人—机结合的劳动体系，世界经济开始从工业经济进入了信息经济时代，知识与技术的密集型产业将成为创造社会财富的主要形式，产生了新型的产业——信息业。美国管理学者彼得·德鲁克指出：知识生产力已成为生产力、竞争力和经济成就的关键因素。知识已成为最主要的工业，这个工业向经济提供生产所需要的中心资源。现在信息业已发展成为一个庞大的产业，包括信息工业（计算机产业、微电子产业、通信产业）；信息服务业（新闻出版业、数据库业、信息咨询业、邮政业、电信服务业、教育业、网络产业等）；信息开发业（软件业、信息内容业）。信息业的兴起不但改变了人们的生产方式、学习方式、生活方式和娱乐方式，而且开创了人—机结合的精神生产力。钱学森从电子计算机是解放脑力劳动的工具的角度预言，信息革命将有可能最终导致消灭体力劳动与脑力劳动的差别。

第六次产业革命——大农业革命。生物工程是20世纪70年代初开始兴起的一门综合性应用学科，90年代发展成为基于系统论的生物工程。生物工程是以现代生命科学为基础，结合其他基础科学的原理，采用先进的科学技术手段，利用生物体的特性和功能，按照预先的设计并根据工程原理进行加工生产，为社会提供商品和服务的一门综合性技术体系。它的内容包括：基因工程、细胞工程、酶工程、发酵工程、生物工程和蛋白质工程。这些生物技术将广泛应用于医学、农业、环保、工业及海洋开发等。钱学森根据生物科学技术的最新进展，1984年提出“第六次产业革命”，它是以现代生物技术为核心所引发的大农业革命，到21世纪将发展成以动植物工程、药物和疫苗、蛋白质工程、细胞融合、基因重组等的生物工程产业。钱学森认为，大农业革命是由现代生物技术的产业化引

① 丹尼尔·贝尔．后工业社会的来临．王建民，译．北京：商务印书馆，1984：145.

② 马克思恩格斯全集（25卷）北京：人民出版社，1974：498.

起的，它实质上是以太阳能为能源，利用生物（动、植物和菌类）、水和大气，通过农、林、草、畜、禽、菌、药、鱼，加上工、贸等途径，形成新的知识密集的产业。这样发展起来的大农业（包括农产业、林产业、草产业、沙产业和海产业），除生产的产品不同外，在生产方式上与工业已无实质上的差别，它的发展将可能最终导致消灭工业和农业、城市和农村的差别。

第七次产业革命——以人体科学为中心的产业革命。1977 年罗马俱乐部创建人奥雷里奥·佩西就认为：由于现代科学技术革命造成的物质革命，带来了空前严重的全球危机——人口增长、环境污染、资源枯竭，从根本上摆脱危机的出路在于：提高人类素质，从物质革命走向人类革命[①]。1980 年钱学森指出[②]：人体蕴藏着巨大的潜力，没有发挥出来，我们应该利用现代科学技术的工具和方法，从思维科学、从人体科学，从一切潜在的人体机能，去开发人的潜力。1981 年钱学森正式提出要建立一门新的科学——人体科学。他卓有远见地指出：人体科学的发展，人体素质的提高，将使最活跃的劳动力素质大大提高，其影响将渗透到各行各业，这无疑将引发一次新的产业革命——涉及人民体质建设的第七次产业革命。如何建立人体科学？钱学森认为，通过采用“从定性到定量综合集成法”，把中医、西医、民族医学、中西医结合、体育医学、民间偏方、电子治疗仪器等几千年来人民防病治病，健体强身的实践经验集成起来，总结出一套科学的、全面的现代医学，包括治病的第一医学、预防的第二医学、康复的第三医学、提高人的能力，挖掘人的潜力的第四医学等[③]。这样就可以真正科学地进行人民体质建设了。人民体质包括人的体力和智力，人民体质的提高，是人类历史上的第七次产业革命。

1.2　用系统的观点与方法研究资本主义社会形态的发展

1.2.1　社会形态更替的普遍规律与特殊规律

社会形态是由三个部分组成的统一体，即与生产力发展的一定阶段相适应的经济基础、政治上层建筑和与之相适应的社会意识形态；也就是社会的经济结构、政治结构与文化结构相互联系与相互作用的统一体。生产力是社会发展的基础，随着生产力由低级向高级发展，社会形态也由低级向高级发展。

社会形态的更替是有规律的，这就是“生产关系一定要适合生产力状况的规律”。生产力发展的不同水平决定社会发展的不同阶段。马克思总结了社会发展

---

① 奥雷里奥·佩西. 人类的素质. 北京：中国展望出版社，1988：3，4.

② 钱学森，等. 论系统工程. 上海：上海交通大学出版社，2007：125.

③ 钱学森. 人体科学与现代科技发展纵横观. 北京：人民出版社，1996：428.

史，提出了五种社会形态的理论，认为：随着生产力水平由低级向高级发展。社会形态将发生如下的更替：

原始社会——奴隶社会——封建社会——资本主义社会——共产主义社会（社会主义社会是它的初级阶段）

这是历史过程的总趋势，但是由于历史、地理、文化的不同，在历史发展的总趋势中，不同的民族与国家有其各自的特点，可以根据自身的条件，选择不同的发展道路。这是历史发展的客观规律性与人类创造历史的主观能动性之间的辩证关系，表现为社会形态更替的统一性和多样性的并存。

1.2.2 技术革命与资本主义社会的产生与形成

资本主义社会的产生与形成是在手工业技术的基础上产生与形成起来的，它经历了三个阶段：

1. 劳动社会化的萌芽与简单协作阶段（15世纪后期—16世纪中叶）

简单协作是许多人在同一生产过程中，或在不同的但互相联系的生产过程中，有计划地一起协同劳动的劳动方式。马克思指出，它是“较多的工人在同一时间、同一空间（或者说同一劳动场所），为了生产同种商品，在同一资本家的指挥下工作，这在历史上和逻辑上都是资本主义生产的起点。”① 这种劳动方式引起了生产方式革命性的变化：一是把个人劳动变成了社会劳动；二是把个人生产力提高为集体力，或社会生产力②。由此产生资本家的管理、监督和调节的职能，这种资本主义的管理不同于封建社会的管理，它是“以出卖自己的劳动力给资本的自由雇佣工人为前提。”③ 简单协作“是实际的劳动过程由于隶属于资本而经受的第一个变化，……，是资本主义生产方式的基本形式。”④

2. 劳动社会化的产生与工场手工业阶段（16世纪中叶—18世纪末叶）

以分工为基础的协作，在工场手工业上取得了自己的典型形式，它由两种方式形成：一种是不同种类的独立手工业的结合；另一种是同种手工业者的协作。工场手工业一方面发展了分工，产生了以工人为单元的生产机构，劳动生产率提高了；另一方面，劳动工具的分化和劳动工具的专门化，它是创造机器的物质条件之一。工场手工业通过手工业活动的分解，劳动工具的专门化，局部工人的形

① 马克思恩格斯全集（23卷）. 北京：人民出版社，1972：11.
② 马克思恩格斯全集（23卷）. 北京：人民出版社，1972：359-362.
③ 马克思恩格斯全集（23卷）. 北京：人民出版社，1972：371.
④ 马克思恩格斯全集（23卷）. 北京：人民出版社，1972：372.

成以及局部工人在一个总机构中的分组和结合，创立了社会劳动的一定组织，从而发展了社会劳动生产力，产生了资本统治劳动的新条件，劳动社会化的产生“一方面是社会经济形成过程中的历史进步和必要的发展因素，另一方面，它又是文明的、精巧的剥削手段。”①

3. 劳动社会化的形成与自由竞争资本主义阶段（18 世纪下半叶—19 世纪 70 年代）

在工场手工业发展的基础上，以工具机的革命为起点的英国工业革命，迅速扩展到欧洲大陆并蓬勃地发展起来。资本主义进入了自由竞争阶段，这是资本主义的上升时期。这一阶段的“科学—技术—产业”的特点是：以蒸汽机的发明和应用引起的第三次产业革命，实现了自然力代替人力的变革，导致机器制造业的蓬勃兴起和交通运输业的革命性变革，使人类从工场手工业进入机器大工业时期，产生了工厂制度，它是大规模、有组织的社会劳动。机器大工业的劳动组织是先进的社会生产力，它促使市场竞争加剧，工业资本成为占统治地位的资本，商品输出成为对外输出的主要形式。自由竞争的资本主义在加强对殖民地进行经济掠夺的同时，开始了对世界领土的瓜分和占领。这个时期，自由竞争一方面刺激了资本家改进技术、提高劳动生产率的积极性，促进了资本主义的大发展，另一方面，也造成了商品生产者的两极分化，使生产无政府状态日趋严重。自由竞争的结果是大资本吞并小资本，生产和资本日益集中在少数资本家手中，导致了周期性经济危机的爆发。

1.2.3 工业革命与资本主义社会的发展

19 世纪末期，麦克斯韦建立电磁学引起的电力科学革命，由此推动的电动机技术与电通信技术的发展，以及由此而引起的以重工业为中心的经济巨大发展，这是第二次工业革命。工业蓬勃发展，生产集中于愈来愈大的企业的过程进行得非常迅速。据统计，当时美国所有企业的全部产值，差不多有一半掌握在仅占企业总数百分之一的企业手里②，从此开始了流动资本的发展。列宁指出：由生产集中引起垄断，这是资本主义发展一般的和基本的规律③。至目前为止，垄断资本主义的发展经历了如下三个阶段：

1. 私人垄断资本主义阶段

19 世纪 70 年代—20 世纪 40 年代，工业蓬勃发展，生产集中于愈来愈大的

① 马克思恩格斯全集（23 卷）. 北京：人民出版社，1972：403.

② 列宁选集（2 卷）. 北京：人民出版社，1974：749.

③ 列宁选集（2 卷）. 北京：人民出版社，1974：743.

企业，自由竞争被垄断代替，资本主义发展到了新的阶段——私人垄断资本主义阶段。这一阶段的“科学—技术—产业”特点是：以电机的发明和电力的应用引起的产业革命，大大地推动了内燃机工业、化学工业、钢铁工业等进展，生产力空前高涨。私人垄断资本主义的主要特点是：劳动的社会生产力出现飞跃性发展；市场机制为垄断组织操纵，自由竞争资本主义向私人垄断资本主义过渡；大企业、大公司成为社会经济结构主体；劳动社会化程度进一步提高，出现了泰勒的科学管理；资本输出成为对外输出的主要形式。这一阶段大大促进了经济全球化的进程；世界领土已被帝国主义列强瓜分完毕，形成了以殖民体系为基础的国际经济关系格局。

2. 国家垄断资本主义阶段

第一次世界大战（1914 年 8 月—1918 年 11 月）前，各主要资本主义国家已经开始干预经济活动，出现了一些国家垄断资本形式（如国有企业和半国有企业）。第一次世界大战加速了国家垄断资本主义的发展。由于战争和经济破坏，各交战国都出现了人力、物力、财力紧张的现象。为了动员和集中力量支持战争，它们纷纷设立战时经济管制机构，对各重要部门的生产、原料分配、劳动力调度、运输工具的使用、重要生活必需品的分配以及贸易、金融、物价、工资等实行国家直接控制和强制性的调节。

第二次世界大战（1939 年 9 月—1945 年 9 月）后，国家垄断资本主义在整个社会经济生活中占据统治地位。所谓国家垄断资本，就是资产阶级国家同私人垄断资本相结合而形成的一种垄断资本主义。它实质上是垄断资本利用国家政权，并通过国家政权干预和调节社会经济生活，以保证垄断资本获得高额垄断利润，保证社会经济生活的正常运转。国家垄断资本主义是资产阶级国家直接参与社会资本的再生产过程，它成为经济上的总的垄断资本家，“理想的总资本家”，私人垄断资本主义发展为国家垄断资本主义。

在这一阶段，“科学—技术—产业”的特点是：以原子能的利用和电子计算机的发明和广泛应用的产业革命，使得主要资本主义国家进入了电子化时代，生产的自动化和专业化程度大大提高，劳动社会化的广度与深度得到空前发展，创造了崭新巨大的社会生产力。据统计，发达资本主义国家战后 20 多年生产的产品，超过了过去 200 多年生产产品的总和。与科技革命和生产力的发展要求相适应，国家对社会经济的调节作用日益加大。

但是国家垄断资本主义的经济，仍然是以资本主义私有制为基础，仍然是以维护资产阶级利益和资本主义制度为目的。只是资本主义生产关系发生了部分的质变罢了，与私人垄断资本主义相比，国家垄断资本主义具有以下的基本特点：

① 垄断资本由于与国家政权结合，利用国家巨大的政治力量与经济力量，

得以实行对整个社会经济活动进行干预和调节。

② 国家垄断资本主义追求的目的始终是：保证垄断资本获得最大利润，保证资本主义制度的稳定与发展。为此，国家通过预算系统、集中地掌握了大部分国民收入，并通过订货、收购、津贴、利息等方式进行国民收入的再分配。

③ 国家垄断资本经济实力雄厚，资本社会化达到空前的高度，社会各阶级和社会各集团之间的矛盾进一步发展，其主要、集中的表现是：资本主义的周期性经济危机，以及由此引起的政治危机不可避免地出现。

3. 国际垄断资本主义阶段（20 世纪 60 年代后）

20 世纪 60 年代，计算机网络技术的发明，极大地加快了世界经济全球化的进程，推动了资本向全球的扩张。90 年代苏联解体，经互会和华约解散，原苏东国家放弃社会主义制度，走向西方资本主义市场经济道路。与此同时，社会主义国家和发展中国家，在总结经济发展经验教训的基础上，放弃了中央计划经济体制的僵化模式和闭关自守的方针，实行了对外开放政策和不同类型的市场经济体制。

正是在上述情况下形成了国际垄断资本主义，其实质是资本国际化，是资本在国际化运动中实现不断增值。它同先前发展阶段的不同点在于，国际垄断资本在形式上和某种程度上是超越国家主权的；同私人垄断资本主义和国家垄断资本主义阶段相比，其资本社会化不是某个国家的，而是国际资本的，也就是资本的国际社会化。

这一阶段的“科学—技术—产业”的特点是：以信息技术为中心，一系列高新技术（新材料、新能源、生物、空间、海洋、环节、管理等技术）的发明，形成了知识技术密集型产业，是劳动密集型产业、资本密集型产业的革命变革。使主要资本主义国家进入创新型国家时代，创造了崭新的巨大的社会生产力。

20 世纪 90 年代以来，资本的国际化，涵盖了生产、贸易、金融和投资各个领域，囊括了世界经济和与世界经济相联系的各个方面及全部过程。其主要表现为：国际分工从过去以垂直分工为主发展到以水平分工为主；世界贸易增长迅猛和多边贸易体制相继形成；国际资本流动达到空前规模，金融国际化的进程加快；跨国公司对世界经济的影响日益增强；国际经济协调的作用日益加强；国际组织、区域组织对经济发展的干预作用日益增强。各种形式的国际垄断资本已在资本主义的发展中占有支配地位，起着决定性的作用。

可以把国际垄断资本主义的现状概括如下：

① 国际垄断已经不是一般的垄断，而是高度集中的国际垄断；垄断组织也不再是最初的“国际托拉斯”，而是庞大的跨国公司以及触角伸向世界各个角落的子公司。

② 金融资本在经济活动中起着决定性作用，它推动资本和财富迅速集中，形成了空前巨大的财团、寡头和豪富。

③ 资本输出已经成为国际垄断资本主义发展的主要形式。

1.2.4 钱学森提出世界社会形态

20世纪80年代中期，科学技术突飞猛进，激发了世界急剧变化，国外未来学者提出了“后工业社会”、“第三次浪潮社会”、“信息社会”等学说。钱学森认为，这些新事物、新情况，马克思、恩格斯和列宁时代没有，需要我们用马克思主义哲学进行分析、概括与总结，发展马克思主义的社会形态的观念①。

钱学森认为，第五次产业革命（信息革命），有全世界的信息网络（通过信息数据库、计算机、全球通信）还有多媒体技术，人们进入了世界历史上一个新时代，进入了世界社会形态②。这是“由于第五次产业革命的推动，世界范围的市场经济的发展，经济上全球一体化趋势日益增强，世界正逐渐形成一个相互联系的大社会，哪个国家也不能闭关自守。”③ 钱学森指出：在新的历史情况下世界社会形态不同于一个国家的社会形态，它“在经济上有发达国家、发展中国家、不发达国家；在政治上有社会主义国家、资本主义国家、封建主义国家；在意识形态上有以马克思列宁主义居统治地位的国家、以资产阶级自由民主观念居统治地位的国家、以各种不同宗教信仰居统治地位的国家等。”④

钱学森预言：世界社会形态“将是资本主义社会形态之后，实现共产主义之前的一种过渡的世界社会形态。它将打破地区、国家之间的界限，在促进全球经济一体化的同时，也会一步一步地向政治一体化的方向发展。”⑤

1.3 钱学森论第五次产业革命与信息网络建设

1.3.1 从技术革命看第五次产业革命的发展

按照马克思的观点：“各种经济时代的区别，不在于生产什么，而在于怎样生产，用什么劳动资料生产。劳动资料不仅是人类劳动力发展的测量器，而且是劳动借以进行的社会关系的指示器。”⑥ 蒸汽机科学技术是第三次产业革命的基

---

① 钱学森书信（10集）. 北京：国防工业出版社，2007：1-480.

② 钱学森书信（10集）. 北京：国防工业出版社，2007：7-268，270.

③ 钱学森. 创建系统学. 上海：上海交通大学出版社，2007：207，208.

④ 钱学森. 创建系统学. 上海：上海交通大学出版社，2007：207.

⑤ 钱学森. 创建系统学. 上海：上海交通大学出版社，2007：208.

⑥ 马克思恩格斯全集（23卷）. 北京：人民出版社，1972：204.

础；电机科学技术是第四次产业革命的基础；计算机科学技术则是第五次产业革命的基础，第五次产业革命就是以它为主导发展起来的。

（1）计算机技术的发展

1946年2月，世界上第一台电子数字计算机的发明，是人类历史上最伟大的发明之一，它是脑力劳动的解放，使人类社会进入了信息与知识的时代，一门新的产业——信息产业——蓬勃地发展起来。第五次产业革命在短短的几十年内发生了几次重大的技术创新，主要是计算机电子元器件的革新，它促进了计算机技术突飞猛进的发展，经历了以下阶段：

① 第一代电子管数字计算机（1946—1958）。计算机的逻辑元件采用电子管，主存储器采用汞延迟线、磁鼓、磁芯；外存储器采用磁带；软件主要采用机器语言、汇编语言；应用以科学计算为主。其特点是体积大、耗电大、可靠性差、价格昂贵、维修复杂，但它奠定了以后计算机技术的基础。

② 第二代晶体管数字计算机（1958—1964）。晶体管的体积小、重量轻、能耗少、寿命长、可靠性高、不需预热、电源电压低。计算机的逻辑元件采用了晶体管以后，性能比第一代计算机有很大的提高。主存储器采用磁芯，外存储器已开始使用更先进的磁盘；软件有了很大发展，出现了各种各样的高级语言及其编译程序，还出现了以批处理为主的操作系统，应用以科学计算和各种事务处理为主，并开始用于工业控制。

③ 第三代集成电路数字计算机（1964—1971）。计算机的逻辑元件采用小、中规模集成电路（SSI、MSI），计算机的体积更小型化、耗电量更少、可靠性更高；主存储器仍采用磁芯；软件进一步完善，分时操作系统、会话式语言等多种高级语言都有新的发展。性能比第二代计算机又有了很大的提高，应用领域日益扩大。

④ 第四代大规模集成电路数字计算机（1971年以后）。计算机的逻辑元件和主存储器都采用了大规模集成电路（LSI）。大规模集成电路是指在单片硅片上集成1000－2000个以上晶体管的集成电路，其集成度比中、小规模的集成电路提高了1－2个以上数量级。这时计算机发展到了微型化、耗电极少、可靠性很高的阶段。大规模集成电路使军事工业、空间技术、原子能技术得到发展，这些领域的蓬勃发展对计算机提出了更高的要求，有力地促进了计算机工业的空前大发展。

随着大规模集成电路技术的迅速发展，计算机除了向巨型机方向发展外，还朝着超小型机和微型机方向飞速前进。1981年8月12日IBM公司正式推出了全球第一台“个人电脑”IBM PC。它的诞生开创了微型计算机的新时代。此后，各种各样的微处理器和微型计算机如雨后春笋般地研制出来，潮水般地涌向市场，成为当时首屈一指的畅销品。IBM PC首创了个人电脑的概念，并为其制订了全球通用的工业标准。它所用的处理器芯片来自 Intel 公司，DOS 磁盘操作系统来自由 32 人组成的微软公司，不久之后就催生了微软和 Intel 这两大 PC 时代的霸主。

⑤ 第五代智能计算机。第五代计算机是把信息采集、存储、处理、通信同人工智能结合在一起的智能计算机系统。它能面向知识处理，具有形式化推理、联想、学习和解释的能力；能帮助人们进行判断、决策、开拓未知领域和获得新的知识；人—机之间可以直接通过自然语言（声音、文字）或图形、图像彼此交换信息。普遍认为：第五代计算机将会看、能听、能思考、会学习。

1981 年 10 月，日本首先向世界宣告开始研制第五代计算机，并于 1982 年 4 月制订为期 10 年的“第五代计算机技术开发计划”。它是为适应未来社会信息化的要求而提出的，与前四代计算机有着本质的区别，是计算机发展史上的一次重大变革。第五代计算机基本结构通常由问题求解与推理、知识库管理和智能化人机接口三个基本子系统组成。总的来说，计算机技术的发展出现巨型化（运算速度越来越快）、微型化（体积越来越小）、网络化（Internet 飞速发展）、智能化（具有思维能力）的趋势。

以计算机科学技术为基础的第五次产业革命，极大地促进了社会生产力的发展，充分体现了科学技术是第一生产力。它使产业结构发生了重大变化，推动了传统产业的改造，使知识技术密集型产业迅速崛起，并极大地推动了第三产业迅速发展。

从社会发展史看来，第五次产业革命的发展一方面扩大了人类认识世界改造世界的能力，把人类社会的物质文明和精神文明推进到一个前人所无法想象的新高度；另一方面也带来一系列棘手的社会问题，如生态环境的恶化、自然资源和能源的过度消耗以及核灾难的威胁。中国社会主义现代化建设必须认真考虑这些问题。

（2）计算机网络技术的发展

计算机网络是计算机技术与通信技术相互渗透、不断发展的产物，它的产生使计算机体系结构发生了巨大的变化，是先进生产力的代表，是推动社会发展的强大力量。计算机网络是指将地理位置不同的、具有独立功能的、许多台计算机及其外部设备，通过通信线路连接起来，在网络操作系统，网络管理软件及网络通信协议的管理和协调下，实现资源共享和信息交换的计算机系统。

在计算机技术与通信技术迅猛发展的形势下，计算机网络技术也急剧发展，经历了以下阶段：

① 第一代计算机网络远程终端联机阶段。始自 20 世纪 50 年代早期，主机是网络的中心和控制者，终端（键盘和显示器）分布在各处并与主机相连，用户通过本地的终端使用远程的主机。它只提供终端和主机之间的通信，子网之间无法通信。

② 第二代计算机网络阶段（局域网）。始自 20 世纪 60 年代中期，是指在某一区域内由多台计算机互联成的计算机组，由多个主机互联，终端用户可以访问本地主机和通信子网上所有主机的软硬件资源。实现计算机和计算机之间的通信。

③第三代计算机网络互联阶段（广域网）。亦称远程网，能连接多个城市或国家或横跨几个洲，形成国际性的远程网络。1981 年，国际标准化组织（ISO）制订了开放体系互联基本参考模型（OSI/RM），实现了不同厂家生产的计算机之间互连。TCP/IP 协议是保证数据完整传输的两个基本的重要协议。Internet 依靠 TCP/IP 协议，在全球范围内实现不同硬件结构、不同操作系统、不同网络系统的互联。

④ 第四代国际互联网与信息高速公路（information highway）阶段。信息基础设施是能以交互方式传送话音、数据、文本、图像、视像和多媒体信息的高速通信网及相关设施。它可分为国家信息基础设施（NII）与全球信息基础设施（GII）。美国政府于 1993 年提出的信息高速公路是信息基础设施的通俗说法。信息基础设施是一个高速度、大容量、多媒体的信息传输网络；是由通信网络、计算机、数据库以及日用电子产品组成的网络体系，能给用户随时提供大量信息。开发和实施信息高速公路计划，不仅促进信息科学技术的发展，而且有助于改变人们的生活、工作和交往方式。

1.3.2　第五次产业革命将社会从工业化推向信息化

从社会发展的角度看，第五次产业革命把人类的物质生产方式从工业化阶段推向以工业为手段、以信息业为主的信息化阶段。工业化是以机器为代表的生产力，而信息化则是以计算机（智能化工具）为代表的新生产力。社会经济的发展，从以物质与能源为经济结构的重心，转向以信息为经济结构的重心。

信息生产力和与之相适应的上层建筑和意识形态是紧密联系的，因而完整的信息化内涵包括以下四个方面内容：

① 信息基础设施，包括电信网、广电网、计算机网、大型数据库、支持环境等。

② 信息产业结构，包括部门结构、技术结构、人才结构和产品结构等。

③ 社会运行环境，包括现代工农业、管理体制、政策法律、规章制度、文化教育、道德观念等生产关系与上层建筑。

④ 社会历史条件，包括劳动者素质、国家现代化水平、人民生活质量、精神文明和物质文明建设。

信息基础设施是信息网络化的基础，在全球网络化的发展中占据十分重要的地位。信息网络化是现代科学技术发展与社会经济发展的产物，对生产力发展与文明进步具有明显的倍增效应和催化作用。目前，网络已深入到生产、流通、管理、科研、教育、文化、卫生等各个领域，引起了人们的生活方式、工作方式、思维方式以及价值观念等方面的深刻变化。

信息网络化是我国发展中的挑战，更是一次难得的机遇。在对外开放过程中，信息网络化的发展使我们能够更多、更快、更直接地利用外国的先进技术和资金，学习它们先进的管理经验，全方位、宽领域的开拓国际市场。在改革过程中，信息网络化的发展，将对我国产业结构的调整，创新能力的增强，人民生活质量的改善，国民综合素质的提高，以及国际竞争力的提升，起到巨大的推动作用。

1.3.3 钱学森论信息网络建设

钱学森指出：从科学技术与社会的关系看，第五次产业革命是以微电子、信息技术为基础，以计算机、网络化通信等为核心的技术革命，以及由此引起的经济和社会发展。从社会发展的角度看，这场席卷全球的信息网络建设热潮，实际上就是第五次产业革命，它对人类社会的影响，无论在广度、深度和规模上，都是空前的，它将把人类社会带人到信息化社会，使人类进入到一个新的时代——信息时代①。因此，钱学森对信息网络建设和第五次产业革命极为重视，提出要用系统科学的理论与方法进行研究。

信息网络是广泛地使用信息网络，加速信息资源的开发和利用，实现信息资源共享，以优化社会资源配置，提高经济和社会运行效率，最终大幅度地提高社会的劳动生产率。信息网络是第五次产业革命的基础，它向我国发展提出了挑战与难得的机遇，我们搞社会主义现代化建设，就要赶上信息化这个历史进程，应该利用信息网络化这个强大的生产力，改造社会、改造人，加速社会主义现代化建设的进程。为此，钱学森对信息网络建设提出了十分宝贵的建议和对策。

（1）信息网络是国际竞争的新领域

钱学森回顾人类社会发展的历史，认为以往国与国之间的矛盾最终是通过战争的手段来解决的，但是在信息革命推动的经济全球化、政治多极化、文化多元化的新形势下，国与国之间的矛盾斗争方式发生了重大的转变，主要是从军事战"变为市场经济战，这是当今的'世界大战'。"② 信息生产力是现代最先进最强大的社会生产力，它不仅可以最有效地实现对传统产业的改造和更新，而且可以大大地提高社会劳动生产效率、管理效率、工作能力、学习能力和创新能力。信息化是更好、更快地实现社会主义现代化建设的强有力的手段，是增强我国综合国力、赢得竞争优势的关键因素。

---

① 钱学森. 创建系统学. 上海：上海交通大学出版社，2007：426.

② 钱学森. 创建系统学. 上海：上海交通大学出版社，2007：185.

20 世纪 90 年代信息网络的迅速发展，提出了信息网络建设的新问题，一方面，信息网络使各国经济与国际经济的联系更为便捷，相互影响也更直接，如网上媒体、网上银行、网上交易、网上营销等，成为提高市场竞争力的重要手段；另一方面，出现了信息安全，网络侵略等问题，特别是美国的数据库无论是在数据量、品种、规模上，还是在质量、效率、可靠性上，都是其他国家无法与之相比的。

面对信息网络发展的新形势，我国信息网络建设如何能够一方面更多、更快、更直接地利用外国先进的技术和资金，学习先进的管理经验，全方位、宽领域地开拓国际市场，增强知识创新能力、改善人民生活质量、提高国民综合素质；另一方面抵御国外的不良分子的侵犯。信网络建设不仅涉及科学技术层次，还涉及更广泛和深层次的问题，必须把信息网络作为一个开放的复杂巨系统来考虑。

(2) 信息网络建设是一个系统工程

钱学森非常关注信息网络的建设，他认为，信息网络建设是一项复杂的社会系统工程，具有综合性、系统性和动态性的鲜明特点，需要有新的方法①，这就是系统工程方法。其阐述如下②：

第一，设计信息网络的思想观点。

信息网络是新的生产力。它利用劳动工具的信息属性。从而在经济活动过程中，发生了“以体力劳动为主”向“以脑力劳动为主”、“以物质与能量为中心”向“以信息为中心”的转变。因而信息网络的建设，不仅改变了人们的工作方式、研究方式、学习方式、教育方式、消费方式和娱乐方式，而且开创了人—机结合的精神生产力。

信息网络是推动社会发展的强大力量。它是社会系统中信息资源和信息流动方式上的高度组织化、社会化、集成化和规范化。因而信息网络的建设，将使信息资源能够得到充分开发、利用和共享，这将扩大和加深国家之间、部门之间、人与人之间的信息交流，大大加速经济全球化的进程。它通过用户把信息网络和社会系统耦合起来，使信息网络成为社会系统中信息流的载体，犹如社会的神经系统，它将大大加速信息流通，推动社会发展。

第二，信息网络加上用户是一个开放的复杂巨系统。

信息网络（包括信息源）和用户结合，构成人—网结合系统。它是一个开放的复杂巨系统，包括三大子系统：

① 信息资源。它来自社会系统以及社会系统的环境—地理系统，这两个系

---

① 钱学森. 创建系统学. 上海：上海交通大学出版社，2007：438.

② 钱学森. 创建系统学. 上海：上海交通大学出版社，2007：426-441.

统都是有层次结构的复杂巨系统，具有大量的、不同类型的信息（包括物质文明建设、精神文明建设、政治文明建设和地理建设的信息）。

② 信息网络。它是把信息供给和信息需求在技术上连接起来的信息通道。信息网络加上用户构成的人—网结合系统，不仅具有组成部分数量大、层次结构多且复杂；而且具有信息采集、加工、存储、传输、调用、共享、分析、综合等功能。更重要的是它还具有产生新信息的功能，是信息的生产系统，这是精神生产力和物质生产力结合所带来的必然结果。

③ 信息用户。它包括政府机关、企业、学校、家庭和个人。一方面，用户与社会系统、地理系统之间的信息交换，是对内开放性；另一方面，国家或地区的信息网络与互联网连接后的信息交换，是对外开放性。

(3) 信息网络建设的方法

从系统的观点看，信息网络建设必须把信息资源开发、信息网络设施和用户使用三者作为一个整体来研究、设计和建设。它涉及科学技术和社会两个方面，必须把这两个方面结合起来，相互协调和匹配，才有可能实现信息网络建设的目标。

从科学技术方面看，计算机、网络和通信技术的快速发展，拓宽了传统计算机只能处理文字或数据信息的单一维数的能力，把计算机技术和通信技术结合起来，可能在广阔的区域内，实现声、图、文一体化的多维信息交流，共享人一机交互功能，从而大大推动多维化、智能化的广域信息网络的快速发展。

从社会方面看，信息网络建设需要和以下四个领域的建设密切结合起来：

一是和经济建设相结合。从工业经济转向信息经济，促进国民经济信息化。在微观层次上，改变企业、公司的生产方式和经营方式；在宏观层次上，通过信息业提高与调整现存的产业结构，同时为宏观经济的管理和调控提供全新的技术手段，把宏观调控建立在及时、准确和科学的基础上，促进经济协调发展。

二是和政治文明建设相结合。它使我们有可能建立起人民意见反馈给网络体系，随时随地了解来自人民群众的意见和建议。建立从中央到地方直到基层组织的行政网络体系，必将大大提高国家行政管理效率；为决策科学化、民主化、程序化提供强有力的技术手段，从而大大推动政体建设、法制建设和民主建设。

三是和文化建设相结合。信息网络的人一机结合，是物质生产力和精神生产力结合，它使体力劳动与脑力劳动的部分职能由计算机执行，发挥人与计算机各自的专长，从而对人类的生活、工作、娱乐等生产方式和生活方式带来深刻的影响。建立人一机结合的文化教育信息网络，不仅能大大缩短学习时间，而且信息网络上丰富的知识资源共享，可以在短期间内从一个专业转入到另一个专业达到全才与专家的辩证统一，必将促进教育、科技、文化和艺术的大发展。

四是和地理建设相结合。地理建设包括环境保护和生态建设以及基础设施建设。建立起地理信息网络体系，对地理系统的组织管理以及和社会系统之间持续协调的发展有重大意义，它是实现可持续发展的技术手段和物质基础，对于环境保护和绿化，资源的合理开发、利用和保护，能源系统建设，自然灾害的监测和防治，城镇居民点建设，综合交通运输体系和现代信息通信业的建设，人口的空间分布和人口流动的管理等，都有重大作用。

(4) 信息网络建设的新问题

根据社会主义现代化建设的总体结构，按照设计思想，建设上述四大领域的信息网络需要解决下列问题：

① 信息资源的开发、合理配置和有效利用问题。要有适合于社会主义市场经济体制的信息资源管理体制和运行机制，以及相应的法律、法规和政策体系。

② 信息市场的发展。随着信息资源开发和供给的社会化、专业化，信息供给者和信息需求者将分离。与此同时，信息营销者也将分离，形成了以信息服务业为中心的、庞大的信息市场体系，并和国际信息市场接轨。要加强信息市场的管理，制定相应的法律、法规和有关政策，规范市场行为，加强国家对信息市场的宏观调控。

③ 信息网络安全的保护和管理。信息网络安全是一个关系国家安全和主权、社会的稳定、民族文化的继承和发扬的重要问题，随着全球信息化步伐的加快而变得越来越重要。从广义来说，凡是涉及网络上信息的保密性、完整性、可用性、真实性和可控性的相关技术、理论和政策都是信息网络安全问题，必须有技术的、法律法规的安全保护措施和手段，建立健全的安全保护管理制度。其中特别是信息安全人才的培养，这已经成为制约我国信息安全发展的瓶颈。目前，在国家教育部门的宏观指导下，我国在一些高校已经设置了信息安全专业，中科院研究生院、西安电子科技大学、北京邮电大学等一些高校已经设置了密码学和信息安全的博士点。

④ 信息人才的培养。信息网络的建设和使用需要大批信息人才，特别是需要培养出既懂信息技术又懂管理的综合性人才。我国信息化人才培养存在的主要问题是：第一，信息化人才的总量偏小；第二，信息化人才的结构不够合理；第三，信息化人才培养的模式不够合理；第四，信息技术人才的流动不畅；第五，信息化人才地域分配和城乡分配不均。

⑤ 为了信息资源共享，必须有统一的国家网络标准和协议，以便国内的联通和与国际接轨。

从开放的复杂巨系统的理论与方法看，上述问题绝不是用近代科学的方法所能处理和解决的，首先必须把人一网结合的系统的三个组成部分作为一个整体，从综合性、系统性和动态性来考虑；然后用从定性到定量的综合集成法和系统工程的方法，形成思想、设想、战略、规划、计划、方案、可行性等，进行科学论证，付诸实施，通过反复实验，不断总结才能解决问题。

主要参考文献

爱因斯坦文集（1卷）. 许良英，范岱年，编译. 北京：商务印书馆，1976.
奥雷里奥·佩西. 人类的素质. 北京：中国展望出版社，1988.
丹尼尔·贝尔. 后工业社会的来临. 王建民，译. 北京：商务印书馆，1984.
邓小平文选（2卷）. 北京：人民出版社，1993.
马克思恩格斯选集（1卷）. 北京：人民出版社，1976.
马克思恩格斯全集（20卷）. 北京：人民出版社，1971.
马克思恩格斯全集（23卷）. 北京：人民出版社，1972.
马克思恩格斯全集（25卷）. 北京：人民出版社，1974.
马克思恩格斯全集（2卷）. 北京：人民出版社，1965.
马克思恩格斯全集（3卷）. 北京：人民出版社，1965.
马克思恩格斯全集（47卷）. 北京：人民出版社，1979.
马克思恩格斯全集（1卷）. 北京：人民出版社，1956.
钱学森，等. 论系统工程. 上海：上海交通大学出版社，2007.
钱学森. 创建系统学. 上海：上海交通大学出版社，2007.
钱学森. 人体科学与现代科技发展纵横观. 北京：人民出版社，1996.
钱学森. 社会主义现代化建设的科学和系统工程. 吴义生，编. 北京：中共中央党校出版社，1987.
钱学森书信（10集）. 北京：国防工业出版社，2007.
中央组织部等五部委. 九十年代科技发展与中国现代化. 长沙：湖南科学技术出版社，1991.

第二章　建立科学技术是第一生产力的理论

对科学技术是第一生产力的认识经历了一个长期的过程：16 世纪是科学革命，18 世纪是工业革命，20 世纪才有科学技术革命。马克思在研究资本主义生产方式的产生与发展过程中，第一次把科学技术包括在生产力范畴内，并因而指出：科学技术是推动社会发展的最高意义上的革命力量。

2.1　科学技术与生产力

2.1.1　科学技术是第一生产力观点的产生与形成

16 世纪近代科学诞生时，科学主要属于精神文明的成果。高举近代科学革命旗帜的哥白尼天文学，是人类认识自然界的飞跃，正如恩格斯指出的：哥白尼用他的《天体运行论》“向自然事物方面的教会权威挑战。从此自然科学便开始从神学中解放出来。”① 这表明，近代科学诞生时，它是反对宗教迷信的思想武器，是人类思想史上“观念的财富”②，是精神生产力。

从 18 世纪 60 年代工业革命开始，科学才逐渐并入生产过程。正如马克思指出的：由于资本主义工业生产，“第一次把物质生产过程变成科学在生产中的应用”③，因而科学应该包括在生产力中④。马克思认为，科学在生产过程中的应用是资本主义工业生产的一个基本特点。科学在生产中的应用，实际上就是“科学－技术－生产”双向互动的过程，以当时最重要的技术如机器、机车、铁路、电报、走锭精纺机等为例，它们是科学的物化，“是物化的知识力量。”⑤ 因此，从工业革命时代开始，科学通过技术并入生产过程成为生产力。

从 20 世纪 40 年代现代科学技术革命开始，在“科学－技术－生产”双向互动过程的基础上，邓小平从中国社会主义现代化建设的全局出发，总结近百年来中国的历史，深刻地指出：在坚持马克思主义指导的大方向上，首先必须明确马

---

① 马克思恩格斯选集（4 卷）. 北京：人民出版社，1977：362，363.
② 马克思恩格斯全集（46 卷，下）. 北京：人民出版社，1980：34.
③ 马克思恩格斯全集（1 卷）. 北京：人民出版社，1976：576.
④ 马克思恩格斯全集（46 卷，下）. 北京：人民出版社，1980：211.
⑤ 马克思恩格斯全集（46 卷，下）. 北京：人民出版社，1980：219.

克思主义的一条基本原则“就是要发展生产力。”① 在人类社会发展过程中，生产力是最活跃、最革命的因素，而科学技术在不同的历史时期有不同的发展水平，对生产力的发展起着不同的作用。

其次，邓小平根据现代科学技术革命的新形势，把工业革命时期马克思关于科学技术是生产力的观点，提升为科学技术是第一生产力的观点。邓小平指出：现代科学技术革命的新情况表明，当代科学技术领域的一个新突破，往往会带动一批新兴产业的发展。中国要发展自己，关键是发展经济，发展经济必须依靠科学、技术和教育，我们自己这几年，离开科学技术能增长得这么快吗？马克思讲过科学技术是生产力，这是非常正确的，现在看来，科学技术不仅是生产力而且是第一生产力②。

2.1.2 “科学技术是第一生产力”理论的创建

钱学森坚持与发展邓小平理论，进一步认为：科学技术是第一生产力的观点必须深化与发展为“科学技术是第一生产力的理论，充实、发展历史唯物主义。”③ 这是坚持马克思主义，加速社会主义现代化建设极其重要的问题。为此，钱学森对“科学技术是第一生产力”的理论进行了探索。

首先，科学技术是现代社会发展的动力。马克思认为，社会的物质生产力发展到一定阶段，便同它们一直在其中活动的现存生产关系发生矛盾，于是这些关系便由生产力的发展形式变成生产力的桎梏，那时社会革命时代就到来了，随着经济基础的变更，全部庞大的上层建筑也或快或慢地发生变更④。可以把历史唯物主义这条基本原理——生产力的革命性变革推动社会形态的变革表示为

生产力变更→生产关系变更→与经济基础相适应的政治上层建筑以及社会意识形式的变革

现代科学技术对生产力诸因素（劳动者、劳动对象与劳动资料）的发展，起着第一位的作用，因而科学技术是推动现代社会发展的动力，是马克思提出的“科学是一种在历史上起推动作用的、革命的力量”⑤ 在现代科学技术革命条件下的发展。

其次，科学技术革命引起社会变革。科学技术是生产力，科学技术革命也就是生产力革命。在现代科学技术发展的新形势下，科学技术革命是如何推动社会变革的？如前所述，钱学森总结了近代以来科学技术发展史与社会发展史，分析

---

① 邓小平文选（3卷）. 北京：人民出版社，1993：116.
② 邓小平文选（3卷）. 北京：人民出版社，1993：275，375-377.
③ 钱学森. 创建系统学. 上海：上海交通大学出版社，2007：184.
④ 马克思恩格斯选集（2卷）. 北京：人民出版社，1977：82，83.
⑤ 马克思恩格斯全集（19卷）. 北京：人民出版社，1966：375.

了科学革命—技术革命—产业革命—社会革命四种革命的相互联系、相互制约与相互作用，提出了先是发生科学技术革命，然后引发产业革命，最后导致社会形态的变革，表现为

科学革命——技术革命——产业革命——社会形态发展

这是历史唯物主义基本原理的丰富与发展。

再次，科学技术革命发生、发展的机制。钱学森从实践论的观点出发，总结了19世纪后期以来“科学－技术－工程”发展的新经验、新动向，创造性地提出了现代科学技术的认识过程

科学实验——基础科学——技术科学——工程技术

第一次飞跃　　　　　　第二次飞跃

在这个认识过程中，基础科学解决认识世界的问题，是第一次飞跃；工程技术解决改造世界的问题，是第二次飞跃；技术科学则是两次飞跃的中间环节。基础科学、技术科学与工程技术，这三个环节的任务是不同的：

基础科学的任务是探索客观世界的本质，寻求物理、化学、生物、社会等领域变化过程的规律，揭示其中的事物从一种形式转化为另一种形式的机理。基础科学是认识客观世界的知识体系，是潜在生产力。

技术科学的任务是将工程技术中带有普遍性问题的设计原理组织成一门学科，运用自然科学、工程技术、高等数学和计算数学的知识，利用自然界的物质、能量、信息，寻求控制、应用和改进工程技术的手段和方法。技术科学是基础科学（潜在生产力）向工程技术活动（现实生产力）转化的中间环节，它有定向的目标。

工程技术的任务是根据基础科学理论，运用技术科学原理，开发新技术、新工艺，并将其付诸实施的过程。工程技术的操作是工程实施。工程师的职责就是在社会、经济和时间的约束条件下，研究工程技术，并在工程活动中付诸实施。工程技术活动是改造客观世界的实践活动，是现实生产力。

再其次，科学技术革命推动社会变革的机制。19世纪60年代以来，科学转化为现实生产力的周期愈来愈短，产生了基础科学－技术科学－工程技术一体化与双向互动的过程，大大加速了新产业的形成与发展，从而极大地推动了社会的变革。这在发达国家表现得尤为明显，一个方向是“科学→技术→工程→产业”的发展过程。

这是从通信业开始的。无线电通信是人类通信技术史上第四次伟大的飞跃。第一次是语言的使用，第二次是文字的创造，第三次是印刷术的发明，第四次则是电报、电话、广播、电视的发明和普及。这次飞跃是从基础科学——电磁学的突破开始的。最初是1865年物理学家、数学家麦克斯韦（1831—1879）的《电磁场的动力学理论》建立了电磁场理论，将电学、磁学、光学统一起来，它是19世纪物理学发展的最光辉的成果，也是科学史上最伟大的综合之一。麦克斯

韦从理论上预言了电磁波的存在。然后是 1888 年德国物理学家赫兹（1857—1894）用实验证明了无线电波的存在。最后才是 1896 年意大利电气工程师和发明家马可尼（1874—1937），他根据赫兹的实验结果做了一系列无线电报通信试验，1894 年 12 月第一次获得成功。无线电报通信的成功，使海上航行安全得到保障。1901 年，马可尼首次完成了横渡大西洋的无线电通信，这一成功标志了无线电报开始进入远距离通信的实用阶段。此后，在社会经济发展的强烈要求下，无线电通信业迅速发展成为一门产业，加速了经济全球化的进程。无线电通信业发展史表明：基础科学走在技术科学与工程技术前面；基础科学研究决定了技术科学与工程技术的发展方向。

进入 20 世纪，以 1942 年曼哈顿工程（原子弹研制工程）的建造为标志的大科学、大技术、大工程的出现，大大深化了对科学→技术→工程→产业的发展过程的认识，一般称之为研究与发展，如表 2-1 所示。

表 2-1

研究	发展	生产
基础研究一技术研究一应用研究	可行性研究一计划一设计一模型一试验	产品生产一销售服务一产品维护

研究、发展与生产及其中的各个环节，表 2-1 把科学转化为生产力的过程，即科学→技术→工程→产业的发展过程、从理论到实践的过程的第二次飞跃和它所必须经过的中间环节以及实现飞跃的转化条件，都科学地阐明了。

另一个方向是产业→工程→技术→科学的发展过程。

从美国的历史看，它的工业发展过程就是产业→工程→技术→科学的发展过程。当工业革命在欧洲大陆蓬勃进行的时候，为了发展工业的需要，一个新事物——工业研究实验室应运而生，工业发达国家中的后起之秀美国，正是由于创立了工业研究实验室，使得它的经济一浪高于一浪地迅猛发展①。美国工业实验研究室的创立与发展大致经历了以下几个时期：

① 经验性工业实验研究时期（1876—1900）。这一时期的特点是以经验为主，它是从 1876 年伟大的发明家爱迪生创立的“发明工厂”开始的。由于当时科学在生产过程中的应用处在摸索阶段，因而必须进行反复的实验尝试和以经验为主的摸索过程。爱迪生就是通过这种反复实验的方法，摸索技术发明和创新的经验。凭此爱迪生一生获得了 1093 项专利。这个时期出现的主要工业实验研究室大多是自发产生的，大约有 39 个，它们为美国的经济发展做出贡献。

① 阎康年．通向新经济之路——工业实验研究是怎样托起美国经济的．北京：东方出版社，2000：115-121.

② 应用现有科学知识于工业中的研究时期（1900—1925）。这一时期的特点是以现有科学知识为主，在技术发明过程中，从科学知识出发，把工程技术的发展建立在科学知识的基础上。1900 年，通用电气公司成立了以应用科学知识为基础、进行技术发明和创新的研究实验室，它标志着应用现有的科学知识于工业研究的时期的开始。这个实验室是以从大学中聘请的应用科学家和工程师为主体，运用科学的研究方法和手段，进行工程技术研究。其结果是使得公司在电力照明、材料和发电设备上取得明显优势，大大增加了经济收入。通用电气公司对其他公司产生重大影响，大公司纷纷成立工业实验研究室。从经验性实验研究转变到应用现有科学知识于工业实验研究，使得美国保持自己在技术、产业和经济上的优势，一跃成为具有影响力的发达国家。这一时期美国的工业实验研究室开始走上普遍推广和大发展的轨道。

③ 产生新科学知识并将其应用于技术创新的时期（1925—1953）。这一时期的特点是强调基础科学研究，并将研究成果应用于技术创新和产品创新上。这就要求企业的工业研究实验室，根据自己产品的发展方向，建立基础科学研究的队伍，从事科学知识的重大突破，然后再由实验室内的技术研究部门进行技术创新和产品创新的工作。1925 年美国和世界最大的工业研究实验室——贝尔电话实验室成立，它是美国电话电报公司的科技研发机构，它的成立标志着一个新的工业实验研究时期的开始。这时期工业实验研究的方向是进行基础科学的创造性研究，将研究成果转变为新技术与新产品的发明与创造。工业企业的发展，按照产品满足社会需要的方向。

贝尔电话系统在近 40 年的电话通信研究中，认识到通信技术如果没有先进的通信科学研究，是不可能取得重要发展和保持自己垄断地位的。因此，1924 年它们就组成了有 3600 人的贝尔实验室，以增进通信科学知识和技术创新为目标。这是美国和世界上第一个进行创造性的基础科学研究和技术创新的工业研究实验室。贝尔实验室在世界科学技术发展史上的贡献是无与伦比的，1925—1996 年，它一共取得 25 500 个专利；它是微米波雷达、继电器式数字计算机、晶体管、通信卫星、激光、光纤、光波通信、集成电路、光子计算机、蜂窝移动电话、数字通信网络等的发源地，是系统工程和信息论的诞生地；它是世界上固体物理、半导体物理、凝聚态物理化学、激光科学和光通信科学领先的处所，也是微电子技术革命、光子技术革命和通信网络技术革命的主要发源地；它获得了 11 人次的诺贝尔物理奖。在它的影响和带动下，1925—1950 年美国的工业研究实验室便增加到五千多个。

④ 工业研究实验室与科技发展区并举时期（1953—1985）。20 世纪 50 年代，一方面大中型企业由于工业研究实验室的推动取得了飞速的发展；另一方面中小企业型却相形见绌，并受到巨大压力。当时的贝尔实验室、通用电气公司、国际

商用机器公司和英特尔公司等大型企业的发展，表明了以基础科学研究领先的科学技术发展模式已臻于成熟，但一大批中小型企业由于资金少、科技力量弱和设备落后，无法应付高技术带来的挑战，因此产生了以硅谷为发源地的科技发展园区。这个时期的特点是大、中、小企业，传统技术与高新技术企业分别按着自己的特点和长处，并行发展，各得其所，推动了科学技术的迅速发展和经济的腾飞。

产业→工程→技术→科学的发展，从相反的方向上把从产业到科学技术的飞跃，它经过的中间环节，以及转化条件，给予了科学而充分的论证。

2.2 科学技术对生产力发展的影响

2.2.1 生产函数

物质生产是人类征服自然改造自然的行为，只要人类社会存在，就一刻也不能停止物质生产活动，它是人类赖以生存和发展的基础。马克思主义经济学的生产函数是以劳动价值论为基础建立起来的，它反映人类进行劳动、生产物质资料的能力，即劳动生产力。它体现的是生产过程中人和自然的关系。生产函数以抽象的数学形式概括了在任何社会形态中进行物质生产所需要的基本要素和产出之间的关系。

马克思指出，物质生产过程中的基本要素是："有目的的活动或劳动本身，劳动对象和劳动资料。"① 因此，反映物质生产过程的生产函数为

$$Q = f(L, I, S)$$

其中，Q 为产品产量；L、I 和 S 分别为投入生产过程中的劳动力、劳动资料和劳动对象的数量。

随着科学技术进步，不同历史时期生产技术的水平是不同的，因而生产函数是指在一定时期内，在技术水平不变的情况下，生产中所使用的各种生产要素的数量与所能生产的最大产量之间的关系。

生产力的要素又可以归纳为两类：一是人的要素——劳动者；二是物的要素——生产资料（劳动资料和劳动对象）。因此，在西方经济学中，只使用劳动（L）和资本（K）这两种生产要素，把生产函数写成

$$Q = f(L, K)$$

其中，L 代表劳动力数量；K 代表资本数量。

---

① 马克思恩格斯全集（23卷）. 北京：人民出版社，1966：202.

在宏观经济学的增长理论中，当讨论技术进步的时候，假定 X_1，X_2，…，X_n 顺次表示某产品生产过程中所使用的 n 种生产要素的投入数量，Q 表示所能生产的最大产量，则生产函数可以写成

$$Q = f(X_1, X_2, \cdots, X_n)$$

该生产函数表示在既定的生产技术水平下生产要素组合（X_1，X_2，…，X_n）在每一时期所能生产的最大产量为 Q。

2.2.2　科学技术革命与生产函数的表示形式

随着科学技术的发展，科学技术促进经济社会发展的作用也在加强，表示在它与生产函数的关系发生的变化。从“科学技术革命是推动社会发展的有力的杠杆，是最高意义上的革命力量”的观点看来，每次重大的科学技术革命，科学技术与生产函数的关系都发生了重大的变化。

1. 蒸汽力革命时期

在人类历史上第一个对科学技术在社会生产过程中的作用，以及由此产生的经济关系进行系统、深入研究的是马克思。马克思在《哲学的贫困》、《政治经济学批判》、《机器、自然力和科学的应用》、《资本论》等著作中，对科学与技术、技术与生产及其和经济社会发展的关系等问题，作出了详尽而深刻的论述。针对当时科学技术发展的情况，他指出，正是由于工业革命的兴起，才把物质生产过程“变成科学在生产中的应用”①，科学才成为生产过程中的一个重要因素，并且科学应用的规模“是以往时代根本想象不到的”②。马克思在《资本论》中对物质生产过程的基本要素作出了深入的分析，指出：“机器大工业把巨大的自然力和自然科学并入生产过程，必然大大提高劳动生产率，这一点是一目了然的。”③ 马克思总结关于科学技术知识和以机器生产为基础的工业经济之间的关系时，深刻地指出：

第一，在工业革命时代，正是机器大工业使得生产过程成为科学的应用，而科学反过来又成为生产过程的因素，即所谓职能。与此同时，在机器大工业发展过程中，每一项新的科学发现，都成了新的技术发明或生产方法的新的改进基础，换句话说，科学技术进步和工业经济的发展已经紧密地联系在一起了。正是在这个意义上马克思说，只有资本主义生产方式才第一次使自然科学为直接的生产过程服务，同时，生产的发展反过来又成为从理论上征服自然提供了手段。只

① 马克思恩格斯全集（47卷）. 北京：人民出版社，1979：576.

② 马克思恩格斯全集（47卷）. 北京：人民出版社，1979：572.

③ 马克思恩格斯全集（23卷）. 北京：人民出版社，1972：424.

有资本主义生产方式，才第一次产生了只有用科学方法才能解决的实际问题，实验和观察才第一次达到使科学的应用成为可能和必要的那样一种规模。总之，在工业革命时代，科学与人类理论的进步，得到了利用，成为经济增长的一个必不可少的因素。

第二，机器生产实际上就是以科学技术知识为基础的工业经济，正是这种经济第一次在相当大的程度上为自然科学创造了进行研究、观察、实验的物质手段。在这种经济中，由于自然科学成为致富的手段，所以一方面，搞科学的人为了探索科学的实际应用而互相竞争；另一方面，发明成了一种特殊的职业。与此同时，科学技术在经济上的应用本身，就成为对科学技术具有决定性推动作用的要素。

第三，科学知识在经济发展中成为具有决定性的要素。因为在机器大工业中，直接从科学中得出的对力学规律和化学规律的分析和应用，使机器能够高速、高效地完成以前工人完成的同样的劳动，因此随着大工业的发展，经济增长就必然取决于一般的科学水平和技术进步，或者说取决于科学在生产上的应用。由此可见，在经济发展中，必须调动科学和自然界的一切力量，同样也必须调动社会结合和社会交往的力量。尤其是当机器体系发展为自动化过程的体系时，它的生产力要以自然力服从于社会智力为前提，因而对于一般劳动者来说，必须进行科学技术训练，而对科学家和工程师说来，必须注重知识的实际运用。所以，马克思说机器大工业把科学作为一种独立的生产能力，因而在决定经济发展的社会生产力中也包括科学。这里马克思所说的科学，是以知识的形式表现出来的社会智力。科学技术进步在生产力诸要素中的作用如下：

① 在劳动力方面，除了要有受过技术培训的工人外，特别是还需要有应用科学知识能力的工程师，技术发明成为他们的职业，以及研究与生产过程有关的基础理论知识的科学家。

② 在劳动资料方面，马克思恩格斯特别区分出生产工具作为人所达到的劳动生产率的最重要的标志，生产工具是最重要的劳动资料。他们指出：正是“蒸汽和机器引起了工业生产的革命”①；新的生产工具的发明，也就是新的生产力的出现，车床、磨床、刨床、钻床等工具机的出现，极大地提高了棉织品的产量与质量，英国自 1801 年以来，棉织品的输出量增加了七倍，国内消费量增加得更多②。因此，各种经济时代的区别，不在于生产什么，而在于怎样生产，用什么劳动资料生产。劳动资料不仅是人类劳动力发展的测量器，而且是劳动借以进行的社会关系的指示器。

③ 在劳动对象方面，自然界可以说是劳动材料的总和，它是人们进行物质

---

① 马克思恩格斯选集（1卷）. 北京：人民出版社，1976：252.

② 马克思恩格斯全集（1卷）. 北京：人民出版社，1956：669.

生产的前提。劳动只有和自然界一起“才是一切财富的源泉”[①]。自然界提供的劳动材料是人类用来制造机器、构件、器件和其他产品的物质，是生产力发展的基础。随着科学技术的发展和物质生产增长的需求，人类对劳动材料的认识和应用有了飞速的进步。纺织业的发展带动了金属加工业的发展，于是采矿业迅速发展起来。钢铁与煤成为工业革命的重要内容和物质基础。由于发展了钢的制造技术，制钢所消耗的煤在数量上远非一百年前所能比拟。到 19 世纪中叶，现代平炉和转炉炼钢技术的出现，使人类真正进入了钢铁时代。与此同时，铜、铅、锌也大量得到应用，铝、镁、钛等金属相继问世并得到应用。

综上所述，劳动力、劳动资料与劳动对象方面都由于科学技术的进步而大大提高了它们的生产力，因此，蒸汽力革命对生产函数的表示形式的影响可表示为

$$Q = K \cdot f(L, I, S)$$

其中，Q 为产品产量；L、I 和 S 分别为投入生产过程中的劳动力、劳动资料和劳动对象数量；K 为生产过程中使用的科学技术。这个公式表示科学技术成倍地增加了生产力。

2. 电力革命时期

19 世纪 70 年代，发生了以电机的发明和电力的应用为标志的科学技术革命，使人类从蒸汽机时代进入电气化时代；工业经济从机械化（应用蒸汽机）时代发展到电气化（应用电动机）时代。与此相联系，生产组织从工厂制度发展到公司制度，市场体系高度发达，加速了经济全球化的进程。在科学技术革命的新形势下，科学技术与经济的关系更加密切，首先是企业的技术创新能力与企业的市场竞争力之间关系的研究，被提到议事日程上来。这方面的开拓者是著名经济学家熊彼特（1883—1950），他推崇马克思的观点与方法，认为“发展”现象是来自事物“内在因素”作用的观点完全是马克思的创见。他把这一观点应用到经济发展过程，首先区分均衡发展与非均衡发展，前者是循环流转，经济没有变动、没有发展，总收入等于总支出；后者是创造性的破坏，主要是由于创新和有创新精神的企业家的作用，它引起产业突变，使经济向前发展。其次，他指出，创造性的破坏，即经济发展，主要是由于创新，特别是生产技术的创新和生产方法的变革，这是经济发展过程中产业突变的内在因素。

根据上述观点，他首先从微观方面研究了企业经济发展的动态过程。在《经济发展理论》（1912）一书中熊彼特提出了创新理论。他所说的创新，就是建立一种新的生产函数，把一种从来没有过的关于生产要素和生产条件的新组合引入

---

① 马克思恩格斯全集（20 卷）. 北京：人民出版社，1971：509.

生产体系。这里的新组合即创新，包括：

① 产品创新，开发新产品，或者改良原有产品。

② 工艺创新，使用新的生产方法，如手工生产方式改为机械生产方式。

③ 市场创新，开辟新的销售市场，也就是进入相关国家的相关制造部门以前不曾进入的市场，从国内市场走向国际市场。

④ 资源配置创新，获得原材料或半制成品的一种新的供应来源，比如使用钛金属做眼镜的镜框。

⑤ 组织创新，创建一种新的企业组织形式，如新兴的培训公司。

由此可见，熊彼特的创新不单纯是一个技术概念，它不等同于技术上的新发明。在他看来，只有把技术发明应用于经济活动，并为它创造相应的体制和建立管理组织作保证时，才能成为创新，才能促进经济的发展。没有创新，人类社会就没有发展。要创新就必须有创业家，人类社会的发展就是靠这些有眼光、有胆量、有组织能力的创业家推动前进的。

20多年后，他进一步从宏观方面研究了世界经济发展的动态过程。在《经济周期》(1939) 一书中，熊彼特以创新理论为依据，用技术的革新、新资源的利用以及新领域的开发等，来说明经济周期形成的原因。他详细研究了第二次世界大战前两百年内主要资本主义国家经济变动的情况，提出了他颇具特色的“三个层次”经济周期理论。

首先是关于经济周期的形成及其经历的时间。熊彼特认为，由于创新的引进不是连续的、平稳的，而是时高时低的，有时密集，有时稀疏，这样就产生了经济周期。同时，由于创新是多种多样、千差万别的，因而对经济发展的影响就有大小、久暂之不同，因而形成的周期也就有长短之分。

其次是关于三种周期论。熊彼特综合前人的成果，提出了在近代工业经济发展过程中，同时存在着长、中、短等三种周期：

第一种是经济“长周期”，或称“长波”。它历时150年或略长一点。熊彼特通过历史的、统计的分析，将近代工业经济发展过程分为三个“长波”：

① 1783年—1842年“工业革命”的发生发展时期。

② 1842年—1897年“蒸汽机和钢铁时代”或“世界铁路化时代”。

③ 1897年以后是“电气、化学和汽车工业时代”。

第二种是通常所说的平均9—10年的经济周期，或称“中波”。

第三种是平均40个月的“短周期”或称“短波”。

熊彼特认为，上述三种周期同时并存而且相互交织的情况，证明了他创新理论的正确性。因为从历史统计资料表现出来的各种周期的变动，特别是“长周期”的变动，同各个周期的生产技术创新有着密切的联系。长周期根源于影响巨大、历时长久的创新，如电气革命，铁路的兴建和蒸汽的广泛应用以及电气化和化学工业的兴起等，而短周期则可用影响较小的创新来解释。

熊彼特第一个把创新同工业经济的结构变动、发展周期性联系起来，因而他的开创性的研究，可以说是正在兴起的知识经济这一新领域最早的拓荒者。

综上所述，可以得出如下结论：

第一，传统经济，即工业经济是以从牛顿到麦克斯韦的科学技术知识为基础的经济。

第二，以现代科学技术知识为基础的知识经济，是在传统经济的基础上发展起来的。

第三，传统经济主要的劳动工具是机器，它代表了工业经济时代生产力发展的水平，是当时自然科学知识，首先是力学、物理学、化学等知识的物化，马克思正是从这个历史唯物主义观点来划分社会经济时代的。

熊彼特指出，创新是资本主义经济增长和发展的动力，没有创新就没有资本主义的发展。所谓经济发展就是指整个资本主义社会不断地实现这种新组合，或者说就是不断地进行这种创新的结果；而这种新组合的目的是获得利润，获得最大限度的超额利润。在资本主义社会中，企业家是生产经营的主体，是创新活动的倡导者，它的职能就是实现创新，引进生产要素与生产条件的新组合。

综上所述，由于电力革命，生产力有了飞跃的发展，从马克思的劳动力、劳动资料与劳动对象三个要素，扩大为熊彼特的产品、工艺、市场、资源配置、组织五个方面，因此电力革命对生产函数的表示形式的影响可表示为

$$Q = K^2 \cdot f(C, G, S, Z, N)$$

其中，Q 为产品产量；C、G、S、Z、N 分别为投入生产过程中的产品、工艺、市场、资源配置、组织；K 为生产过程中使用的科学技术，包括自然科学技术与社会科学技术；K^2 表示科学技术以平方的加速度增加了生产力。

3. 信息革命时期

20 世纪 40 年代以来，半导体、集成电路、计算机的发明以及数字通信、卫星通信的发展，形成了新兴的电子信息技术，产生了从电力革命向信息革命的飞跃，大大加速了社会经济的发展，产生了知识经济。如果说由工业革命产生的工业经济给资产阶级所创造的生产力，比过去一切世代创造的生产力还要多、还要大，那么由当前这场以信息革命为核心的世界新技术革命产生的知识经济，它所创造的生产力，更是大大地超过过去一切时代创造的生产力。

20 世纪初工业革命后期。熊彼特开拓了把技术与经济结合起来的研究领域，开创了在科学技术革命条件下把知识与经济相结合的崭新的研究方向。

20 世纪信息革命时期。由于 40 年代兴起的信息革命对经济社会带来的巨大

变化，信息技术推动下知识社会的形成及其对创新的影响进一步被深入研究，从系统的观点看来，创新是各创新主体、创新要素与创新环境在复杂的相互作用下出现的一种涌现现象。从60年代起，一些经济学家用现代统计方法验证熊彼特的观点，并进一步发展创新理论。

1966年美国当代著名的经济学家和统计学家西蒙·库兹涅茨，在他的重要代表作《现代经济增长》中，进一步提出，经济发展史上的“经济时代与时代创新”，是一个事关人类社会发展的重大问题。库兹涅茨指出：一个经济时代在时间上是较长的，可以“延长达一个世纪以上”。它的特征是以时代创新为标志。所谓时代创新，是指“对人类知识宝库的重大补充，它使经济持续增长成为可能”。知识宝库的重大补充就是知识的创新，“使得它的开发和利用要吸引人类社会的各种能量，并且在一个相当长的时期内支配着人类社会的增长。”① 所以，时代创新就是划时代的知识创新，它贯穿整个经济时代，其内容不仅包括技术进步，还包括社会变革，而经济增长是技术进步与制度变革共同作用的结果。

80年代罗默把知识纳入到经济和技术体系之内，作为经济增长的内生变量。他提出了四要素增长理论，并在1986年建立了内生经济增长模型。罗默在新古典经济学中的资本和劳动（非技术劳动）两个要素外，加上了人力资本（以受教育的年限衡量）和新思想（用专利来衡量，强调创新）两个要素。罗默指出，后两个要素（信息与知识）不仅是推动经济长期增长的最重要的因素，而且也是决定经济发展的内生变量。信息与知识的投入可以提高其他生产要素（如土地、资本和劳动力等）的生产能力，并能将这些能力转化为新产品和新服务。由于信息与知识不同于物质与能量，它几乎可以无成本地复制和重复使用，这就使得经济长期增长成为可能。

总的看来，从工业经济到知识经济的发展，出现了以下几个重大的变化：

① 社会生产力构成要素在生产过程中的地位发生变化。土地、资本、知识等生产要素，其地位在不同的历史时期是不同的，相应地，主导产业也不同。农业革命时期是土地，产业类型是劳动密集型；工业革命时期是资本，产业类型是资本密集型；信息革命时期是知识，产业类型是知识密集型。

② 国民经济结构的明显变化。由于土地和资本是硬的，而知识是软的。例如，管理知识（战略、策略、体制、方法等）、环境知识（制度、政策、地理、历史、文化等）和科学技术知识（社会科学与自然科学），因此从工业革命时期进入信息革命时期，国民经济结构明显软化。这突出表现在：

第一，产业结构的软化。软产业，如服务业、教育业、软件业、咨询业等的兴起；硬产业的无形资产的投入，如企业内部研究开发、信息、管理等的投入，

---

① 库兹涅茨. 现代经济增长. 北京：经济学院出版社，1989：2.

在投入的比重中增加。

第二，就业结构软化。从事农业、林业、制造业的蓝领工人所占的比例不断下降，而从事管理、研究、技术开发、咨询、服务等软职业的白领工人所占的比例越来越大。

第三，消费结构软化。消费的重点从对商品的多少、大小、轻重等硬性要求，转向美观、轻巧和质量等软性要求；从物质、能量等需求，转向物质品种和精神的需求，在消费支出中精神、文化享受、旅游和服务等占越来越大的比重。

第四，投资结构的软化。一是在整个国民经济总投入中，从对电力、钢铁、汽车、化工等硬产业的投资，转向对智能计算机、生物工程、数据库等知识密集的软产业的投资；二是从大工程、先进设备、基建项目等硬投入，逐步转向智力、人才、效率、信息、服务、体制、法规等软投入，以大力改善投资环境。

第五，贸易结构的软化。由于信息商品化的结果，信息已成为一种重要的贸易对象，发展软产业（知识密集的产业），特别是信息业，在贸易所占份额愈来愈大。以信息通信技术为基础的计算机产业与通信产业，特别是远程通信业的贸易额增长迅速。

在信息革命的推动下，20 世纪的世界经济形成了一个统一的全球市场，给竞争带来了新的特点，主要是产品更新换代加快、质量提高、价格便宜、技术含量高、产后服务好。随着信息革命的发展，计算机技术与通信技术结合的互联网，正在快速地向着集成、高性能、智能化的方向发展，形成了一个开发和使用信息资源的覆盖全球的网络。全球网络化对企业市场竞争的压力更大，企业谋求生存和发展的出路在于：新产品的开发和现代化的管理。新的形势要求企业在生产领域中，应用信息技术的成果改变生产方法。

以工业生产而论，计算机集成制造系统（CIMS）应运而生，成为 21 世纪合理化生产的主要方法。计算机集成制造系统把企业的生产活动作为一个统一的整体，从系统的观点、全局的观点出发，通过计算机硬软件，综合运用现代管理技术、制造技术、信息技术、自动化技术、系统工程技术，将企业生产全部过程中有关的人、技术、经营管理三要素及其信息与物流有机集成并优化运行的复杂的大系统，通过信息集成，过程优化及资源优化，实现物流、信息流、价值流的集成和优化运行，达到人（组织及管理）、经营和技术三要素的集成，从而大大地加速了信息的采集、传递和加工处理过程，提高了工作效率和质量，提高了企业的总体水平，提高企业的市场应变能力和竞争力。

总的说，计算机集成制造系统的基本出发点是：

① 企业的各种生产经营活动是相互联系、相互制约、与相互作用的有机统一体，要从整体的观点统筹协调；把企业生产经营的各个环节，从市场、产品开发、加工制造、管理、销售及服务统一起来考虑。

② 从信息与控制的观点看，企业生产经营过程实质上是信息的采集、传递和加工处理的过程，必须通过生产、经营各个环节的信息集成，支持技术的集成，进而由技术的集成进入技术、经营管理和人、组织的集成、使物流、信息流、资金流集成并优化运行，以此提高企业的市场竞争能力与应变能力。

计算机集成制造系统作为一个系统工程，是自动化程度不同的多个子系统的集成，包括管理信息系统（MIS）；制造资源计划系统（MRPII）；计算机辅助设计系统（CAD）；计算机辅助工艺设计系统（CAPP）计算机辅助制造系统（CAM）；柔性制造系统（FMS），以及数控机床（NC，CNC）、机器人等。

计算机集成制造系统正是在这些自动化系统的基础之上发展起来的，它根据企业的需求和经济实力，把各种自动化系统通过计算机实现信息集成和功能集成。当然，这些子系统也使用了不同类型的计算机，有的子系统本身也是集成的，如 MIS 实现了多种管理功能的集成，FMS 实现了加工设备和物料输送设备的集成等等。但这些集成是在较小的局部，而计算机集成制造系统是针对整个工厂企业的集成。计算机集成制造系统是面向整个企业，覆盖企业的多种经营活动，包括生产经营管理、工程设计和生产制造各个环节，即从产品报价、接受订单开始，经计划安排、设计、制造直到产品出厂及售后服务等的全过程。

综上所述，由于信息革命，生产力比工业革命与电力革命又有了飞跃的发展，从马克思的劳动力、劳动资料与劳动对象三个要素，到熊彼特的产品、工艺、市场、资源配置、组织五个方面，现在又增加了信息与知识，因而信息革命对生产函数的表示形式的影响可表示为

$$Q = K^n \cdot f(M,R,C,A,F)$$

其中，Q 为产品产量；M、R、C、A、F 分别为管理信息、制造资源计划、计算机辅助设计、计算机辅助工艺设计与柔性制造等子系统；各个子系统都有各自的变量，它们为投入生产过程中的产品、工艺、市场、资源配置、组织、信息、知识；K 为生产过程中使用的现代科学技术，包括自然科学技术与社会科学技术、数学科学与思维科学等；K^n 表示科学技术以 n 次方的加速度增加了生产力。这表明，在信息革命的新形势下，企业是一个开放的复杂系统，影响它的生产力的因素是一个系统的整体。

2.3 钱学森创建“科学技术是第一生产力”的理论

2.3.1 科学技术革命是生产力革命

1. 工业生产力的崛起

18 世纪 70 年代，英国在工业科学技术革命的基础上，发生一场震撼世界的

工业革命，在短短的两百多年内，变革了传统的农业生产力，形成了巨大的工业生产力，人类社会从此进入了工业化时代。

工业化生产方式是先进的生产方式，工业生产力是先进的生产力，工业成为竞争力与经济成就的关键。工业是国民经济的主导产业。工业革命发源地英国，由于首先掌握了工业生产力，使其一跃而成为头等工业大国，把欧洲带到世界历史舞台的中心。

2. 信息生产力的兴起

20 世纪 40 年代，以信息科学技术革命为基础的美国，发生了又一场震撼世界的信息革命，把工业生产力变革为信息生产力，人类社会进入了信息化时代。从此工业经济向信息经济转型。

信息生产力是先进的生产力，信息业成为竞争力与经济成长的关键。信息革命发源地美国，由于首先掌握了信息生产力，信息业成为其新的经济增长点，使得美国后来居上，成为独霸世界的头等大国。

2.3.2　发展生产力必须大力发展新的科学技术

钱学森总结近两百年来世界历史的发展，认为中国的现代化建设要迎头赶上世界先进的发达国家，必须大力发展现代科学技术。

80 年代后期，钱学森在分析信息革命对世界发展的影响时，根据开放的复杂巨系统理论，指出现代化生产过程的特点是：生产工序专业化、生产组织灵活化、信息成为整个组织的中心环节、软科学与系统工程变成非常重要的学问、白领工人与蓝领工人的比例在上升。因此，钱学森强调指出现代科学技术在经济社会发展中的极端重要性，认为没有现代科学技术就谈不上现代的生产力。①

90 年代初，面对科学技术在当代国际竞争中起决定性作用这一新的形势，钱学森深入地发展了“四个现代化，关键是科学技术现代化”的观点，创造性地提出：在国际竞争日趋激烈的形势下，社会主义现代化建设必须把科学技术摆到一个非常重要的位置上。为此，他向党中央建议：“建立我国的一种第四产业——科学技术业，作为今天的一项重大的战略决策”。②

钱学森关于大力发展科学技术的建议，在 1998 年中国科学院发表的《创新与未来》③ 一书中得到了进一步的落实。该书从知识创新对国家发展的极端重要

---

① 钱学森. 社会主义现代化建设的科学和系统工程. 吴义生，编. 北京：中共中央党校出版社，1987：52，53.

② 中央组织部等五部委. 九十年代科技发展与中国现代化. 长沙：湖南科学技术出版社，1991：19.

③ 路甬祥. 创新与未来——面向知识经济时代的国家创新体系. 北京：科学出版社，1998：118.

性出发，认为当前我们正面临世界发展的新时期：一个以知识和信息创新为主导的、竞争与合作并存的全球化市场经济正在形成，人类的未来和国家的繁荣比以往任何时候都更加依赖于创造和应用知识的能力与效率。中国科学院从国家发展的全局，从科学技术体制改革的角度，提出了建设国家创新体系，把发展科学技术的事业放在整个国家的体制建设中来考虑。国家创新体系的系统结构及其主要功能如下：

①知识创新系统。各种科研机构与教育科研型大学。从事知识的生产、传播与转移。

②技术创新系统。各种科研机构、教育培训机构与企业。学习、革新、创造和传播新技术。

③知识传播系统。高等教育系统、职业培训系统。传播知识，培养人才。

④知识应用系统。社会、企业、政府部门、科研机构。知识和技术的实际应用。

其中特别强调建设国家创新体系，它是培养和造就大批具有创新意识和创新能力的高素质科技人才的根本保证。

2.3.3 建设科学技术业的支柱工程

1. 知识创新工程的特点

在信息革命时期，知识创新工程是发展科学技术、发展第一生产力的支柱工程，它以知识创新为目标。

关于物质的生产过程，马克思指出在任何社会中它都必须经过下列四个环节，即

生产——交换与流通——分配——消费

这四个环节构成一个有机整体，它们之间存在着相互联系、相互作用[①]。

知识的生产过程与物质的生产过程同样要经过这四个环节，区别在于这两种生产过程的产品不同、劳动材料不同、生产工具不同、生产方法不同。最基本的区别是：前者生产的是信息与知识，后者生产的是物品。因而知识生产过程的组织管理不同于物质生产过程的组织管理。

知识创新工程是一个特殊的开放复杂巨系统，其中包括各种子系统，每一种子系统有不同的层次[②]，知识创新工程包括的子系统如下：

① 知识的生产系统。其功能主要是生产新的知识，如新观点、新原理、新理论、新方法、新发现。

---

① 马克思恩格斯选集（2卷）. 北京：人民出版社，1977：86-102.

② 路甬祥. 创新与未来——面向知识经济时代的国家创新体系. 北京：科学出版社，1998：118.

② 知识的交换与流通系统。它的功能主要是知识的交流与传播。交流功能主要通过报刊、杂志、书籍、学术讨论会，交流研究成果与研究心得，促进知识增长；流通功能除了通过报刊、杂志、书籍、学术讨论会外，还通过学术报告会、经验交流会、科技展览馆等，将知识向社会传播。

③ 知识的分配系统。它的功能是将知识分配给人民大众，使人民大众从获得知识中受益，既有益于个人的生存和发展，也有益于社会的发展。

④ 知识的消费系统。它的功能是知识的应用。通过知识的应用，促进知识创新。

⑤ 知识生产过程中的人事系统。人事系统的任务就是识人、用人，把参加人员科学地组织起来，按照知识创新的目标进行管理。

由于上述各个系统之间是紧密地相互联系的，而且它们与社会经济文化各个环节之间有着千丝万缕的联系；再由于知识创新工程是处在不断运动与变化之中，因而知识创新工程的组织管理必须应用系统工程方法。

2. 知识系统工程[①]是组织管理知识创新的方法

知识系统工程是对知识生产过程中的生产——交换与流通——分配——消费，也就是对知识的获取、传输、加工与利用，从整体的观点出发，利用网络技术（通信网、电视网与数据网三网合一），对它的各个环节进行全面的统筹规划、运行和管理。为此，首先必须对知识创新工程进行系统分析：

① 首先，关于知识的继承与创新。

知识的继承是在原来已知的理论框架下知识的不断积累的过程。

在分门别类的近代科学研究时期，逻辑经验主义罗素、卡尔纳普、赖欣巴哈等，用数理逻辑方法，总结物理学发展的规律，提出来的科学发展模式，可以认为是知识的简单再生产的方式，即

经验——假设——证实

但是，知识的再生产如果停留在简单再生产过程，那就是只有继承，而无创新。社会要发展，文明要昌盛，就必须在继承已有的知识遗产的基础上不断进行知识创新。

知识的创新是个人、社会、国家以至整个世界生存与发展的关键。

在分门别类的近代科学研究时期，批判理性主义波普尔，用数理逻辑方法，总结爱因斯坦相对论对物理学的革命，提出来的科学发展模式，可以认为是知识的扩大再生产方式，即

问题——假设——证伪

① 王众托．创建知识系统工程学科．上海：上海交通大学出版社，2007：134-145.

证实只是知识的积累，没有创新，原因是一个理论无论经过多少次证实，都没有越出原来已知的理论框架；要创新就必须证伪，只要有一个反例证伪，原来已知的理论框架就会被质疑，甚至被推翻，从而要求创立新的理论，回答新的问题（理论与事实的矛盾）。

在综合化、整体化的现代科学研究时期，研究的对象是复杂巨系统，在分析方面，对象的变量不仅非常之多，更重要的是变量的种类繁杂，而且每一种类中还有不同的层次。此外，从分析得到的关于对象的组成部分的认识，并不能得到关于对象的整体的认识，还必须有综合方法。这就需要与研究对象有关的领域的专家，从实践经验出发，从分析得到的局部的、定性的知识出发，应用人－机结合、以人为主的方法，充分利用计算机处理信息的能力，发挥人特有的智慧，实现信息与知识的综合集成。这就是从定性到定量综合集成方法。它的知识创新表现为综合集成创新。

② 其次，关于知识的应用。

从认识论看，知识的生产，科学理论的确立，只是认识过程的第一个飞跃，它解决的是认识世界的问题。马克思主义者认为，“无产阶级认识世界的目的，只是为了改造世界，此外再无别的目的。”[①] 这就是说，知识的生产，理论的创立，固然是重要的，但更重要的是还必须把经过实践得到的理论的认识，再回到实践去，回到改造世界的实践中去，应用理论去解决实际问题。

知识的使用就是把知识生产（基础科学研究）的成果，应用于生产过程。在现代科学－技术－工程一体化的过程中，基础理论知识的应用是 R&D，是科学知识生产与科学知识应用的有机结合，其中的 R 是基础科学研究，简称研究，它研究的对象是自然，目的是追求新发现、探索新规律、创立新学说、创造新方法、生产新知识，以丰富人类知识宝库；D 是应用研究，简称发展，它应用基础科学的研究成果，开发出新技术、新产品，主要是经过下列环节，即

基础科学——技术科学——新技术（新工艺、新产品、新材料等）

从钱学森创建的现代科学技术体系结构看来，这实际上就是

基础科学——技术科学——工程技术

纵观美国经济的发展，就是从注重应用研究（科学知识的应用）起步，逐步形成并掌握了 R&D 这个方法，它成为美国经济腾飞的强大动力，在短短的几十年内一跃而成为世界超级大国。

③ 再次，培养创新型人才是实现知识创新工程的关键。

培养创新型人才是实施知识创新工程的关键。在科学技术发展从分析转向整体化的时代，研究的对象大都是开放的复杂巨系统，必须在教育思想、教育内

---

① 毛主席的五篇哲学著作．北京：人民出版社，1970：227.

容、教育方法上有所突破。信息革命时期对知识创新的要求，是钱学森时刻关注的重大问题。为此，他在创建现代科学技术体系结构、创建开放的复杂巨系统理论与方法的基础上，提出大成智慧的教育理念、大成智慧学的教育内容和大成智慧工程的教育方法。

主要参考文献

邓小平文选（3卷）. 北京：人民出版社，1993.
库兹涅茨. 现代经济增长. 北京：经济学院出版社，1989.
路甬祥. 创新与未来——面向知识经济时代的国家创新体系. 北京：科学出版社，1998.
马克思恩格斯全集（1卷）. 北京：人民出版社，1956.
马克思恩格斯全集（19卷）. 北京：人民出版社，1956.
马克思恩格斯全集（20卷）. 北京：人民出版社，1971.
马克思恩格斯全集（23卷）. 北京：人民出版社，1972.
马克思恩格斯全集（46卷，下）. 北京：人民出版社，1980.
马克思恩格斯全集（47卷）. 北京：人民出版社，1979.
马克思恩格斯选集（1卷）. 北京：人民出版社，1976.
马克思恩格斯选集（23卷）. 北京：人民出版社，1966.
马克思恩格斯选集（2卷）. 北京：人民出版社，1977.
马克思恩格斯选集（4卷）. 北京：人民出版社，1977.
毛主席的五篇哲学著作. 北京：人民出版社，1970.
钱学森. 创建系统学. 上海：上海交通大学出版社，2007.
钱学森. 社会主义现代化建设的科学和系统工程. 吴义生，编. 北京：中共中央党校出版社，1987.
王众托. 创建知识系统工程学科. 上海：上海交通大学出版社，2007.
阎康年. 通向新经济之路——工业实验研究是怎样托起美国经济的. 北京：东方出版社，2000.
中央组织部等五部委. 九十年代科技发展与中国现代化. 长沙：湖南科学技术出版社，1991.

第三章　钱学森关于社会管理的基本设想

马克思主义认为，社会主义的根本任务是发展生产力，通过逐步发展生产力，逐步改善人民的物质、文化生活，这是社会主义优越性之所在。因此，如何发展生产力？在有组织的现代社会中，这也就是如何组织管理现代化建设，以解放与发展生产力？这是我国改革与发展的一个重大的理论与实际问题。

从20世纪70年代末起，钱学森根据“两弹一星”成功的管理理论与实践，根据学习马克思主义理论的心得，提出关于社会管理的基本设想。

3.1　钱学森关于组织管理中国现代化建设的基本设想

第一，在理论上，“科学技术是第一生产力”，是“一个非常重要的命题，我们要用马克思主义哲学的辩证唯物主义和历史唯物主义来深化和发展这一理论，并以此来丰富历史唯物主义的哲学内容，它将引起社会科学领域的一场科学革命。”① 第二，在实际上，必须从中国现代化建设的全局出发，应用系统的观点与方法，深入研究我们时代的重大课题——“如何组织管理现代化建设?”，提出科学的方法与技术。从上述基本设想出发，钱学森认为，最有成效的途径就是把工程管理（系统工程）成功的管理理论与实践，推广应用于社会管理（社会系统工程）。

进一步，钱学森提出了关于组织管理现代化建设的科学规律与社会系统工程的基本思想。

3.1.1　从“科学技术是第一生产力”的观点提出中国现代化建设的科学规律

钱学森总结了科学发展史与社会发展史，特别是总结了近代以来的科学技术发展史与社会发展史，从“科学技术是第一生产力”的观点出发，根据现代科学技术革命的新形势，结合当代世界的发展，分析了“科学革命—技术革命—产业革命—社会革命”四种革命的相互联系、相互制约与相互作用，提出了社会形态更替的规律，即科学技术革命在先，然后导致技术革命，最后出现产业革命②，引起社会形态的变革，表现为

---

① 钱学森. 创建系统学. 上海：上海交通大学出版社，2007：181.

② 中央组织部等五部委. 九十年代科技发展与中国现代化. 长沙：湖南科学技术出版社，1991：9.

科学革命——技术革命——产业革命——社会形态发展

的双向互动的过程。这是历史唯物主义基本原理的丰富与发展。

我国现代化建设的历史背景是：一方面中国共产党总结了我国发展的历史经验得出基本结论："把马克思主义的普遍真理同我国的具体实践结合起来建设有中国特色的社会主义。"① 另一方面从社会发展规律看，我国是从半殖民地、半封建社会向社会主义社会过渡的，其间必然要经过资本主义的发展阶段，它不能跳越只能缩短。这一重要的论点，早在1867年《资本论》第一版序言中，马克思就曾经提出。他认为：资本主义社会是一个很长的历史时期，它的经济运动规律"是既不能跳过也不能用法令取消的自然的发展阶段，但是它能缩短和减轻分娩的痛苦。"② 我国目前处在社会主义初级阶段，在改革与发展的过程中必然有它自身的特点，在现代化建设进程中，如何缩短资本主义的发展阶段，减轻社会主义社会分娩的痛苦，这是建设有中国特色的社会主义的新问题。

3.1.2　中国现代化建设迫切需要社会系统工程

实现四个现代化，这是一场根本改变我国经济和技术落后面貌的伟大革命，按照马克思主义关于社会形态发展的观点，首先要从多方面改善生产关系，改善上层建筑，使之适应生产力的发展。与此同时，必须研究组织管理中国现代化建设的科学技术——社会系统工程，以提高组织管理国家建设的水平。社会系统工程是分层次的，按行政区域可分为

国家——省（部）——地级市——县级市——县

国家范围的组织管理是大系统工程，省、地、县等的组织管理，为依次的小系统工程，它们分别受上层系统的制约③。

实现四个现代化，科学技术水平的迅速提高是关键，因为科学技术是第一生产力，它能把人的劳动生产率提高到前所未有、不敢想象的水平。以国民经济的基础产业农业而论，农业生产水平先进的美国，1976年从事农业生产的劳动力只占总人口1.2%，而我国将近40%，相差30多倍。特别是在科学技术方面，18世纪是蒸汽力，19世纪是电力，20世纪除原子能外，出现了一系列重大新兴技术领域和带头学科，如农业科学技术、能源科学技术、材料科学技术、电子计算机科学技术、激光科学技术、空间科学技术、高能物理和遗传工程。面临层出不穷的科学技术变革，中国现代化建设必须有科学的组织管理，搞好规划和计划协调，否则将造成对国家和人民的巨大损失。

---

① 邓小平文选（3卷）. 北京：人民出版社，1993：3.

② 马克思恩格斯全集（23卷）. 北京：人民出版社，1966：11.

③ 钱学森，等. 论系统工程. 上海：上海交通大学出版社，2007：13.

钱学森创建的社会系统工程，就是在历史唯物主义的指导下，把自然科学技术与社会科学技术结合，开创的哲学、自然科学与社会科学交叉的科学方法，这是马克思主义社会科学技术的发展。社会系统工程就是组织管理“系统”的规划、研究、设计、制造、试验和使用的科学方法，是对自然和社会都普遍适用的科学方法，区别只在于：社会系统工程设计的不是产品，而是制度、体制、方案、规划。社会系统工程的对象是社会，目的是改造社会；系统工程的对象是自然；目的的改造自然。钱学森把改造自然取得巨大成功的系统工程，推广应用于社会，这是中国现代化建设的必然要求。

回顾历史，系统工程是第二次世界大战时期逐渐发展起来的。它是一门高度综合性的、组织管理的科学方法，是运用系统思想直接改造客观世界的一大类工程技术的总称。系统工程的基本特点是：把研究对象作为整体看待，要求对任何对象的研究都必须从它的组成、结构、功能、相互联系方式、历史的发展和外部环境等方面进行全面的、综合的考察做到分析与综合的统一。

钱学森在系统工程的基础上提出的社会系统工程，丰富与发展了马克思主义国家学说。马克思主义认为，无产阶级在取得国家政权后，必须运用国家政权组织管理社会活动，才能巩固政权，推动社会进步。钱学森创建的社会系统工程，就是在马克思主义国家学说指导下，开创的哲学、自然科学与社会科学相结合的、关于国家的组织管理的科学方法，是一门新兴的社会科学技术。

钱学森指出，当前正在进行的社会主义现代化建设，是根本改变我国科学、技术与经济落后面貌的伟大革命，必须研究组织管理的科学方法。这个科学方法叫做社会系统工程，它“是综合了近一百多年来马克思主义的社会科学发展成果，综合了近半个世纪自然科学技术发展成果，并吸取了近 20 多年电子计算机发展成果才成立的。”①

3.1.3 社会系统工程的基本思想

社会系统工程是社会管理的技术，当前我们的历史任务是现代化建设，因而社会系统工程就是组织管理现代化建设的技术。首先有必要说明如下两个问题：

(1) 社会系统工程的理论基础是马克思主义的社会科学

马克思主义是关于人类社会发展的科学，社会发展实际上是社会形态的发展。钱学森从科学革命——技术革命——产业革命——社会形态发展的规律出发，把我国的发展和发达的资本主义国家相比较，认为我们国家已经落后了：工业革命落后了大约两百年，信息革命落后了将近二十年。中国现代化建设要迎头赶上科学技术先进的发达国家，这是一项非常复杂的社会系统工程，是史无前例

---

① 钱学森，等. 论系统工程. 上海：上海交通大学出版社，2007：18.

的改造社会的实践活动，必须在马克思主义理论指导下，以社会科学技术的理论与方法为依据。

钱学森根据现代科学技术革命的新进展，根据在科学革命、技术革命与产业革命发展的新形势下社会发展的新规律，结合现代科学技术认识的过程，即

基础科学——技术科学——工程技术

这三个认识阶段是相互作用、循环往复，螺旋形上升的过程，进一步指出社会科学技术发展的规律是在马克思主义指导下的，即

社会科学（认识世界）——社会技术（转化的中间环节）——社会系统工程（改造世界）

其中，社会系统工程是以马克思主义的社会科学为基础的。

（2）社会系统工程与自然工程的区别与联系

自然工程与社会系统工程的区别也就是自然与社会的区别。总的说来，工程是为经济社会发展服务的。自然工程是设计一个产品或一项工程，制造自然物（经济基础）。自然工程以改造自然界为目的，以自然界为对象，其产品是各种各样的人工自然，如运河、大坝、森林、宇宙飞船等。自然工程的组织管理技术叫系统工程。社会系统工程则是以改造社会为目的，以社会为对象，其产品是社会的制度与体制以及相应的各种规章。它设计的是经济制度与政治制度，以及相应的政治体制、经济体制（市场经济体制、金融体制）、法律体系、教育体制、科技体制、行政体制、文化体制等。它的任务是设计社会改革的方针、政策、实施方案，是构建社会物（物质的上层建筑）。社会工程的组织管理技术叫社会系统工程。

自然工程与社会系统工程的联系。自然工程与社会系统工程所造的“物”虽然不同，但其认识论和方法论都是一致的。这表现在：一方面整个过程都需要遵循现代科学技术认识发展的规律，都需要以科学原理为基础，以技术科学为中介，开发工程技术，然后付诸实施，进行构建工程的活动；另一方面整个过程都需要进行科学的组织管理，都需要应用系统工程方法。所以，钱学森说社会系统工程师要像自然工程师设计一个新的建筑一样，“科学地设计和改造我们的客观世界。”①

自然工程和社会系统工程的联系还表现在以下方面：工程的建造过程，包括科学实验、技术发明、工程设计、工程模拟和工程建造等环节；工程建成的要素，包括材料、能源、运输工具、制造工具、研究人员和施工人员；工程的社会运行，包括一系列相关的配套工程，如社会系统工程中的市场经济体制系统工程

---

① 钱学森．社会主义现代化建设的科学和系统工程．吴义生，编．北京：中共中央党校出版社，1987：28.

要有法律、管理、教育等相关工程作支撑。因此，自然工程和社会系统工程都必须从系统的观点出发，协调组织工程活动中各个部门、各种过程之间的关系。可以把社会系统工程与自然工程在观点、方法与研究途径上的区别与联系概括如表 3-1 所示。

表 3-1

	自然工程	社会系统工程
观点	自然观、自然科学观、自然技术观、自然工程观	社会观、社会科学观、社会技术观、社会系统工程观
方法	数学方法、思维方法（抽象思维、形象思维、创造性思维）、系统方法、实验方法	数学方法、思维方法（抽象思维、形象思维、创造性思维）、系统方法、实验方法
基本问题	创建自然物	创建社会物
研究途径	以自然科学为主的跨学科研究	以社会科学为主的跨学科研究

3.2 社会系统工程的理论体系

3.2.1 社会系统工程的基本前提①

社会系统工程的对象是整个社会、整个国家，按行政区域的划分，从全局看它包括下列各个层次，即

国家——省（部）——地级市——县级市——县

社会系统工程的基本前提是国家发展的目标，是党和国家制定的一个历史时期的路线、方针和任务，以及由此制定的政策、组织原则和法规。从 1978 年党的十一届三中全会以来，中国共产党经过 12—17 届全国党代表大会，坚持把马克思主义的普遍真理同我国的具体实际相结合，对中国现代化建设道路的认识，在不断总结经验的基础上，形成了建设有中国特色社会主义的总体设想，它是制订国家经济社会发展规划的依据，是社会系统工程的出发点。我们党关于建设有中国特色的社会主义的总体设想主要如下：

第一，明确我国目前所处的历史发展阶段。1987 年党的十三大报告指出：我国现在正处在社会主义初级阶段，认为我国的社会主义“是脱胎于半殖民地半封建社会，生产力水平远远落后于发达的资本主义国家，这就决定了我们必须经历一个很长的初级阶段。去实现别的许多国家在资本主义条件下工业化和生产的商品化、社会化、现代化。”认为中国必须走资本主义的发展道路，是机械论，

① 钱学森，等. 论系统工程. 上海：上海交通大学出版社，2007：15.

是发展问题上“右倾”错误的重要认识根源；认为中国可以不经过资本主义充分发展阶段，不经过生产力的巨大发展，就可以越过社会主义初级阶段，是发展问题上的空想论，是“左倾”错误的重要认识根源。

第二，提出建设有中国特色的社会主义的基本路线。1987 年党的十三大报告明确提出，在社会主义初级阶段我们党的基本路线是：以经济建设为中心，坚持四项基本原则，坚持改革开放。这是因为在社会主义初级阶段上，我们面临极其艰巨复杂的任务：一是为了摆脱贫穷和落后，要把发展生产力作为党和国家全部工作的中心；二是由于长期形成的僵化体制严重束缚着生产力的发展，改革不适应生产力发展的生产关系与上层建筑是迫切的历史要求；三是当代国际经济关系越来越密切，我们不可能在封闭状态下求得发展，必须坚持对外开放，发展对外经济技术交流和合作，努力吸收世界文明成果。

第三，提出公有制是经济结构的主体。1984 年党的第十二届三中全会指出：在社会发展史上，“商品经济的充分发展，是社会经济发展的不可逾越的阶段，是实现我国经济现代化的必要条件。”① 必须大力发展有计划的商品经济。社会主义经济同资本主义经济的区别不在于商品经济是否存在和价值规律是否发挥作用，而在于所有制不同。按照所有制的不同，我国经济结构包括全民所有制、集体所有制、个体经济、私营经济、外资经济等，它是由多因素多层次构成的统一有机体，在经济发展中起着不同的作用：全民所有制经济是我国社会主义经济的主导力量，对于保证社会主义方向和整个经济的稳定发展起着决定性的作用；集体经济是社会主义经济的重要组成部分，许多领域的生产建设事业都可以放手依靠集体来兴办；个体经济对于发展社会生产、方便人民生活、扩大劳动就业具有不可替代的作用，是社会主义经济必要的有益的补充；外资经济对于吸引外商来我国举办合资经营企业、合作经营企业和独资企业，是十分必要的。1992 年党的十四大报告进一步明确指出：建立社会主义市场经济体制以利于进一步解放和发展生产力，这是关系整个社会主义现代化建设全局的一个重大问题。

第四，提出建设社会主义精神文明的战略决策。1986 年党的第十二届六中全会指出：以马克思主义为指导的社会主义精神文明是社会主义社会的重要特征，在现代化进程中，物质文明为精神文明的发展提供物质条件和实践经验，精神文明又为物质文明的发展提供精神动力和智力支持，为它的正确发展方向提供有力的思想保证。社会主义精神文明建设是关系社会主义兴衰成败的大事②。它的根本任务是：适应社会主义现代化建设的需要，培育有理想、有道德、与文化、有纪律的社会主义公民，提高整个中华民族的思想道德素质和科学文化素

---

① 中共中央关于经济体制改革的决定. 北京：人民出版社，1984：17.

② 中共中央关于社会主义精神文明建设指导方针的决议. 北京：人民出版社，1986：2.

质；创造出以马克思主义为指导的、批判继承历史传统而又充分体现时代精神的、立足本国而又面向世界的、高度发达的社会主义精神文明。

第五，提出根据本国国情进行政治改革。2002年党的十六大报告号召我们，要“不断促进社会主义物质文明、政治文明和精神文明的协调发展，推进中华民族的伟大复兴”。政治文明是我国生产力发生深刻变革，生产关系不断发展之后，对上层建筑领域发展提出的必然要求。邓小平指出：“没有民主就没有社会主义，就没有社会主义现代化。”要建设社会主义民主，使政治民主化，必须从中国国情出发，总结自己的实践经验，同时借鉴人类政治文明的优秀成果，把坚持党的领导、人民当家做主和依法治国有机统一起来，实现民主选举、民主决策、民主管理、民主监督，保证人民依法享有广泛的权利和自由。

第六，提出建设生态文明。2007年党的十七大报告提出：“建设生态文明，基本形成节约能源资源和保护生态环境的产业结构、增长方式、消费模式”①。这是贯彻落实科学发展观的必然要求。“科学发展观的第一要义是发展，核心是以人为本，基本要求是全面协调可持续，根本方法是统筹兼顾。”② 强调全面、统筹、协调的发展实际上就是强调系统的发展，它包括城乡发展、区域发展、经济社会发展、国内发展和对外开放、人与自然和谐发展。从马克思主义的观点看来：自然界是第一性的；自然界是人类赖以生存和发展的基础。因此，在上述五个方面的统筹中，统筹人与自然和谐发展是贯彻落实科学发展观的基本前提。在建设生态文明的过程中，必须高度重视协调经济发展与人口资源环境的矛盾，使人民在良好生态环境中生产生活，实现经济社会可持续发展。

3.2.2 社会系统工程的建构

20世纪90年代初，钱学森就根据马克思主义社会形态的学说，从系统的观点出发，把我们党提出的中国现代化建设的总体设想系统化，将四个文明建设作为社会系统工程的基本框架，它们构成社会系统工程的四个子系统。

首先是社会形态中的三个子系统③。马克思主义认为：“社会形态是一定历史时期社会经济、政治和思想文化的总称，是一定历史阶段生产力和生产关系、经济基础和上层建筑的具体的、历史的统一。”④ 据此钱学森明确提出：社会形

① 高举中国特色社会主义伟大旗帜 为夺取全面建设小康社会新胜利而奋斗．北京：人民出版社，2007：20.

② 高举中国特色社会主义伟大旗帜 为夺取全面建设小康社会新胜利而奋斗．北京：人民出版社，2007：15.

③ 中央组织部等五部委．九十年代科技发展与中国现代化．长沙：湖南科学技术出版社，1991：11.

④ 钱学森．创建系统学．上海：上海交通大学出版社，2007：73.

态包括三个侧面，即三个子系统[①]：

① 经济的社会形态，也就是物质文明建设。物质生活是人类社会生存与发展的基础，因而物质生活资料的生产和经济建设是社会的基础。它是社会形态的经济侧面。

② 政治的社会形态，也就是政治文明建设。政治是经济的集中表现，是维护与发展社会经济基础的，是整个上层建筑中最活跃、最敏感的部分。政治的上层建筑即政治思想、政治制度以及相应的政治机构，其中包括政治体制、行政体制、法律体制、教育体制、社会保障体制等。它是社会形态的政治侧面。

③ 意识的社会形态，也就是精神文明建设。精神文明与物质文明是相互联系、相互作用的。它是社会形态中和政治的上层建筑相适应的社会意识形态。精神文明包括哲学、政治法律思想、道德观念、宗教观念、文学艺术等，它们是人类认识世界的成果，是社会形态的意识侧面。

历史唯物主义的观点认为，在组成社会有机体的社会形态的三个侧面中，经济的社会形态是社会发展的基础。马克思的《资本论》就是以资本主义社会的经济形态为对象，研究它的经济运动的规律的。[②]

其次是地理环境，它是社会存在的基础。地理环境建设是社会系统工程的子系统[③]。马克思主义哲学强调：自然界是第一性的，自然界是人类“赖以生长的基础”[④]。历史学家与社会学家都认为：社会的存在离不开地理环境；社会的发展是受地理环境制约的，而地理环境是属于自然界的。钱学森从现代化建设的需要出发提出地理环境建设，认为地理环境建设的对象是“地球表层”，它是和人类活动密切相关的那部分地球环境[⑤]，包括上至大气对流层顶层，下至岩石圈的上部。

地理环境建设本身也是一项复杂的系统工程，其任务是在辩证唯物主义与历史唯物主义的指导下，“以经济建设为中心”，从国民经济产业结构的整体考虑，将生态农业系统工程（生态产业生产力）的建设，同与之相互关联、相互制约、相互影响与相互作用的环境污染、基础设施、资源、灾害、人口等系统工程的建设，作出全面的、系统的规划、设计、组织、实验并付诸实践。

综上所述，钱学森创建的社会系统工程，主要是中国现代化建设工程，按照党中央制定的蓝图，它的总体结构包括四个子系统，即物质文明建设系统、精神文明建设系统、政治文明建设系统、地理环境建设系统。

---

① 中央组织部第五部委．九十年代科技发展与中国现代化．长沙：湖南科学技术出版社，1991：11.

② 马克思恩格斯全集（23卷）．北京：人民出版社，1966：11.

③ 钱学森．创建系统学．上海：上海交通大学出版社，2007：173.

④ 马克思恩格斯选集（4卷）．北京：人民出版社，1977：218.

⑤ 钱学森．创建系统学．上海：上海交通大学出版社，2007：13.

这是一项史无前例的社会系统工程，由亿万人民参加，而人民群众是有意识的、有主观能动性的，因而社会系统工程是极为复杂的、特殊的巨系统，必须从系统的观点出发，从三个文明建设之间以及它们和地理环境建设相互配套和协调发展上，进行规划、设计、实施并不断总结经验，才能把这项伟大的事业推向前进。

3.2.3 社会系统工程的认识论

在创建社会系统工程的过程中，钱学森坚持马克思主义认识论，坚持以实践论观点为指导，创建社会系统工程。

(1) 区分社会科学技术认识过程的三个层次

钱学森指出：现代科学技术从工程实践到基础理论的认识过程，可以分为三个层次，对社会科学技术来说，即

社会工程技术——社会技术科学——基础社会科学

其中，社会技术科学是联系基础社会科学与社会工程技术的桥梁，它的任务是应用基础社会科学的理论解决社会系统工程实践的问题。自然科学中的技术科学研究方向，始于20世纪初德国哥廷根大学伟大的数学家克莱因。20世纪20年代，由铁木辛柯和冯·卡门把这一研究方向带到美国，40年代由美国著名的理工院校付诸实施。钱学森在美国留学时深谙这一研究方向在科学技术发展过程中的极端重要性，回国后他根据自己在航空科技的理论研究与实践经验，认为现代科学技术发展的规律是：一切工程技术都可以看做是基础科学理论的应用，而技术科学则是从基础科学理论到工程技术必不可少的中间环节①。

(2) 现代科学技术认识的基础是前科学

马克思主义认识论认为，人们在实践的基础上产生的认识过程是

实践⟶感性认识⟶理性认识

钱学森指出：现代科学技术认识过程把它丰富与发展为

实践⟶前科学⟶工程—技术—科学⟶桥梁（部门哲学）⟶哲学

从实践论的观点看来，现代科学技术认识归根结底来源于实践，来源于在实践基础上产生的感性认识（经验知识），钱学森称之为前科学。前科学知识“还要进一步的提炼、组织、真正纳入到现代科学技术体系里面去，那才是科学。”②前科学是本源，我们决不能轻视；可以说，没有前科学就没有科学的进步。

(3) 现代科学技术与哲学的联系（中介）

哲学与科学都是由概念、范畴与规律组成的理论体系，但是认识的层次不

---

① 钱学森. 论技术科学. 科学通报，1957，4.

② 钱学森. 创建系统学. 上海：上海交通大学出版社，2007：3.

同：哲学的对象是关于客观世界的全部领域与总的联系，关于客观世界的最普遍、最根本的东西；科学的对象是关于客观世界的某一领域与个别联系，关于客观世界的某一方面的特殊本质。在社会科学技术认识过程中，社会科学技术与哲学之间的联系是

基础的社会科学⟶桥梁（历史唯物主义）⟶辩证唯物主义

这表明：一方面马克思主义哲学是对人类知识的最高概括，同时也是人类一切实践经验的最高概括，因此马克思主义哲学必然对社会科学、社会技术、社会系统工程的发展有指导作用①；另一方面，现代化建设过程中的社会科学技术是丰富、深化马克思主义哲学的泉源，是推动马克思主义发展的强大动力。

3.3　社会系统工程的学科体系

3.3.1　按实践论的观点构建社会系统工程的学科体系

钱学森以实践论观点为指导，概括现代科学技术发展史，并从理论与实践相结合的基础上，深刻地指出：现代科学技术的认识过程是根据基础科学理论，运用技术科学原理，开发新技术、新工艺，并将它付诸实施的过程。按照现代科学技术认识发展规律，钱学森把社会系统工程的科学体系划分为如下的三个层次，即：

组织管理国家的社会科学——组织管理国家的技术科学——组织管理国家的工程技术

如表 3-2 所示②。

表 3-2

组织管理国家的基础科学	国家功能部门	组织管理国家的技术科学	组织管理国家的工程技术
社会主义国家学	1 物质财富生产	技术经济学 数量经济学 工业经济 农业经济、农事学	工程系统工程 企业系统工程 农业系统工程 …… 计量系统工程 标准系统工程

① 钱学森．社会主义现代化建设的科学和系统工程．吴义生，编．北京：中共中央党校出版社，1987：53，59，107，108，111.

② 钱学森．社会主义现代化建设的科学和系统工程．吴义生，编．北京：中共中央党校出版社，1987：44.

续表

组织管理国家的基础科学	国家功能部门	组织管理国家的技术科学	组织管理国家的工程技术
社会主义国家学	2 精神财富创造	教育学 科学学 文艺学 体育学 情报学 新闻学 科普学 美育学 → 文化学	教育系统工程 科研系统工程 文艺系统工程 体育系统工程 情报系统工程 ……
	3 服务事业	商学、运输科学等	各有关系统工程
	4 行政	行政学	行政系统工程
	5 法制	法学	法制系统工程
	6 国际交往	外交学 国际经济	……
	7 国防	军事科学	军事技术、军事系统工程
	8 环境保护	环境科学 ……	环境保护系统工程
	9 其他	……	……

3.3.2 社会系统工程的理论基础

社会系统工程的基础科学是马克思主义的社会学，它是研究社会的结构、功能、发生、发展规律的综合性学科。马克思主义的社会学不同于孔德、斯宾塞等的社会学，它是以历史唯物论为理论基础和指导思想的社会学。它从社会是一个有机体的观点出发，对社会，特别是对资本主义社会的经济结构、政治结构与思想文化体系进行批判分析，研究资本主义社会的产生、发展与灭亡的规律。马克思主义社会学的独创之处，首先在于它的基础理论，这就是：

(1) 唯物史观

它把人类历史看做一个发展过程，提出了认识社会、改造社会的世界观、认识论与方法论。唯物史观认为：一切重要历史事件的终极原因和伟大动力是社会的经济发展，是生产方式和交换方式的变更，“因而每一时代的社会经济结构形成现实基础，每一个历史时期由法律设施和政治设施以及宗教的、哲学的和其他的观点所构成的全部上层建筑，归根到底是应由这个基础来说明的。”[①] 生产力是社会的基础，生产力与生产关系的矛盾推动社会的发展。

① 马克思恩格斯全集（20卷）. 北京：人民出版社，1977：29.

（2）剩余价值学说

马克思发现的剩余价值，一方面说明了资本主义生产方式产生与发展的历史必然性，另一方面揭露了资本主义生产的秘密，即“无偿劳动的占有是资本主义生产方式和通过这种生产方式对工人进行剥削的基本形式。”① 剩余价值构成了有产阶级手中日益增加的资本量。剩余价值的生产是资本主义生产的目的。

（3）社会形态学说

社会形态由经济结构、政治结构与文化结构组成；社会形态发展的规律是生产关系一定要适合生产力状况；社会发展史是社会形态更替的历史；研究社会形态的社会学主要是经济学、政治学、法学、文化学、教育学、科学学、技术学、文艺理论、哲学、宗教等。

马克思主义社会学的技术科学，充分利用现代科学技术新成果的技术科学：在经济学方面有部门经济学、技术经济学、市场经济学等；在政治学方面有行政学、政策学、传播学等；在法学方面有宪法学、民商法学、刑法学、程序法学等；在文化学方面有文化人类学、文化社会学、文化产业学、文化教育学、实验教育学、科学教育学、科学经济学、科学政策学等。对于社会系统工程而言，它的技术科学有系统论、信息论、控制论与运筹学。

社会系统工程在工程技术层次有情报网、数据库、知识库和电子计算机网。

3.3.3　社会系统工程的基本内容

按照系统的观点，结构与功能是密切联系的，从社会主义现代化建设的总体结构出发，可以把国家的组织管理功能分为八个方面。这八大功能协调，国家的发展就正常、健康、可持续②。

（1）物质财富的生产

这是国家功能的根本。没有物质财富的生产，人民无法生活，因此它也是国家的基础。我们党一直抓“以经济建设为中心”。

（2）精神财富的创造

党中央认为：“物质文明为精神文明的发展提供物质条件和实践经验，精神文明又为物质文明的发展提供精神动力和智力支持，为它的正确发展方向提供有力的思想保证。”③ 所以，社会主义精神财富的创造是关系社会主义兴衰成败的

---

① 马克思恩格斯全集（20卷）．北京：人民出版社，1977：30.

② 钱学森．社会主义现代化建设的科学和系统工程．吴义生，编．北京：中共中央党校出版社，1987：32-45.

③ 中共中央关于社会主义精神文明建设指导方针的决议．北京：人民出版社，1986：2.

大事。精神财富的创造包括科学技术的研究，文学艺术的创作，书刊、报纸、编辑、出版、印刷业、影视业、教育事业、体育事业，以至于资料情报事业，还有图书馆、展览馆等。

(3) 服务工作

物质财富的生产和精神财富的创造，要有后勤保障工作也就是服务工作。它包括商业，公共事业（供水、供电、供热），交通事业（铁路、公路、水路、民用航空、邮电、通信），人民生活服务（城市建设、卫生、医疗、住房、饮食业、修理业和其他服务行业）。没有服务工作，国家的其他功能就无法发挥。社会主义国家的服务事业，其根本任务就是要对我们国家的每一个公民的生、老、病、死负全责。

(4) 行政管理

在社会主义现代化建设的进程中，行政管理机构一方面要随着情况的变化、经验的积累和工作效率的改进，及时作出调整；另一方面又要注意保持一定的稳定性。为此，需要设立一个国家体制的研究设计单位，如国家体改委，经常研究这个问题，并及时地推出建议和方案。

(5) 法制体系

依法治国必须建立健全的法制体系，包括法律、立法机构和执法机构，各级公安部门、检察院、法院。首先，法制体系的最高层是国家的宪法。其次，我们党是执政党，党章自然也是一个根本大法。下一个层次是全国各部门通用的刑法、民法、经济法、婚姻法等。再下一个层次是部门的法规，如专利法等。再下一个层次是部门的法令、条例、命令等。

(6) 国际交往

这是多方面的，除了政治交往，还有经济、贸易、科学技术、文化方面的交往；有友好访问、旅游等，它们是互相联系，交织在一起的，应该大大地加强组织管理，提高工作效率，避免互相脱节。要有一个专门机构，负责搞好各方面的协同。

(7) 国防事业

它包括军队，即陆军、海军、空军等兵种，国防科学技术的研究机构、国防工业和军队院校。要发扬光荣传统，在国防现代化中，正规化、革命化的人民军队发挥更大的作用。

(8) 国家的环境管理

它包括生态平衡、环境保护、地质、气象、地震、海洋以及废旧物资的回收利用。我国有 960 万平方公里的陆地和附近的海域，还有下面几公里的地壳，上至几十公里的大气层，要吸取世界各国的经验教训，结合我们自己的实践，用马克思主义、毛泽东思想来制定我国的环境政策。对于回收废旧物资和三废处理，要重视它的开发利用，这是一项复杂的环境系统工程技术。

由此可见，上述八项社会系统工程的实施涉及改造社会，提高社会生产力，提高国防力量，改造各种社会活动。一句话，涉及整个社会，所以“系统工程是一项伟大的创新，整个社会面貌将会有一个大改变”① 系统工程的发展是一项新的技术革命。

3.3.4　社会系统工程的基本程序

现代化建设必须有科学方法，这就是：必须对这项社会工程进行系统分析、系统设计和系统的综合评价。具体地说，就是用广义模型（包括数学模型和逻辑模型）来描述系统，通过模拟反映系统的运行、求得系统的最优组合方案和最优的运行方案，并在实施过程中不断修正与补充，达到快、好、省的目的。

社会系统工程的基本程序就是按照上述基本思想进行的：

首先，分为下列三个阶段，即

系统开发——系统制造——系统运用

然后，每个阶段分为下列七个步骤进行，即

问题——目标——模型——模拟——优化——决策——实施

其中，第一步是明确问题，确定解决问题所要达到的目标；第二步是把实现目标的各种条件或因素综合起来，形成一个相互关联的系统，对之进行系统分析，建立定性或定量的模型；第三步是用电子计算机对模型进行实验研究，进行测试和计算，并据此对模型进行修正，这就是仿真；第四步是对各种可能的方案进行优化，从中选出几种方案供决策选用；最后，由决策者选定一种方案实施。

对社会工程的上述阶段和步骤，都需要组织管理和控制，也就是需要系统工程方法。

国外对系统工程方法的演变过程大致如下：1957 年古德和麦克雷尔在《系统工程》一书中，把“工程”的进行分为三个方面，即工程所需的知识背景、工程的研究过程与工程的实施过程。1969 年，霍尔进一步把这三个方面发展为三维结构，即知识维（完成整个工程必须具备的科学技术知识与实际经验）；逻辑维（工程的各个阶段上必须解决的、共同的逻辑问题）；时间维（工程从开始到结束经过的阶段）。其中，知识维与逻辑维是关于“事”的，是软工程，时间维是关于“物”的，是硬工程。国外把硬工程和软工程包括在一起，称为系统工程。

---

① 钱学森. 社会主义现代化建设的科学和系统工程. 吴义生，编. 北京：中共中央党校出版社，1987：218.

3.4 一个事关现代化建设全局的社会系统工程

3.4.1 马克思恩格斯对现代市场经济形成的分析

18世纪末的工业革命，产生了以机器为中心的工业体系，空前地扩大了社会的分工和工厂内部的分工，把简单的商品经济发展为发达的市场经济，市场经济的发展反过来又促进社会的分工不断扩大。马克思恩格斯根据工业经济的发展，研究了与之相适应的资本主义市场经济理论，提出了以下基本观点：

① 工业生产是经济史上的一个时代。资产阶级由于掌握了机器大工业这种先进的生产力，在它统治的一百多年里，把人类社会从保守、闭塞、落后的农业社会推向创新、开放、进步的工业社会。

② 工业生产引起经济结构的变化。在英国首先是纺织工具的发明引起了棉纺织业的发展。然后是与纺织业相关的产业迅速兴起。最终导致以工业为主导的产业结构的形成与发展。

③ 以工业为主导的产业结构促进了市场结构的发育与完善。以机器的发明和改进为基础的工业的发展，使得产品的种类不断增加，产品的数量源源不断地涌向市场，促进了生产资料市场、消费资料市场与金融市场的发展。

3.4.2 马克思主义关于市场经济的理论观点

1. 马克思、恩格斯的观点

19世纪，马克思、恩格斯以英国为典型，研究了资本主义生产方式产生、发展与灭亡的规律，认为资本主义是以私有制为基础的商品生产，由于生产力的高度发展，分工与合作加强，市场交换是联系生产与消费的必然形式，因此资本主义经济的发展离不开市场经济。而社会主义在充分发达的条件下，由于生产力的发展大大超过资本主义，由于社会占有了全部生产资料，于是生产者之间的分工与合作并不需要通过交换自己的产品，在这个条件下商品生产就将被消除[①②]，即市场经济将被消除。由此得出下列结论：

① 在充分发达的社会主义条件下，市场经济是可以被消除的。第一，发达的社会主义消灭了私有制，也就消灭了商品生产存在的原因。第二，发达的社会主义社会既然占有了一切生产资料，那么每个人的劳动就成为直接的社会劳动，排除了产品向商品转化的可能。第三，在发达的社会主义条件下，才有可能消除

① 马克思恩格斯选集（3卷）. 北京：人民出版社，1977：10.

② 马克思恩格斯全集（20卷）. 北京：人民出版社，1977：307.

资本主义生产方式中“个别工厂中的生产的组织性和整个社会的生产的无政府状态之间的对立。”①

② 在充分发达的社会主义条件下，市场经济将为计划经济所代替。充分发达的社会主义社会，它的生产力发展大大超过发达的资本主义，而且由于它占有了全部生产资料，消灭了私有制，在生产力高度发展与生产资料公有制的条件下，有必要采取计划经济模式。第一，高度发达的生产是社会化大生产，在它的生产过程中，各个企业、各个部门之间必须保持一定的比例，特别是两大部类（生产资料与消费资料）之间必须保持一定的比例，社会再生产才能持续、稳定地发展。第二，社会化大生产过程的规律性具有规则性、划一性、秩序性和连续性，这就使得全社会的各个企业必须采取有计划的和系统的行动。恩格斯早就指出：由于高度发达的社会主义的生产力发展，大大超过了资本主义，于是一直统治着人们的资本主义生产方式，将改为受到人们的支配和控制的生产方式，人们第一次成为自然界的自觉的和真正的主人，“只是从这时起，人们才完全自觉地自己创造自己的历史；只是从这时起，由人们使之起作用的社会原因才在主要的方面和日益增长的程度上达到他们所预期的结果。这是人类从必然王国进入自由王国的飞跃。”②

2. 邓小平的观点

1979 年，邓小平根据我国社会主义还处在初级阶段，生产资料所有制不是单一的公有制，自然经济和半自然经济占相当比重的实际情况，并且根据发达国家生产的商品化、社会化、现代化的经验，创造性地提出：处在初级阶段上的社会主义也可以搞市场经济。他指出：在当代世界的情况下，“说市场经济只存在于资本主义社会，只有资本主义的市场经济，这肯定是不正确的。”

1980 年，邓小平在谈到寻求一条适合中国实际的经济发展道路时，进一步提出，在社会主义条件下，可以把计划调节和市场调节结合起来的重要思想。

1984 年，党的十二届三中全会以邓小平理论观点为指导，通过了《中共中央关于经济体制改革的决定》，明确提出我国经济体制改革的方向、性质、任务和各项基本方针政策，主要是：

① 中国经济体制改革是要改变过度集中统一的计划经济体制，建立起具有中国特色的、充满生机和活力的社会主义经济体制。

② 企业是工业生产、建设和商品流通的主要的直接承担者，是社会生产力发展和经济技术进步的主导力量，增强企业活力，特别是增强全民所有制的大、

① 马克思恩格斯全集（20 卷）. 北京：人民出版社，1977：298.

② 马克思恩格斯全集（20 卷）. 北京：人民出版社，1977：308.

中型企业，是整个经济体制改革的中心环节。

③ 企业是市场经济活动的主体，必须使企业成为相对独立的经济实体，成为自主经营、自负盈亏的社会主义商品生产者和经营者，具有自我改造和自我发展的能力，成为具有一定权利和义务的法人。

④ 建立以公有制为基础的有计划的商品经济，必须自觉依据和运用市场经济的基本规律——价值规律。

⑤ 我国的社会主义经济体制与资本主义市场经济有如下的区别：

第一，它是有国家宏观计划指导的商品经济，不同于完全由市场调节的市场经济。

第二，市场调节的范围主要是部分农副产品、日用小商品和服务修理行业的劳务活动。

第三，国家的指令性计划和指导性计划的任务是不同的，对关系国计民生的重要产品，对关系全局的重大经济活动实行指令性计划。对其他大量产品和经济活动，分别实行指导性计划或完全由市场调节。

1984 年，《中共中央关于经济体制改革的决定》提出的经济体制改革方案，邓小平对它予以高度评价，认为《中共中央关于经济体制改革的决定》“写出了一个政治经济学初稿，是马克思主义原理和中国社会主义实践相结合的政治经济学”。《中共中央关于经济体制改革的决定》实际上是 1992 年党的十四大提出的社会主义市场经济体制的雏形。

3.4.3 建设社会主义市场经济体制是一项复杂的社会系统工程

我国在改革的进程中，建设社会主义市场经济体制是社会系统工程的范例。1992 年党的十四大明确提出：我国经济体制改革的目标是建立社会主义市场经济体制。它与资本主义市场经济体制不同的根本点就在于：它的价值取向是“解放生产力，发展生产力，消灭剥削，消除两极分化，最终达到共同富裕。”[①] 要批判和反对市场经济中的资产阶级损人利己、唯利是图、“一切向钱看”的腐朽思想。[②] 这是“以人为本”的价值观的具体体现，是社会主义市场经济的本质之所在。建设社会主义市场经济体制是一项艰巨复杂的社会系统工程。

1992 年 10 月，邓小平关于市场经济的理论观点写进了党的十四次大会报告中，报告根据国外市场经济的发展情况，特别是总结了改革开放以来从计划经济向社会主义市场经济转轨的经验，扼要地论述了建立社会主义市场经济体制的方

① 邓小平文选（3 卷）. 北京：人民出版社，1993：373.

② 邓小平文选（2 卷）. 北京：人民出版社，1994：369.

针、理论与政策：

（1）重要意义

这是关系整个社会主义现代化建设全局的一个重大问题。

（2）核心问题

要正确认识和处理市场机制与宏观调控的有机结合，既要发挥市场在资源配置中的基础性作用，又要加强政府对经济的宏观调控。

（3）目的

解放和发展生产力。

（4）本质特征

社会主义市场经济体制是同社会主义制度结合的，它在所有制结构上，以公有制为主体；在分配制度上，以按劳分配为主体；在国家宏观调控上，把人民的当前利益与长远利益、局部利益与整体利益正确地结合起来。

（5）基本内容

① 市场要受社会主义国家的宏观调控，以克服市场本身的弱点和消极方面。

② 市场对资源配置起基础性作用。

③ 市场活动要遵循价值规律。

④ 市场的正常运行要通过价格和竞争机制。

⑤ 市场的目标是及时协调供给与需求，提高企业的竞争力和效益。

⑥ 市场的发育和完善要通过国家的经济政策、经济法规、计划指导和必要的行政投资。

（6）基本方法

把政府的宏观调控与市场机制结合起来，把经济体制（生产关系）与科学技术（生产力）结合起来，以保证经济健康、持续、协调和快速地发展，主要是：

第一，国家确定社会经济发展的主要方针、政策和重大的比例关系，如制定宏观计划目标、经济发展速度、积累和消费的比例关系等，在根本上为市场规定运行方向、建立运行框架和准则。

第二，国家必须掌握一定的财力和物力，以影响市场，纠正市场偏差，为市场的合理运行创造条件。

第三，国家自觉地、有意识地运用各种经济手段，调节市场运行。国家运用各种经济杠杆，直接或间接影响市场各要素，影响市场机制的运动，使之符合计划目标。例如，国家运用货币政策可以影响资金市场上利率的运动，使利率对资金注入的引导符合计划目标，这种调节称为经济参数调节。经济参数如价格、工资、信贷、税收、利率等，它们的变化对生产发生影响。国家对经济参数进行有效的控制，就可以把市场运行、进而把企业的自由活动引导到计划目标的轨道上来。

第四，国家必须制定相应的经济法规，加强经济监督，保证市场的合理运行。例如，由国家物价管理机关进行价格监督，民众监督机构进行消费品价格监督，银行对金融活动进行监督等。通过制定法规，把国家的重大方针政策和措施用法律形式固定下来，调整各种经济关系和经济活动准则，排除对市场运行的干扰和维护市场秩序。在以上调节市场的经济、行政、法律等手段中，经济手段是主要的调节手段。

第五，建立宏观调控体系。社会主义市场经济体制把市场机制和宏观调控有机地结合起来，建立由计划、财政、金融三大部门以及经济手段、法律手段、计划手段、行政手段所促成的宏观调控体系。为此，必须采用光纤、卫星等技术，建设一批市场经济体制急需应用的信息系统工程。

3.4.4 社会主义市场经济体制的组织管理

建立社会主义市场经济体制的目标，是解放和发展生产力。为此，必须加强组织管理，系统工程方法提供了理论与方法。它的基本程序为

系统建模——系统仿真——系统分析——系统设计——系统优化

(1) 市场经济体制的系统建模

要有效地对市场经济体制的建立过程进行管理，得到有说服力的结果，必须建立系统模型。系统的模型是从理论上对系统某一方面的本质属性的描述，以文字、符号、图表、实物、数学公式等表示。

首先是整个市场体系，它是全国统一开放的市场体系。从市场交换对象的不同，可分为资金市场、产品市场、劳动力市场。其中每一种市场又可以进一步细分为不同的种类，例如，资金市场分为票据市场、借贷市场、证券市场等；产品市场分为生产资料市场与消费资料市场；生产资料市场又可细分为生产工具市场(如机器、汽车等市场)、原料市场（如麻、棉花、烟草、木材等市场)、燃料市场（如煤炭、石油、天然气等市场）等；消费品市场又可细分为谷物市场、肉类市场、服装市场等。从市场交换场所的不同，可分为地区性市场、全国性市场、国外市场与世界市场。

其次是市场包括的要素[①]：

① 政府。它的职能主要是统筹规划市场经济体制的建设，制订有关的政策，提供信息引导、服务和检查监督，并健全科学的宏观管理的方法。

② 企业。它是市场经济的主体，要进行国有大中型企业的制度创新，转换经营机制，企业要面向市场，以增强企业的活力。

---

① 中国共产党第十四次全国代表大会文件汇编. 北京：人民出版社，1992：24-40.

③ 分配制度与社会保障制度。市场经济体制的建立，必然要引起利益格局的变化，要统筹兼顾国家、集体、个人三者的利益；加快工资制制度改革；理顺国家与企业、中央与地方的分配关系。建立待业、养老、医疗等社会保障制度，推进城镇住房制度改革。

④ 国际贸易。扩大对外开放，形成多层次、多渠道、全方位的格局。以便更多更好地利用国外资金、资源、技术和管理经验。

⑤ 精神文明。加强党的基本路线教育，爱国主义、集体主义和社会主义系线教育，增强民族自尊、自信和自强精神，抵御资本主义市场经济“唯利是图”的腐朽思想的侵蚀，树立正确的理想、信念和价值观；在各行各业进行职业道德建设。

(2) 市场经济体制的系统仿真

它利用模型，以计算机为手段，对系统进行实验研究。在大科学、大技术、大工程的新形势下，由于安全上、经济上、技术上或者时间上的原因，对实际系统（如航空、航天、核反应堆、社会经济、生态环境、医学等领域）进行物理实验很困难，有时甚至不可能。系统仿真提供了一种有效的实验手段。

市场经济体制系统仿真，在明确系统模型、系统要素的基础上，通过建立和运行计算机仿真模型，模仿实际系统的运行状态及其随时间变化的规律，实现在计算机上进行实验的全过程，并通过对仿真运行过程的观察和统计，得到实际系统的仿真输出参数和基本特性，据此来估计和推断实际系统的真实参数和性能。系统仿真为科学地建立市场经济体制创造了一种“柔性”计算机实验环境，使人们有可能在短时间内获得对实际系统运动规律以及未来的发展趋势的认识。

(3) 市场经济体制的系统分析

在处理市场经济体制的规划、研制、和运用问题时，必须对系统进行分析，主要的内容包括目标、可行方案、费用、模型、效果、准则、结论。系统分析伴随系统建模与系统仿真的全过程，系统分析方法一般分为定性方法和定量方法两大类，前者以归纳有关领域专家讨论的意见为依据；后者主要是通过“以人为主、人机结合”的方法。

(4) 市场经济体制的系统评价与决策

对建立市场经济体制提出的各种可行方案，从“以人为本”的价值观出发，从经济、政治、社会、技术等方面，提出评价的指标体系，综合地予以评估，全面权衡其利弊与得失，为决策选择最优方案提供科学依据。

(5) 市场经济体制建立过程中的控制

市场经济体制建立过程是系统演化过程，在这个过程中市场的发育与发展，一方面促进经济社会发展；另一方面，由于利益分配格局的变化，出现诸如贫富差距、就业等影响社会稳定的因素。于是发展与稳定成为主要矛盾。而发展是矛盾的主要方面，是硬道理，因为稳定是为了发展，没有发展的稳定是停滞不前；更何况，没有发展，改革中出现的问题就无法解决，稳定更是无从谈起。

市场经济体制的问题是：从整体的观点出发和“以人为本”的价值观出发，用系统工程的理论与方法，研究市场经济体制建立过程中的运动和演进的规律；提供控制、调节与自调节的方法与技术手段，以保证社会稳定、协调、健康地发展。

从控制的观点看，系统可以划分为控制系统与受控系统。控制系统的作用是对受控系统施加影响，并支配它的行为，以期引起受控系统行为状态发生合目的的变化。对硬系统（不包含人的机械、设备、技术手段等）的控制属于工程控制论；对软系统（包含人）的控制属于社会控制论。

控制是控制系统对受控系统的调控行为，其中最重要、最有效的是反馈控制，它利用控制系统与受控系统之间的信息交换，如图 3-1 所示。

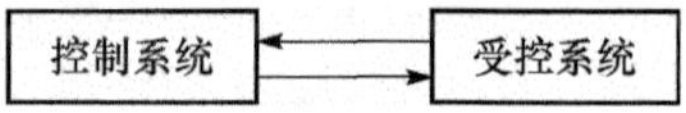

图 3-1

它们之间的通信构成反馈回路，使控制系统可以根据来自受控系统的信息不断调整控制作用，从而实现系统稳定协调的发展。反馈控制是将受控系统的输出信号的一部分作为输入，再来控制其输出。反馈的结果有两种：正反馈使受控系统输出越来越大；负反馈使受控系统输出越来越小。经常使用的是开环反馈控制系统，它是在环境变化，系统偏离目标时，将受控系统的输出信号，与目标信号进行比较，作为反馈信号，再输入受控系统，使系统仍能向预定的目标演化。

主要参考文献

邓小平文选（2 卷）. 北京：人民出版社，1994.

邓小平文选（3 卷）. 北京：人民出版社，1993.

高举中国特色社会主义伟大旗帜为夺取全面建设小康社会新胜利而奋斗. 北京：人民出版社，2007.

马克思恩格斯全集（20 卷）. 北京：人民出版社，1977.

马克思恩格斯全集（23 卷）. 北京：人民出版社，1966.

马克思恩格斯选集（3 卷）. 北京：人民出版社，1977.

马克思恩格斯选集（4 卷）. 北京：人民出版社，1977.

钱学森，等. 论系统工程. 上海：上海交通大学出版社，2007.

钱学森. 创建系统学. 上海：上海交通大学出版社，2007.

钱学森. 论技术科学. 科学通报，1957.
钱学森. 社会主义现代化建设的科学和系统工程. 吴义生，编. 北京：中共中央党校出版社，1987.
中共中央关于经济体制改革的决定. 北京：人民出版社，1984.
中共中央关于社会主义精神文明建设指导方针的决议. 北京：人民出版社，1986.
中国共产党第十四次全国代表大会文件汇编. 北京：人民出版社，1992.
中央组织部等五部委. 九十年代科技发展与中国现代化. 长沙：湖南科学技术出版社，1991.

中篇　社会系统工程的总体框架
——社会管理的创新研究

第四章 社会系统工程的思想基础

马克思主义认为，无产阶级在取得国家政权后，必须运用国家政权组织管理社会活动，才能巩固政权，推动社会进步。为了快、好、省地进行现代化建设，钱学森创建社会系统工程，它是在马克思主义国家学说指导下，开创的哲学、自然科学、社会科学、系统科学与数学科学相结合的、关于国家组织管理的科学方法。

钱学森指出，当前正在进行的社会主义现代化建设，是根本改变我国科学、技术与经济落后面貌的伟大革命，必须研究组织管理的科学方法，这个科学方法叫做社会系统工程方法。它是综合了近100多年来马克思主义的社会科学发展成果，综合了近半个世纪自然科学技术发展成果，吸取了近20多年电子计算机发展成果，特别是概括总结了我国在极其艰苦的条件下研制“两弹一星”的成功经验才成立的。

30多年前钱学森在中共中央党校的报告中指出：社会系统工程方法是组织管理现代化建设的科学方法。他说：社会主义现代化建设是中国人民伟大的历史任务，也是各级领导的任务。为此，领导决策必须科学化、民主化。当代我们面临的新情况是：一方面国际形势复杂多变，国际竞争异常激烈，我国改革与发展面临着错综复杂的矛盾；另一方面，现代科学技术已经发展成为一个庞大的知识体系，任何个人都不可能全面地掌握。面对新的情况，领导决策如何做到科学化、民主化，这是摆在我们面前亟待解决的新问题。

社会系统工程方法是国家范围的组织管理技术，是大系统的工程。通常讲的工程是工厂、企业、机构等单位，是小系统的工程。大系统的社会系统工程关系到社会主义现代化建设的全局与长远发展。总而言之，社会系统工程方法的对象是整个社会、整个国家，这就要求我们深入了解它的思想理论基础，主要是：

① 马克思主义关于社会和国家的基本观点。

② 党和国家所规定的一个历史时期的方针和任务，以及由此制定的路线、方针、政策和有关的组织原则和法规。

4.1 马克思主义关于社会发展的论述

我们党总结长期历史经验得出的基本结论是：要建设有中国特色的社会主

义，必须“把马克思主义的普遍真理同我国的具体实际结合起来，走自己的路。”① 因此，对现代化建设进行科学的组织管理，首先要了解马克思主义有关社会发展的论述，特别是关于资本主义国家与社会主义国家的论述。

4.1.1 社会形态及社会与自然的关系

马克思主义是关于人类社会发展的科学，其中包括两个基本问题：

第一，何谓社会形态？马克思主义认为，社会发展实际上是社会形态的发展。马克思从唯物史观出发指出：所谓社会形态乃是生产力、生产关系、上层建筑和社会意识形式的总和②；社会形态的发展是客观的，“是一种自然历史过程。不管个人在主观上怎样超脱各种关系，他在社会意义上总是这些关系的产物。”③ 随着生产力的发展，社会形态由低级到高级发展，从人类社会历史进程来看，基本上经历如下的阶段：

原始社会——奴隶社会——封建社会——资本主义社会——共产主义社会第一阶段④（社会主义社会）——共产主义社会高级阶段

至于国家，它是社会形成之后产生的，是阶级矛盾不可调和的产物，是经济上占统治地位的阶级获得了镇压和剥削被压迫阶级的新手段，因而只是在阶级形成后，当对立的阶级矛盾达到不可调和时才出现了国家，它是在奴隶社会时期形成的。

第二，社会与自然是什么关系？从社会发展的观点看来，社会与自然的关系归根结底是人与自然的关系，它是马克思主义自然观的核心，关于这个问题马克思主义的基本观点是：

① 自然界是第一性的。马克思恩格斯总结 19 世纪自然科学的最新成就，明确指出，在人与自然界的关系中，自然界是“先于人类历史而存在的”，其他一切都是从自然界派生出来的。自然科学最新成果证明，有了自然界才有人类。

② 自然界是人类赖以生长的基础⑤。自然界向劳动者提供劳动资料与生活资料，没有自然界劳动者就什么也不能创造⑥。

③ 以往的生产方式都没有考虑它对自然环境所造成的影响。传统农业、特别是工业的生产方式都是只考虑“最近的、最直接的有益效果。那些只是在以后才显现出来的、由于逐渐的重复和积累才发生作用的进一步的结果，是完全被忽

① 邓小平文选（3 卷）. 北京：人民出版社，1993：3.
② 马克思恩格斯选集（2 卷）. 北京：人民出版社，1977：82.
③ 马克思恩格斯全集（23 卷）. 北京：人民出版社，1966：12.
④ 马克思恩格斯选集（3 卷）. 北京：人民出版社，1977：12.
⑤ 马克思恩格斯选集（4 卷）. 北京：人民出版社，1993：218.
⑥ 马克思. 1844 年经济学－哲学手稿. 北京：人民出版社，1979：45，46.

视的。”[①]

④ 工业生产方式对自然界的影响。马克思恩格斯一方面充分肯定了工业生产方式伟大的历史作用，指出了资产阶级由于掌握了工业生产力，“比过去一切世代创造的全部生产力还要多，还要大。”[②] 从而打破了与它不相适应的封建社会的所有制关系。另一方面，他们又深刻地批判了资本主义条件下的工业生产方式，它给人类文明带来空前严重的威胁。

对自然界的破坏。在资本主义的工业生产过程中，一切都从赚钱的目的出发，只单方面追求产值、产量与利润，工业生产的规模与效率确实带来了物质繁荣。但是，工业生产严重地破坏了自然生态环境，主要是环境破坏，如水土流失、土壤肥力下降、森林破坏等。

经济发展与道德滑坡的强烈反差。首先，工业的发展要以市场为条件，在资本主义制度下，市场交换只认得金钱，只认得货币，“它使人和人之间除了赤裸裸的利害关系，除了冷酷无情的现金交易，就再也没有任何别的联系了。”一切都“淹没在利己主义打算的冰水之中，……把人的尊严变成了交换价值。”[③] 其次，工业生产的高投入、高产出必然要求高消费来支撑。在资本主义条件下，必然引发浪费和享乐主义的泛滥。

4.1.2　从资本主义社会向社会主义社会发展的规律

历史唯物主义认为，“生产关系适合生产力状况的规律，是人类社会发展的基本规律，在历史发展的各个时期、各个阶段都毫无例外地起着作用，是不以任何人、任何阶级以至整个人类的意志为转移的。”[④] 由此得出以下几点重要的结论：

① 资本主义发展阶段是不能跨越的，它的社会经济运动规律“是既不能跳过也不能用法令取消的自然的发展阶段”[⑤]，人们只能缩短和减轻它分娩的痛苦。

② 从资本主义社会向社会主义社会过渡，是一个相当长的历史阶段，在这个阶段上，旧社会在各方面，在经济、道德和精神方面都还带着它脱胎出来的资本主义社会的痕迹[⑥]。

---

① 马克思恩格斯全集（20卷）. 北京：人民出版社，1971：521.

② 马克思恩格斯选集（1卷）. 北京：人民出版社，1977：256.

③ 马克思恩格斯选集（1卷）. 北京：人民出版社，1977：253.

④ 李秀林，王于，李淮春. 辩证唯物主义和历史唯物主义原理. 北京：中国人民大学出版社，2004：200.

⑤ 马克思恩格斯全集（23卷）. 北京：人民出版社，1966：11.

⑥ 马克思恩格斯选集（3卷）. 北京：人民出版社，1977：10.

③ 生产力是人类“全部历史的基础”[①]，它是一种既得的力量，是前一代人活动的产物，因而它是现存社会的一切关系的基础。这就是说，在社会发展过程中，生产关系的改革和社会的改造，一定要适合现有的生产力发展的水平。

4.1.3 社会形态的变革与生产力的发展

马克思主义认为，由生产关系的总和构成的、社会的经济结构，是同社会的物质生产力的一定发展阶段相适合的。社会形态的变革，不能以人们的意识为根据，而必须从社会生产力和生产关系之间的矛盾运动中去解决。“无论哪一个社会形态，在它们所能容纳的全部生产力发挥出来以前，是决不会灭亡的；而新的更高的生产关系。在它存在的物质条件在旧社会的胎胞里成熟以前，是决不会出现的。所以人类始终只提出自己能够解决的任务。”[②]

4.1.4 资本主义生产方式的特点与秘密

资本主义生产方式是资本主义社会的基础，它不同于奴隶社会和封建社会的地方在于：

① 资本主义生产方式“第一次使自然科学为直接的生产过程服务，同时生产的发展反过来又为从理论上征服自然提供了手段。”[③] 于是，资本主义生产过程“成了科学的应用，而科学反过来成了生产过程的因素即所谓职能。每一项发现都成了新的发明或生产方法的新的改进的基础。”[③]

② 资本主义生产关系方面进行的剥削的方式不同：以往的社会剥削劳动者的超额的劳动时间，直接表现为劳动者剩余的劳动产品或剩余的劳动时间，而资本主义社会的剥削则表现为劳动者作为商品在商品市场上出卖得到的价值，比他实际上付出的价值（劳动时间）要少得多，它表现为剩余价值。剩余价值揭破了资本主义生产的秘密，这是马克思伟大的发现。除上述两个特点外，马克思还科学地阐明了资本主义生产方式的两个特征：一是它生产的产品是商品，成为商品是它的产品占统治地位的、决定的性质；二是剩余价值的生产是生产的直接目的和决定动机[④]。

4.1.5 资本主义社会的国家

马克思恩格斯生活在资本主义社会，他们对国家、特别是资本主义国家的本

① 马克思恩格斯选集（4卷）. 北京：人民出版社，1993：321.
② 马克思恩格斯选集（2卷）. 北京：人民出版社，1977：83.
③ 马克思恩格斯全集（47卷）. 北京：人民出版社，1966：570.
④ 马克思恩格斯全集（25卷）. 北京：人民出版社，1974：994，996.

质作出了详尽的、深刻的分析。他们指出：

① 资产阶级国家是资产阶级统治的国家，它“不过是管理整个资产阶级的共同事务的委员会”[①]，是资产阶级获得的“镇压和剥削被压迫阶级的新手段。”[②]

② 国家政权是政治权力的根本问题，任何阶级要实现自己的目的，都必须掌握对国家或社会的最高统治权。它包括两个方面，即夺取国家政权和巩固发展国家政权。前者是如何革命的问题，后者是如何建设的问题。马克思主义经典著作中着重研究的是如何进行革命的问题，如革命理论、革命战略与策略、革命方式与手段等等问题。至于如何建设的问题，在社会主义国家还没有诞生的情况下，他们只能从理论上作出原则性的论述。

③ 社会主义革命的基本问题是所有制问题[③]。社会化生产和资本主义私人占有之间的矛盾，当科学技术生产力猛烈增长到资产阶级所有制关系已经不能适合的地步，就必然要求无产阶级“取得国家政权，并且首先把生产资料变为国家财产。”[④] 改革的道路是：社会主义国家利用自己的政治统治，一步一步地夺取资产阶级的全部资本，把一切生产工具集中在国家手里，尽可能快地增加生产力的总量。为此，就必须对所有权和资产阶级生产关系采取强制性的措施[⑤]，如把银行、运输业收归国有，剥夺大地主地产等。

4.2 中国共产党关于社会发展的理论创新

4.2.1 中国共产党关于建党60年的理论总结

马克思主义经典作家是革命者，他们当时着重解决的问题是：无产阶级和劳动人民如何组织起来，从反动统治者手中夺取政权。列宁领导苏联十月革命取得了胜利，但共产党掌握政权只有七年，列宁就逝世了。而且那七年是内忧外患的七年，因此列宁来不及总结社会主义建设的经验。斯大林在领导苏联社会主义建设和反抗德国法西斯战争中功不可没，但他有许多严重的错误。特别是在晚年，他深深陷入历史唯心主义的泥坑中不能自拔，因此他也不可能正确总结建设社会主义的经验和教训。毛泽东领导中国共产党和中国人民，在进行革命与建设的过程中取得了举世公认的业绩；把马克思主义的普遍真理和中国的具体实践相结合，走出一条有中国特色的社会主义发展道路。

① 马克思恩格斯选集（1卷）. 北京：人民出版社，1976：253.
② 马克思恩格斯选集（4卷）. 北京：人民出版社，1977：168.
③ 马克思恩格斯选集（1卷）. 北京：人民出版社，1976：235.
④ 马克思恩格斯全集（20卷）. 北京：人民出版社，1971：305.
⑤ 马克思恩格斯选集（1卷）. 北京：人民出版社，1976：272.

1981 年 6 月中国共产党 11 届 6 中全会通过的《关于建国以来党的若干历史问题的决议》，对建党 60 年以来取得的巨大成就，做出了科学的总结，特别是对“毛泽东同志的历史地位和毛泽东思想”做出了理论总结：

（1）毛泽东思想

它是以毛泽东同志为主要代表的中国共产党人，根据马克思列宁主义的基本原理，把中国长期革命实践中的一系列独创性经验作了理论概括，形成的适合中国情况的科学的指导思想。在一个半殖民地、半封建的东方大国里进行革命，必然遇到许多特殊的复杂问题。靠背诵马克思主义一般原理和照搬外国经验，不可能解决这些问题，在 20 世纪 20 年代后期和 30 年代前期在国际共产主义运动中和我们党内盛行的把马克思主义教条化、把共产国际决议和苏联经验神圣化的错误倾向，曾使中国革命几乎陷于绝境。毛泽东思想是在同这种错误倾向作斗争并深刻总结这方面的历史经验的过程中逐渐形成和发展起来的。毛泽东思想是马克思主义在中国的运用和发展，是被实践证明了的关于中国革命的正确的理论原则和经验总结，是中国共产党集体智慧的结晶。我党许多卓越领导人对它的形成和发展都作出了重要贡献，毛泽东同志的科学著作是它的集中概括。

（2）毛泽东思想的丰富内容

在新民主主义革命、社会主义革命和社会主义建设、革命军队的建设和军事战略、政策和策略、思想政治工作和文化工作、党的建设等方面，毛泽东思想以独创性的理论丰富和发展了马克思列宁主义。毛泽东思想的活的灵魂，就是贯串于上述各个方面的立场、观点和方法。它的基本要点有三个，即实事求是、群众路线、独立自主。毛泽东同志把辩证唯物主义和历史唯物主义运用于无产阶级政党的全部工作，在中国革命的长期艰苦斗争中形成了具有中国共产党人特色的这些立场、观点和方法，丰富和发展了马克思列宁主义。它们不仅表现在《反对本本主义》、《实践论》、《矛盾论》、《〈农村调查〉的序言和跋》、《关于领导方法的若干问题》、《人的正确思想是从哪里来的?》等重著作中，而且表现在毛泽东同志的全部科学著作中，表现在中国共产党人的革命活动中。

（3）毛泽东同志的历史地位

毛泽东同志是伟大的马克思主义者，是伟大的无产阶级革命家、战略家和理论家。他虽然在“文化大革命”中犯了错误，但是就他的一生来看，他对中国革命的功绩远远大于他的过失。他的功绩是第一位的，错误是第二位的。他为我们党和中国人民解放军的创立和发展，为中国各族人民解放事业的胜利，为中华人民共和国的缔造和我国社会主义事业的发展，建立了永远不可磨灭的功勋。他为世界被压迫民族的解放和人类进步事业作出了重大的贡献。

2002 年党的十五次大会报告指出：世界在变化，我国改革开放和现代化建设在前进，人民群众的伟大实践在发展，迫切要求我们党以马克思主义的理论勇气，总结实践的新经验，借鉴当代人类文明的有益成果，在理论上不断扩展新视野，作出新概括。能否始终做到这一点，决定着党和国家的前途命运。

4.2.2　社会主义初级阶段

1987 年党的十三次大会提出，我国发展处在社会主义的初级阶段，这个国情是我们制定和执行正确的路线和政策的根本依据。回顾历史，1840 年鸦片战争后，中国沦为殖民地、半殖民地、半封建的社会，在这种情况下以毛泽东为代表的中国共产党人，根据社会发展的规律，结合中国的实际，创造性地提出中国革命的历史进程必须分两步走①，第一步是新民主主义革命，第二步是社会主义革命，即

殖民地、半殖民地、半封建社会——新民主主义社会——社会主义社会

在这个过程中，建立新民主主义社会的时间“是相当地长，绝不是一朝一夕所能成就的。”② 这个阶段的历史任务是：在经济上是把大银行、大工业、大商业收归国有，没收地主土地，解决革命的基本问题——所有制问题。但是“按其社会性质，基本上依然还是资产阶级民主主义的，它的客观要求是为资本主义的发展扫清道路。”③

1987 年在党的十三次大会召开前夕，邓小平在《吸取历史经验防止错误倾向》中指出：从 1949—1957 年，我们走新民主主义道路，搞得比较好，但是，“一九五七年开始，我们犯了‘左’的错误，政治上的‘左’导致一九五八年经济上搞‘大跃进’使生产遭到很大破坏，人民生活很困难，人民饭都吃不饱，更不要说别的了。”④ 1966 年开始搞“文化大革命，搞绝对平均主义，‘吃大锅饭’提倡‘宁要穷的共产主义，不要富的资本主义，搞了十年，这是一场大灾难’”。④

因此，我们党根据社会发展的规律，吸取建国以来的经验教训，发展了《新民主主义论》的观点，创造性地提出“社会主义初级阶段论”，认为我国的社会主义“是脱胎于半殖民地半封建社会，生产力水平远远落后于发达的资本主义国家，这就决定了我们必须经历一个很长的初级阶段，去实现别的许多国家在资本主义条件下实现的工业化和生产的商品化、社会化、现代化。”⑤ 并深刻地指出：正确认识我国社会现在所处的历史阶段，是建设有中国特色的社会主义的首要问题，如果认为中国必须走资本主义发展的道路，这是右倾错误的重要认识根源；

---

① 毛泽东选集（2卷）. 北京：人民出版社，1967：626.

② 毛泽东选集（2卷）. 北京：人民出版社，1967：644.

③ 毛泽东选集（2卷）. 北京：人民出版社，1967：629.

④ 邓小平文选（3卷）. 北京：人民出版社，1993：115，227.

⑤ 中国共产党第十三次全国代表大会文件汇编. 北京：人民出版社，1987：8.

如果以为不经过生产力的巨大发展就可以越过社会主义初级阶段，这是“左”倾错误的重要认识根源。

1997 年，党的十五次大会报告再次强调指出：社会主义初级阶段就是不发达的阶段，它至少需要 100 年时间。至于巩固和发展社会主义制度，还需要更长的时间。组织管理现代化建设，必须从我国目前还处在社会主义初级阶段的实际出发。

4.2.3 经济体制改革的目标模式

新中国成立后，经过四年（1948—1952）的国民经济恢复时期，从 1953 年开始实行五年计划——社会主义工业化计划。它基本上是按照前苏联的计划经济模式进行的，即采取计划管理体制，实行“统一领导，分散经营”的方针。1978 年党的十一届三中全会是建国以来党的历史上具有深远意义的伟大转折，全会做出了把工作重点转移到社会主义现代化建设上来的战略决策。在执行这个战略决策的过程中，改革不适应社会生产力发展要求的、传统的、全国集中统一的经济体制，便迫切地提到议事日程上来。

1. 马克思、恩格斯论两种经济体制

19 世纪资本主义上升时期，马克思恩格斯以英国为典型，研究了资本主义生产方式的特点，指出它生产的产品是商品；成为商品是产品的占统治地位的、决定性的性质，因而资本主义经济是市场经济体制。由于当时还没有社会主义国家，马克思恩格斯只是从理论上指出：发达的社会主义由于生产力高度发展，全部生产资料公有，它的经济是计划经济体制。理由之一是社会主义社会既然占有了一切生产资料，那么每个人的劳动就成为直接的社会劳动，这就排除了产品向商品转化的可能。理由之二是生产力高度发展，在社会化大生产的条件下，各个企业、各个部门之间必须保持一定的比例，社会再生产才能持续、稳定地发展。这就使得各个企业、各个部门必须采取有计划的和系统的行动。

2. 邓小平论社会主义市场经济体制

改革开放伊始，邓小平从国际国内的实际情况出发，认为在国内，我国目前还处在社会主义初级阶段，还没有占有一切生产资料，存在着多种经济成分，其中自然经济和半自然经济成分占相当大的比重。在国外，发达国家经济生产的商品化、社会化、现代化对促进生产力发展起着非常重要的作用。据此邓小平创造性地提出“社会主义也可以搞市场经济”①。

---

① 邓小平文选（2 卷）. 北京：人民出版社，1994：236.

邓小平关于社会主义市场经济体制的观点，主要如下：

(1) 从经济发展史看市场经济是必经的历史阶段

商品交换萌芽于封建社会，在资本主义社会市场经济得到了充分发展，市场经济是社会经济发展不可逾越的阶段，是我国实现经济现代化必要的条件。只有充分发展市场经济，才能把经济真正搞活，促使各个企业提高效率，灵活经营，灵敏地适应复杂多变的社会需求。

(2) 社会主义国家在市场经济中的地位和作用

社会主义国家是市场经济的指导者与调控者，不是直接的管理者。从宏观上看，全国存在多种经济成分，各自追求自己的经济利益，这样，市场经济的广泛发展必然会产生各种矛盾，必须由国家从宏观上进行有计划的指导、调节和法制规范。从微观上看，企业是直接的商品生产者与经营者，企业必须根据自身的情况与市场瞬息万变的情况，作出经营管理决策，不能由政府越俎代庖。中国经济体制改革是建立以公有制为基础的市场经济体制，把计划经济同运用价值规律的市场经济结合起来，改变建国以来高度集中统一的计划经济体制，建立起具有中国特色的、充满生机和活力的社会主义市场经济体制。

(3) 企业在市场经济中的地位和作用

企业一方面是工业生产、建设和商品流通的主要的直接承担者，是社会生产力发展和经济技术进步的主导力量，增强企业活力，特别是增强全民所有制的大、中型企业的活力，是社会主义经济体制改革的中心环节；另一方面企业是市场经济活动的主体，必须使企业成为相对独立的经济实体，成为自主经营、自负盈亏的社会主义商品生产者和经营者，具有自我改造和自我发展的能力，成为具有一定权利和义务的法人，政府不应干预企业的经营决策活动。

(4) 社会主义市场经济与资本主义市场经济的原则区别

两者的主要区别在于：

① 社会主义市场经济体制，是在国家的宏观调控下发挥市场对资源配置的基础作用。

② 国家宏观调控主要是两部分：一是对关系全局的重大经济活动实行指令性计划，这是必须执行的，但必须遵循价值规律；二是对其他大量产品和经济活动，如部分农副产品、日用小商品和服务修理行业的劳务活动，分别实行指导性计划，由市场调节。指导性计划主要运用经济杠杆的作用来实现。

1992 年，党的十四大报告中提出："我国经济体制改革的目标是建立社会主义市场经济体制，以利于进一步解放和发展生产力。"① 明确指出政府与市场的

① 中国共产党第十四次全国代表大会文件汇编. 北京：人民出版社，1992：22.

关系是：一方面，国家担负宏观调控的职责，而市场则是“对资源配置起基础性作用，使经济活动遵循价值规律的要求，适应供求关系的变化；通过价格杠杆和竞争机制的功能，把资源配置到效益较好的环节中去，并给企业以压力和动力，实行优胜劣汰；运用市场对各种经济信号反应比较灵敏的优点，促进生产和需求的及时协调。”[①] 另一方面要清醒地认识到市场经济有其自身的弱点和消极方面，主要是以单纯追求利润为目标，产生无政府状态和两极分化的现象，必须不断改善国家对市场经济的宏观调控。

社会主义市场经济体制建设，是现代化建设的重要组成部分，在经济全球化、政治多极化的新形势下，这是一项复杂的社会系统工程，是社会管理必须考虑的。

4.2.4 科学技术是第一生产力

邓小平总结了建国以来社会经济发展的经验，认为成绩很大，但是也有错误，这个错误就是忽视发展社会生产力。他说毛泽东同志是伟大的领袖，“然而他有一个重大的缺点，就是忽视发展社会生产力。不是说他不想发展生产力，但方法不都是对头的，例如搞‘大跃进’、人民公社，就没有按照社会经济发展规律办事。”[②] 邓小平指出，马克思主义的基本原则就是要发展生产力，逐步发展中国的经济，逐步提高人们的物质和文化生活水平[③]。

当前，我们所处的时代是科学技术蓬勃发展的时代，工业生产力带来了高度物质文明的工业社会，信息生产力带来了物质文明、精神文明、政治文明、生态文明深刻变革的信息社会。在当代世界发展的新形势下，邓小平坚持与发展马克思主义的观点深刻地指出：在一百多年前，马克思就说过“生产力中也包括科学”[④]。马克思还认为，建立在科学技术基础上的大工业生产方式是资本主义社会的物质技术基础。在现代，科学技术在发展生产力中发挥极其重要的作用，这表现在：科学为生产技术的进步开辟道路，决定它的发展方向；许多新的生产工具，新的工艺，首先在科学实验室里被制造出来；同样数量的劳动力，在同样的劳动时间里，可以生产出比过去多几十倍几百倍的产品。社会生产力有这样巨大的发展，劳动生产率有这样大幅度的提高，最主要的是靠科学的力量、技术的力量[⑤]。因此，邓小平认为，现在看来“科学技术是生产力”可能不够，恐怕是第

① 中国共产党第十四次全国代表大会文件汇编. 北京：人民出版社，1992：22.
② 邓小平文选（3卷）. 北京：人民出版社，1993：116，227.
③ 邓小平文选（3卷）. 北京：人民出版社，1993：116，117.
④ 马克思恩格斯全集（46卷，下）. 北京：人民出版社，1980：211.
⑤ 邓小平文选（2卷）. 北京：人民出版社，1994：87.

一生产力[1]。根据国际间的争夺与国家的发展主要依靠科学技术的新特点，邓小平卓有远见地提出，21 世纪是高科技发展的世纪，中国必须发展自己的高科技，在世界高科技领域里面有一席之地。高科技是反映一个民族的能力的，也是一个民族、一个国家兴旺发达的标志。现在世界的发展，特别是高科技领域的发展一日千里，高科技领域的一个突破，带动一批产业的发展。为此，他赞成王大衍、王淦昌、杨家墀、陈芳允等四位老科学家的建议，制定了我国的“高技术研究发展计划（即 863 计划)”，经中央批准。

以邓小平理论为指导，1985 年《中共中央关于科学技术体制改革的决定》明确指出：“现代科学技术是新的社会生产力中最活跃的和决定性的因素。随着世界新的技术革命的蓬勃发展，科学技术日益渗透到社会物质生活和精神生活的各个领域，成为提高劳动生产率的重要的源泉，成为建设现代精神文明的重要的基石。在社会主义现代化建设中，全党必须高度重视并充分发挥科学技术的巨大作用”并提出了“经济建设必须依靠科学技术、科学技术工作必须面向经济建设”的战略方针。

社会系统工程是组织和管理现代化建设的技术，是现代科学技术的一个非常重要组成部分，在大科学、大技术、大工程时代，社会系统工程的重要性是不容置疑的。

4.2.5 改革是解放和发展生产力的必由之路

围绕发展生产力这个根本任务，必须把改革作为推进现代化建设各项工作的动力。改革是一场根本改变我国经济和技术落后面貌的伟大革命，是在坚持社会主义基本制度下进行的。它包括改变生产关系，改变上层建筑以及相应的社会意识形态，使之适应于现代化大经济的需要[2]。

（1）经济改革

经济是社会发展的基础，经济改革必须遵循下列原则：

① 坚持和完善社会主义公有制为主体、多种所有制经济共同发展的基本经济制度。

② 坚持和完善社会主义市场经济体制，使市场在国家宏观调控下对资源配置起基础性作用。

③ 坚持和完善按劳分配为主体的多样分配方式，允许一部分地区一部分人先富起来，带动和帮助后富，逐步走向共同富裕。

④ 坚持和完善对外开放，积极参与国际经济合作和竞争。

---

① 邓小平文选（3 卷). 北京：人民出版社，1993：274.

② 邓小平文选（2 卷). 北京：人民出版社，1994：135.

（2）政治改革

"只搞经济体制改革，不搞政治体制改革，经济体制改革也搞不通，因为首先遇到人的障碍。"① 邓小平指出政治体制改革的两个突出的问题：一是权力过分集中，"就是在加强党的一元化领导的口号下，不适当地不加分析地把一切权力集中于党委，党委的权力又往往集中于几个书记，特别是集中于第一书记，什么事都要第一书记挂帅、拍板。党的一元化领导，往往因此而变成了个人领导。"② 二是家长制作风，它"除了使个人高度集权以外，还使个人凌驾于组织之上，组织成为个人的工具。家长制是历史上非常悠久的一种陈旧社会现象，它的影响在党的历史上产生过很大危害。"③ 政治体制改革的目标：一是巩固社会主义制度；二是发展社会主义社会的生产力；三是发扬社会主义民主，调动人民的积极性④。为此，必须在中国共产党领导下，在人民当家做主的基础上，依法治国，发展社会主义民主政治。坚持和完善工人阶级领导的、以工农联盟为基础的人民民主专政；坚持和完善人民代表大会制度和共产党领导的多党合作、政治协商制度以及民族区域自治制度；发展民主，健全法制，建设社会主义法治国家。实现社会安定，政府廉洁高效，全国各族人民团结和睦、生动活泼的政治局面。

（3）文化建设

马克思主义认为："一定的文化（当做观念形态的文化）是一定社会的政治和经济的反映，又给予伟大影响和作用于一定社会的政治和经济；而经济是基础，政治则是经济的集中的表现。"⑤ 邓小平指出："我们要建设的社会主义国家，不但要有高度的物质文明，而且要有高度的精神文明。所谓精神文明，不但是指教育、科学、文化（这是完全必要的），而且是指共产主义的思想、理想、信念、道德、纪律，革命的立场和原则，人与人的同志式的关系等。"⑥ 我们的文化建设，是要建设以马克思主义为指导，以培育有理想、有道德、有文化、有纪律的公民为目标，发展面向现代化、面向世界、面向未来的，民族的科学的大众的社会主义文化。努力提高全民族的思想道德素质和教育科学文化水平，坚持为人民服务、为社会主义服务的方向和百花齐放、百家争鸣的方针。建设立足中国现实、继承历史文化优秀传统、吸收外国文化有益成果的社会主义精神文明。

上述的经济改革、政治改革与文化建设是有机统一、不可分割的⑦社会系统

---

① 邓小平文选（3卷）. 北京：人民出版社，1993：164.

② 邓小平文选（2卷）. 北京：人民出版社，1994：328，329.

③ 邓小平文选（2卷）. 北京：人民出版社，1994：329，330.

④ 邓小平文选（3卷）. 北京：人民出版社，1993：178.

⑤ 毛泽东选集（2卷）. 北京：人民出版社，1967：624.

⑥ 邓小平文选（2卷）. 北京：人民出版社，1994：367.

⑦ 中国共产党第十五次全国代表大会文件汇编. 北京：人民出版社，1997：20，21.

工程，对如此重大的、有伟大历史意义的社会系统工程，要贯彻落实科学发展观“基本要求是全面协调可持续，根本方法是统筹兼顾”①，必须应用系统观点与系统方法，也就是必须应用社会系统工程这项组织和管理现代化建设的科学技术。

4.3　新形势下组织管理现代化建设的新问题

4.3.1　现代化建设的国际环境

21 世纪国际形势出现了新的特点，主要是：

1. 经济全球化

从 20 世纪 90 年代起，以信息技术革命为中心的高新技术迅猛发展，不仅冲破了国界，而且缩小了各国和各地的距离，使世界经济越来越融为一个整体，大大加速了世界经济全球化的进程。所谓经济全球化，是在新科技革命以及由此引起的社会生产力的高度发展的推动下，使得社会再生产的各个环节（生产、分配、交换、消费）的联系和各种资本形态（货币资本、生产资本、商品资本）的运动超出国界，在全球范围内进行的过程。从马克思主义的观点看来，当资本主义经济在世界范围占统治地位的情况下，经济全球化实质上不过是资本的全球化，具体表现为贸易自由化、生产国际化、金融全球化、科技全球化。经济全球化是科技革命时代生产社会化和经济关系国际化发展的客观趋势，它一方面把地理上分散于全球的经济活动综合和一体化，使得资本、技术、产品等跨国快速流动或扩散，强化跨国公司垄断势力；另一方面通过对外贸易、资本流动、技术转移、提供服务，促使全球经济活动相互依存、相互联系而形成全球范围的、有机的经济整体。经济全球化是当代世界经济的重要特征之一，也是世界经济发展的重要趋势。总的说来，经济全球化的过程是以市场经济为基础，以先进科技和生产力为手段，以发达国家为主导，以最大利润和经济效益为目标，通过分工、贸易、投资、跨国公司和要素流动等，实现各国之间的市场分工、协作与相互融合的过程。

2. 政治多极化

世界政治多极化是指在一定时期内，对国际关系有重要影响的国家和国家集团相互作用，朝着多极格局发展的一种趋势。当前，政治多极化主要表现为：冷战结束后，国际政治中美国、日本、欧盟、中国、俄罗斯等力量形成的新的世界

① 胡锦涛. 高举中国特色社会主义伟大旗帜，为夺取全面建设小康社会新胜利而奋斗. 北京：人民出版社，2007：15.

力量格局。到目前为止，政治多极化处于“一超多强”的局面。政治多极化趋势与美国单极主宰世界之间的斗争日益凸显，然而由一个国家主宰他国命运和左右世界形势的局面，已经愈来愈不符合世界政治民主化的潮流。

政治多极化是一种趋势、一个动态的发展过程。到目前为止，多极化并没有定型为某一基本的世界新格局。就当今世界实际情况来看，国际政治关系中存在美国、日本、欧盟、中国、俄罗斯五个强大的政治力量：

① 这五个力量在很大程度上影响着世界各个地区和许多国家。五个力量之间存在的相互竞争、相互制约的关系，使超级大国的军事霸权主义受到更多的制约和限制，有利于世界的安全与稳定。但是多极化趋势与美国单极霸权企图之间的斗争远未结束，而是愈演愈烈。

② 世界多极化中的任何一“极”之所以是一股重要的政治力量，或者是因为它具有强大的经济实力，或者是因为它具有强大的国际政治影响力。这两者通常是相辅相成的，它们构成了综合国力的两大方面。所以对多极化可以从经济上实力的增强和政治上国际影响力的提高两个侧面去理解。

③ 多极化趋势的出现主要是苏联的解体；欧洲、日本迅速崛起的态势；中国、第三世界国家掀起的民族独立、经济振兴的热潮。政治多极化具体表现为西欧、日本随着经济实力与美国的差距逐步缩小，在政治上对美国的离心倾向在不断加强；俄罗斯的复苏与振兴；中国的国际地位与影响力不断提高，第三世界国家的发展壮大并走向联合。

政治多极化是在全球或地区范围内，在政治、经济、文化等领域的一种发展趋势，一个发展过程。

① 在经济全球化进程中，由于科技与经济的迅速发展，已经没有哪一个国家或集团能够永远居于绝对优势，可以随心所欲地控制世界，这就大大降低了单极世界的可能性。在政治多极化的发展过程中，经济力量强大的国家成为一个中心，这是政治多极化的经济基础，而政治多极化则是世界经济多中心和区域化趋势在世界政治发展中的体现。

② 世界政治多极化是世界经济、科技、文化发展不平衡规律作用的结果，在世界各国竞争中，综合国力的反复较量过程中，必然导致世界政治的多极化格局。

③ 各国文明的多样性是政治多极化重要的社会基础，当代世界不同的文明各自聚合成一股强大的政治力量，因而政治多极化必然伴随着不同文明之间的冲突与融合。

④ 政治多极化趋势发展的根本原因在于各大国都要维护自己的国家利益，决不会牺牲或放弃自己的国家利益，屈服于别国利益，因而在利益驱动下组成集团，朝着多极化方向发展，这是一个不以人们意志为转移的客观趋势。

3. 文化多元化

文化的多元化是由于不同国家、不同民族的自然地理环境、历史文化传统及其对待自然环境所采取方式的不同，而形成的多种不同的文化形态，因而作为人类的生存方式的文化始终是多元的，并没有一种全人类可共同的、千篇一律的生存方式。

多元文化的形成与发展是历史事实。三千余年来，以苏格拉底、柏拉图、亚里士多德为代表的希腊文化传统，以孔、老为代表的中国文化传统，以犹太教先知为代表的希伯来文化传统以及阿拉伯伊斯兰文化传统和非洲文化传统，始终深深地影响着当今的人类社会。文化多元化已成为当今世界发展的趋势，其内涵丰富，具有多元共存、和而不同、融合创新、长期稳定等特点。文化多元化的核心是：认同价值观和思维方式的多元化；承认文化多元化有利于增强各个民族自身的文化的生命力、保持各个民族彼此之间的文化的生态平衡、反对文化霸权主义、化解民族冲突等。因此，文化多元化不仅仅是指在全球范围内不同民族文化的共存共荣，也意味着某一民族的传统文化对其他民族文化的宽容以及必要的吸收。

文化多样性是文化多元性的具体表现。和生物多样性一样，文化多样性是由特定的历史地理环境造成的，它随着全球各地人们交往活动的增多，交往速度的增快，使得各民族文化的传播活动迅速拓展，从而呈现出文化的多样性。由文化传播带来的文化多样性，其后果是两重性的，特别是在现代，一方面由于资本主义的全球扩张及其带来的全球化进程，日益将世界各个不同地区的民族、国家纳入到统一的世界市场之中，从而使多种不同文化传统与生活方式呈现于世人面前；另一方面随着全球化进程的发展，发达资本主义国家的意识形态正在严重地侵蚀着广大发展中国家的传统文化。因此，文化多样化既是一种全球性的文化发展的必然趋势，同时也使落后国家或发展中国家面临着被现代西方文化消解的威胁。

联合国教科文组织正确地认识到，文化多样性是当代社会的基本特征，是自己一切工作的出发点。在 1998 年斯德哥尔摩“文化发展政策政府间会议”的报告中，规定了尊重各种文化的义务和各种文化被其他文化尊重的权利。在文化多样性问题上，既不能接受文化专制主义，但是也不应简单地否定外来文化。各个民族国家必须坚守自己的文化传统，以本民族国家的主导性的文化观念对抗发达资本主义国家的文化侵蚀。只有如此，才有可能在保留本民族优秀文化传统的基础上吸收现代西方的文化成果，实现本民族国家的现代化。

就现代化建设中的文化建设来说，我们必须坚持马克思主义在意识形态领域的主导地位，只有这样才能有力地抵制发达资本主义国家意识形态的文化侵蚀，才能真正实现我国经济社会的快速发展，才能在日益多样化的世界文化中确立当代中国文化在世界文化中的地位，才能在继承中国传统文化优秀成果的同时，创造出辉煌灿烂的当代有中国特色的社会主义文化，为世界文化的繁荣做出中华民族应有的贡献。

4. 全球生态危机

所谓生态危机，主要是指由于人类不合理的活动，在全球规模或局部区域导致生态过程、生态系统的结构和功能的损害、生命维持系统的瓦解，从而危害人的利益、威胁人类生存和发展的现象。从 18 世纪工业革命以来，一方面物质生产有了巨大的进步，但另一方面却带来了严重的生态危机。这主要是由于工业生产的规模和强度不断地扩大和深化，以致全球出现了：

① 人口激增（如我国的人口，1850 年清朝人口 4 亿 3000 万，占世界人口 12 亿之 1/3 以上；1999 年中国人口 13 多亿，占世界人口 60 多亿之 1/5 以下）。

② 资源枯竭（如水资源、生物资源等可再生资源的锐减、退化、濒危。其中，土壤资源、森林资源、生物资源、矿物资源等）、土地沙漠化迅速扩展、生物物种加速灭绝、矿物资源枯竭、短缺。

③ 环境污染（如大气污染、水体污染和土壤污染）。

目前，最具全球规模的环境污染主要表现为酸雨蔓延、臭氧层耗损和温室效应。全球生态危机对人类的生存发展构成了严重威胁。

中国在现代化建设进程中，一方面物质生产有了巨大的发展，另一方面生态平衡遭到破坏的情况十分严重，主要是从东北到南方，许多河流、湖泊都不同程度地受到污染；由于不合理地围湖造田，使湖泊的面积缩小；森林或草原破坏，沙漠化土地达 12 万平方公里，并且还在增加。如不及时采取对策，将会导致不堪设想的后果。

面临全球的生态危机，应该正确处理人与自然的关系，在发展生产，提高生活水平的同时，必须高度注意保持生态系统结构和功能的稳定与平衡，实现人类社会的可持续发展。

造成全球生态危机的原因在于：

① 发达国家置全人类的长远利益和国际法于不顾，肆意向发展中国家倾倒垃圾、化学废料，把公害型企业转移到发展中国家，而发展中国家为了摆脱贫穷和债务，在工业化的进程中把经济发展置于环境保护之上，从而加剧了对环境的破坏。

② 传统工业的生产方式是建立在大量消耗自然资源和排放废弃物的粗放式生产经营方式之上的，它寻求最大限度地满足人的物质需求，从而严重地损坏了人类赖以生存和发展的生态系统。

③ 传统的发展观的片面性。20世纪下半叶以来，在新技术革命的推动下，传统发展观把发展等同于经济增长、以单纯地追求经济增长为目标，把发展片面地理解为国民生产总值的增长，将其作为衡量国家的生产力水平、国民生活水平和综合国力的首要指标。

组织和管理现代化建设的社会系统工程，必须充分考虑我国目前面临的国际形势的新特点，高度重视经济发展与环境保护的矛盾。

4.3.2　现代化建设的国内环境

21世纪随着改革开放的深入发展，我国现代化建设出现了新的情况与问题，面对新情况和新问题，必须实事求是地从我国的具体实际出发。

1. 我国的基本国情没有变

新中国脱胎于半殖民地半封建社会，生产力水平远远落后于发达的资本主义国家，主要表现在：

① 经济上，实现工业化、信息化和生产的商品化、现代化还有很长的一段路要走。

② 政治上，政治体制改革滞后，民主与法制建设有待加强。

③ 文化上，国民的科学文化素质与思想道德素质亟待提高。

总的看来，我国目前仍处于并将长期处于社会主义初级阶段，这个基本国情没有改变。与此相联系，人民日益增长的物质文化需要与精神文化需要同落后的社会生产力之间的主要矛盾没有变；发展中不平衡、不协调、不可持续问题依然突出。

2. 我国的发展速度很快

改革开放以来，我国以世界上少有的速度持续快速发展。

① 经济上，从一度濒于崩溃的边缘发展到总量跃至世界第四，进出口总额位居世界第三。

② 政治上，政治体制改革稳步推进，社会主义法律体系基本形成，依法治国基本方略正在贯彻，行政管理体制、司法体制改革不断深化。

③ 文化上，思想道德建设广泛开展，科学技术文化水平显著提高，全社会文明程度有了很大的提高。文化体制改革取得重要进展，文化事业和文化产业快速发展。

④ 民生上，人民生活从温饱不足发展到总体小康，农村贫困人口从两亿五千多万减少到两千多万。中国的快速发展，不仅使中国人民稳定地走上富裕安康

的道路，而且为世界经济发展和人类文明进步作出了重大贡献①。

组织和管理现代化建设的社会系统工程必须充分考虑我国目前的实际情况。

4.3.3 在基本国情不变与快速发展的情况下出现的新问题

世界局势由于全球化进程不断加快，霸权主义挑动的国际间的争夺与动乱有增无减，国际关系体系正在进入大发展、大变革、大调整的时期。与此同时，地区和局部冲突、自然灾害和事故、大规模杀伤性武器扩散、恐怖主义、跨国犯罪、粮食短缺、气候变化等威胁频繁出现。

国内局势随着改革开放的深入发展，社会结构发生了重大变化，出现了新的社会阶层与利益群体。社会运行模式呈现出新的特点，市场化、虚拟化、流动性、交互性、扩散性越来越明显。社会状态也发生了显著的变化，出现了更加开放、多元、活跃的局面。

针对世界发展的新情况，20 世纪 80 年代德国社会学家贝克提出“风险社会”理论。他认为，在世界形势急剧变化、动荡发展的形势下，当代社会风险的性质发生三种根本性的转变：

① 个体行为的多样化、复杂化，它的偏差必然带来社会系统运行的风险的可能性增加。

② 信息化社会中突发的社会危机不再是孤立和封闭的，通过信息网络它迅速全面地扩散。

③ 当代社会风险在人类控制的过程中往往难以预测和控制，因而其威胁性很大。因此，在风险社会背景下，“不确定性”、“复杂性”、“非线性”、“高风险扰动”、“系统失败”已经成为“重建社会”（马克思语）的新概念。近些年来，“金融风险”、“恐怖袭击”、“核泄露”、“网络风险”、“生化风险”、“环境风险”、“致命传染病风险、城市混乱风险”等已经成为世界各国政治舞台上的高频词。

当前，我国处在经济体制深刻变革，社会结构深刻变动，利益格局深刻调整，思想观念深刻变化的历史时期，处在经济转轨、社会转型的历史时期，随着工业化、城镇化、市场化、信息化、国际化的深入发展，原有的社会管理体制、机制和手段方法已经不能完全适应经济社会发展的客观要求，必须适应新形势、新任务的要求，深入推进社会管理创新。传统的社会管理模式与管理方法将越来越不适应、越来越力不从心，如何应对现在和未来各种类型的突发性事件，实现新情况下的社会和谐稳定，这是组织管理现代化建设的新课题。

正是在新形势、新任务的迫切要求下，2011 年 5 月 30 日中共中央政治召开

---

① 胡锦涛. 高举中国特色社会主义伟大旗帜，为夺取全面建设小康社会新胜利而奋斗. 北京：人民出版社，2007：2-6.

会议，研究加强和创新社会管理问题。会议指出，加强和创新社会管理，事关巩固党的执政地位，事关国家长治久安，事关人民安居乐业，对继续抓住和用好我国发展重要战略机遇期、推动党和国家事业发展、实现全面建设小康社会宏伟目标具有重大战略意义。

社会管理创新是一个宏大的系统工程，既要在管理理念创新、管理体制创新、管理方法创新方面统筹考虑、协同推进，又要在一些关键点上率先突破、有实质性进展。这就必须应用系统科学与系统工程的观点、理论与方法。从系统的观点看：

① 社会管理是一种有系统的服务、协调、组织、监控的过程和活动。

② 社会管理涉及的社会不同领域和各个环节之间是相互联系、相互制约和相互作用的。

③ 社会管理的主体不仅包括执政党和政府，而且包括其他社会主体，各主体形成一个社会管理组织网络，体现了政府负责、社会协同、公众参与的社会管理格局。

社会管理的目的：一是维系社会秩序、规范社会行为、协调社会关系、维护社会治安；二是促进社会公正、增进社会认同、推进社会和谐以及化解社会矛盾；三是应对社会风险、减少社会内耗、控制社会冲突、弥合社会分歧；四是推动社会资源和社会机会更加公平合理地配置，并为促进经济社会发展创造既有秩序又有活力的运行条件和社会环境。

如何解决现代化建设面临的新问题，如何提高社会管理的科学化、民主化，这是社会系统工程的一项极为重要的新课题。

主要参考文献

邓小平文选（2卷）．北京：人民出版社，1994.

邓小平文选（3卷）．北京：人民出版社，1993.

胡锦涛．高举中国特色社会主义伟大旗帜，为夺取全面建设小康社会新胜利而奋斗．北京：人民出版社，2007.

李秀林，王于，李淮春．辩证唯物主义和历史唯物主义原理．北京：中国人民大学出版社，2004.

马克思．1844年经济学-哲学手稿．北京：人民出版社，1979.

马克思恩格斯全集（20卷）．北京：人民出版社，1971.

马克思恩格斯全集（23卷）．北京：人民出版社，1966.

马克思恩格斯全集（25卷）．北京：人民出版社，1974.

马克思恩格斯全集（46卷，下）．北京：人民出版社，1980.

马克思恩格斯全集（47卷）．北京：人民出版社，1966.

马克思恩格斯选集（1卷）．北京：人民出版社，1976.
马克思恩格斯选集（2卷）．北京：人民出版社，1977.
马克思恩格斯选集（3卷）．北京：人民出版社，1977.
马克思恩格斯选集（4卷）．北京：人民出版社，1993.
毛泽东选集（2卷）．北京：人民出版社，1967.
中国共产党第十三次全国代表大会文件汇编．北京：人民出版社，1987.
中国共产党第十四次全国代表大会文件汇编．北京：人民出版社，1992.

第五章　社会系统工程对管理科学的丰富与发展

钱学森倡导的社会系统工程是组织管理现代化建设的科学技术，管理科学是它的基础科学之一。国外把管理科学叫软科学，钱学森认为，管理科学是“一门新兴的科学技术，可以在我国社会主义建设中解决组织、管理和决策方面的问题，为领导提出咨询意见。”① 国外的管理科学是从企业管理发展起来的，它有几个重要的发展领域。

5.1　从企业的经营管理发展起来的行为科学

5.1.1　管理的起源与管理科学的诞生

人“是一种社会的动物”②，在共同的社会劳动中需要指挥，正如马克思所指出的：人类的“一切规模较大的社会劳动或共同劳动，都或多或少地需要指挥，以协调个人的活动，并执行生产总体的运动——不同于这一总体的独立器官的运动——所产生的各种一般的职能。一个单独的提琴手是自己指挥自己一个乐队就需要一个乐队指挥。”③ 管理社会劳动的一般职能是劳动过程本身的进行所必要的条件，是实际的生产条件。因而管理作为人类活动的一种职能早已有之。

管理作为一门科学，则是在生产社会化的条件产生的，开始发生于资本主义国家。19 世纪后期，大企业、大公司的产生，由于它的成员众多，生产经营过程复杂，在市场经济高度发达的条件下，使得企业管理成为突出的问题。企业是现代经济的基本单位，是构成社会经济力量的基础。社会生产力是所有企业生产力的总和。在市场经济体制下，竞争是十分激烈的。由于商品有二重性，作为商品生产者与经营者的企业同样有二重性，这表现在：企业既是生产力的组织，也体现一定的生产关系，因而企业的管理既包括生产力方面，也包括生产关系方面。

19 世纪末、20 世纪初，由于企业管理落后，美国经济的发展和企业中劳动

---

① 钱学森．社会主义现代化建设的科学和系统工程．吴义生，编．北京：中共中央党校出版社，1987：200.

② 马克思恩格斯全集（23 卷）．北京：人民出版社，1966：345.

③ 马克思恩格斯全集（23 卷）．北京：人民出版社，1966：367.

生产率的提高远远落后于当时科学技术成就。正是在这种形势下，美国著名管理学家，科学管理理论奠基人，科学管理之父泰罗提出“科学管理”的理论与方法。1911 年，泰罗《科学管理原理》一书的出版，标志着管理学作为一门独立学科的诞生。泰罗在管理问题的研究中采用了以观察、记录、调查、实验等为手段的近代科学研究方法，提出了科学管理理论。

科学管理的中心问题是提高劳动生产率，以及由此引起的管理体制的改革。为此，泰罗提出两类措施：

① 关于提高劳动生产率方面，主要是必须培养第一流的工人；必须标准化（包括操作方法、工具、机器、材料和作业环境的标准化）。

② 关于管理体制方面，主要是实行刺激性的工资报酬制度；工人和企业家改变互相对立为互相合作；计划职能同执行职能分开，变原来的经验工作法为科学工作法；实行职能工长制；在组织管理中实行分权制，高级管理人员有决策权和监督权。

5.1.2 行为科学的兴起

在资本主义制度下，工人与资本家的矛盾始终是存在的，当矛盾发展到一定阶段的时候，泰罗制就失灵了。由于生产发展的需要，许多学者探索比泰罗制先进的管理方法，他们进行种种提高劳动生产率的实验，试图通过改变劳动条件的办法找到提高劳动生产率的决定性因素。研究结果证明：企业中人的因素比物的因素更重要，工人并不是只关注经济利益的“经济人”，而是有感情、有理智的“社会人”，职工劳动生产率的高低，在很大程度上取决于社会和心理因素。于是研究人际关系，研究如何激励工人的“士气”，如何创造工人心情舒畅的工作环境，便成管理科学的突出问题，20 世纪二三十年代，从科学管理的以“事”为中心转向了以“人”为中心，这一研究方向发展成为行为科学。

西方的行为科学是现代管理科学的重要组成部分，它运用自然科学的实验法和观察法，运用社会科学的社会调查法，研究人在工作环境中的行为规律。它从企业组织管理的角度研究人的行为。

行为科学者认为：

① 行为科学的对象是人，因为人是社会的主体，行为科学的任务就是研究人的行为规律，以调节人与人的关系，并实现预测和控制人的行为目的。

② 行为科学的方法是运用自然科学的实验和观察方法，研究自然和社会环境中人的行为的科学，它涉及心理学、社会学、社会人类学和其他学科的观点和方法，是一门交叉科学。

③ 行为科学的基本观点是：每个人都有自己的需要，需要引起动机，动机决定行为。要研究人的行为规律，研究人的需要十分重要。

5.1.3　组织行为学是行为科学的新发展

人是管理的主体，也是管理的客体，研究人的心理及其行为规律便成为管理学的重要内容。随着科学技术的进步与社会的组织程度越来越严密，组织行为学便应运而生。组织行为学是在科学管理学派（20 世纪初—30 年代）、行为学派（20 世纪 20 年代—60 年代）、管理科学学派（20 世纪 60 年代—70 年代）的基础上发展起来的。它综合了三个学派的研究成果，把组织看作一个开放的社会系统，把管理科学和行为科学结合起来，成为组织行为学。

组织行为学研究在组织中以及组织与环境相互作用中，人们从事工作的心理活动和行为反应的规律性。它采用系统分析的方法，综合运用心理学、社会学、人类学、生理学、生物学、经济学和政治学等知识，对组织中人的心理和行为的规律性进行研究，目的是提高各级领导者和管理者对人的行为的预测能力和引导能力，以便更有效地实现组织预定的目标。组织行为学是一门多学科、多层次相交叉的学科。

5.1.4　组织行为学的新动向

20 世纪 90 年代以来，组织行为学出现了新的发展动向，主要如下：

① 在经济全球化的浪潮冲击下，组织变革成为组织行为学研究的首要问题。在激烈的国际竞争中，经济结构调整必须对企业重组、战略管理、跨国公司或国际合资企业管理的研究成为重点。与此同时，研究的注意力转向组织的变革。

② 与组织变革密切相关的领导行为研究成为亟待研究的问题。在组织变革中，高层管理者的决策显得十分重要。在组织层面上，组织行为学主要分析不同背景下的决策模式、权利结构和参与体制，并特别重视决策技能的开发和利用。

③ 与组织变革密切相关的激励机制和企业文化也是研究的热点。要开发人力资源，必须研究激励员工进行创新的机制，研究创新成果的评价，研究企业的团队精神和员工的和谐相处的文化氛围，更加关注企业员工的工作与生活的质量。

④ 关注国家目标。把企业组织看成是在国家领导下的、开放的社会—技术系统，全面地开展对跨国公司和国际合资公司的比较研究、科技投入的行为研究、失业的指导研究、劳动力的多元化研究、国家金融安全的研究。

5.1.5　行为科学在管理科学发展史上的地位

行为科学是在科学进步与社会进步的条件下兴起的，对管理科学的发展作出了重大贡献。

（1）它引起了管理重心的转变

以泰罗为代表的科学管理理论把重点放在对事和物的管理上，强调生产过程中对之进行科学管理：在技术上要求操作标准化、材料标准化、工具标准化；在体制上要求建立合理的组织结构，有效的组织系统和明确的职责分工等。但科学管理忽视了个人的需要和个人的目标，把人看成是机器，忽视了人的主动性和创造性。行为科学则强调要重视人的因素，认为一切事情都要靠人去做，一切产品生产都要靠人去实现，一切组织目标都需要人实现。因而，应当把管理的重点放在对人性的认识和对人的行为的管理上。管理者可以以对人性的认识为依据，通过对人的行为的预测、激励和引导，实现对人的有效控制，从而达到对事和物的有效控制，实现管理的预期目标。

(2) 它引起了管理的方法的转变

随着对人性的认识和管理重心的转变，管理的方法也发生了重大的变化。由原来的泰罗制的监督管理转变到人性化的管理。泰罗的科学管理理论强调自上而下的严格的权力和规章制度的作用，把人看成是和机器一样的物，在管理活动中施以对待物的方法，以定额制度和奖励进行严格的监督，造成工人心理上的压力而产生对立情绪，泰罗制忽视了人的社会关系和感情因素的作用以及人的主动性和创造性。行为科学则强调人的欲望、感情、动机的作用，在管理的方法上强调满足人的需要和尊重人的个性，以及采用激励和诱导的方式来调动人的主动性和创造性，把人的潜力充分发挥出来。与此相对应，提出了“以职工为中心的”、“弹性的”管理方法，出现了“参与管理”、“目标管理”、“工作内容丰富化”等各种新的管理方式。

5.1.6 行为科学存在的问题

(1) 研究方法的局限性

人及其所处的工作环境是一个开放的复杂巨系统，如霍桑实验中所运用的方法和过程，研究者一要受到实验室中受控对象（包括人、事、物和环境等因素）的制约；二要受到实验室中实验者的主观条件的限制（包括他的知识、经验、思想理论观点）；三要受到社会大环境的影响。

(2) 研究对象的复杂性

行为科学研究的对象是人，但在管理中被管理的对象不仅仅是人，还包括事、物和社会环境，单纯对人进行研究的管理显然是不完善的。在管理过程中，除了研究人性和人的行为外，还应研究技术方面与环境方面的知识。如果没有这方面知识，管理人员即使有了行为科学知识，也将无法应用。比如管理者往往要从整体上从系统的角度研究管理，管理者要考虑建立管理制度，另外要对组织整体战略进行决策，这些经常需要的管理是行为学派没有触及的。

尽管行为科学还存在一些问题，但总的说来，它反映了人类社会发展的进步要求。特别是行为科学体现了以人为本的思想，它以人力资源为首要资源，高度重视对人力资源的开发和利用，提倡以人道主义的态度对待工人，通过改善劳动条件，提高劳动者工作生活的质量，培训劳动者的生产技能，调动人的积极性，进而提高劳动效率。这些思想对于推动生产发展和社会进步无疑有着十分重大的意义。诸如需求层次理论、成就激励理论、人性四分法论、双因素理论及期望理论等，都是行为科学的重要成果。

5.2　从一般系统论发展起来的系统管理理论

5.2.1　系统思想与系统理论的产生与发展

在管理学界，随着社会的发展，工商企业越来越庞大，组织结构越来越复杂，管理所面临的外部环境也越来越多样化。企业家们渴望能有一种思想，能使自己眼界开阔，思想全面，以便克服只见局部不见整体的局限，于是应用系统的思想、观点与方法研究大企业的经营管理问题，即系统管理理论应运而生。

(1) 古代

"系统"思想古已有之。古希腊米利都学派的泰勒斯把宇宙看成一个自我循环的自然总体。毕达哥拉斯认为人是一个整体，他和与宇宙整体同构。留基伯—德谟克利特—伊壁鸠鲁创立的原子说，把宇宙分为若干层次，原子是其最基本的要素，并试图从世界统一性、整体性和一体性的角度来回答世界的本原问题。赫拉克利特说：世界是包括一切的整体。

(2) 近代

随着自然科学与哲学的发展，系统思想产生了深刻的变化，在黑格尔的辩证法中，贯串着"一个伟大的基本思想，即认为世界不是一成不变的事物的集合体，而是过程的集合体。"① 恩格斯根据19世纪自然科学的最新成就，特别是三大发现（能的转化规律、细胞学说与达尔文进化论），从唯物辩证法的观点出发，深刻地指出：自然科学的这些发现，在两百多年来占统治地位的僵化的自然观上打开了缺口，使我们又回到了希腊哲学的伟大创立者的辩证法观点，即"整个自然界，从最小的东西到最大的东西，从沙粒到太阳，从原生生物到人，都处于永恒的产生和消灭中，处于不断的流动中，处于无休止的运动和变化中。"②

(3) 现代

19世纪辩证法哲学形成的系统思想认为：系统是由许多要素相互作用、相互联系的有机整体。它逐渐渗透到了20世纪初科学理论与科学工程实践中，促

① 马克思恩格斯选集（4卷）. 北京：人民出版社，1971：239，240.

② 马克思恩格斯全集（20卷）. 北京：人民出版社，1977：570.

成了系统论的诞生和发展。作为一种哲学方法论，一般系统论是由美籍奥地利理论生物学家贝塔朗菲于1937年在芝加哥大学的一次讨论会上首次提出的。1948年，机体系统论进一步发展成为“一般系统论”。在贝塔朗菲的理论中，最宝贵和最深刻的思想是：它对近代科学思想中机械还原论思潮的不满，以及对现代社会中漠视人性现象的深恶痛绝，提出了系统的观点与方法。1968年，他发表重要著作《一般系统理论》，影响极为深远。

贝塔朗菲认为，从分门别类研究成长起来的每门学科，只不过反映现实世界的某一部分或某一方面。但是，各门学科有共性，有相似之处。这种相似性包括：对整体或有机体的研究；有机体趋向于一种“稳定状态”，也就是取得平衡；所有系统都具有开放性，即有机体受它所处的环境影响，同时又对环境施加影响。

一般系统论的任务，就是要找出各门学科的相似性，并概括出一种理论框架，来描述现实世界的各种关系。一般系统论的主要思想是：系统是由相互联系的要素构成的，包括系统的整体性、系统的层次性。

20世纪40—60年代，信息论、控制论的形成与发展，系统方法、信息方法和控制方法成为研究系统的基本方法。

20世纪60—80年代，系统理论的深化和实践运用，主要是自组织理论诞生，推动着人们从动态的角度更深入地研究一般系统的概念和原理。自组织理论运用了实验和数学的方法，着眼于系统的产生、进化、质变、发展以及自调节、自稳定、自复制和自评价、自选择等等问题。

5.2.2 系统管理理论的诞生及其基本思想与主要内容

一般系统论建立后，西方学者把它应用于企业管理，形成了系统管理理论。系统管理理论把一般系统理论的观点与方法应用到企业组织管理中，研究企业组织的结构和管理，通过系统分析建立起系统模型，提出了整体优化、合理组合、规划库存等管理新概念和新方法。系统管理理论被认为是20世纪最伟大的成就之一，是人类认识史上的一次重大飞跃。这一理论是卡斯特、罗森茨威克和约翰逊、米勒、梅萨罗维奇等美国管理学家在一般系统论的基础上建立起来的。其中约翰逊、卡斯特、罗森茨威克发表的《系统理论和管理》被认为是系统管理学派的代表作。其基本思想如下：

(1) 用系统观点考察企业

① 企业是由人、物资、机器和其他资源在一定的目标下组成的系统。在这些要素的相互关系中，人是主体，是主动的，其他要素是客体，是被动的。

② 企业是由下列子系统组成的、开放的社会技术系统，它们是：

第一，目标与价值子系统，包括按照社会发展的要求确定的企业的战略目标、各部门的策略目标、职工的个人目标等；在企业的战略目标与策略目标中包含投资报酬率、新产品研发方向、开拓国际市场的前景、企业在经济社会发展中的地位等。

第二，技术子系统，包含通信系统、信息处理系统、决策系统、加工系统、控制系统、记忆或存储系统。

第三，社会心理子系统，包括企业成员的行为和动机、技术与能力、领导者的指导思想和领导方法、企业成员的智力开发，以及正式组织系统与非正式组织系统等。

第四，组织结构子系统，包括各级机构，它们的合理划分、分配与协调，并由组织图表、工作流程设计、职位和职责规定、章程与案例来说明，还包括各机构的联系、协调、控制、决策的程序等问题。

第五，外界因素子系统，包括各种市场信息、人力与物力资源的获得，各种法律、法规，以及外界环境的反映与影响等。此外，还有一些子系统，如经营子系统、生产子系统等。这些子系统还可以继续分为更小的系统。

③ 企业是社会这个大系统中的一个子系统，受社会环境（顾客、竞争者、供货者、政府等）的影响。社会环境包括政策信息、市场信息、技术信息、人力与物力资源的获得，以及外界环境的反映与影响等。同时，企业也影响环境，企业只有在与社会环境的相互影响与相互作用中才能达到动态平衡。

④ 运用系统观点来考察企业的组织管理，可以提高组织的整体效率，使管理人员不至于只重视某些与自己有关的特殊职能而忽视了大目标，也不至于忽视自己在组织中的地位与作用。

（2）用系统方法分析企业的问题

企业的发展面临许多问题，必须对其中起主要作用的问题进行分析，以便找出问题的关键，予以解决。系统分析的步骤如下：

① 确定目标。针对要解决的问题拟订目标，并依据目标制订方案求得问题的解决。这是系统分析最重要的一步。在确定目标时，要有长远的观点，选择对将来有重大影响的事项为目标；要注意能获得最大成果和有益于总体的发展；要求具体明确，最好能定量化；要充分考虑实现目标的条件；对多重目标要分清主次；制订实现目标的指标与评价体系。

② 调查研究。尽可能全面地收集各种有关的资料，通过对资料的分析，拟定九室对比方案，经过对比后提出可行性方案。

③ 建立模型。模型是把目标变量、条件因素、输入、输出等的相互关系，用实物、数学方程式或图表等表示出来的实物模型、数学模型或图像模型。

④ 综合分析或实验。在对各种方案的数量指标和质量指标进行分析对比的基础上，从系统整体的观点出发，进行综合分析或实验，以确定采纳的方案。对采纳的方案反复进行实验，以便修改补充，或另选其他更满意的方案。

（3）用系统方法管理企业的运行

用系统方法管理，把企业看成是一个系统，它具有如下的特点：

① 以目标为中心，始终强调系统的客观成就和客观效果。

② 从系统的整体出发，决策时强调系统整体的优化，而不是子系统的优化。

③ 以责权利统一为原则，安排管理人员的任务，规定其权力与报酬。

④ 以人为本，尽量使每个工作人员都有发展机会，并根据其工作业绩付给报酬。

系统管理的职能包括计划、组织、控制、协调。

5.2.3 系统管理理论与行为科学理论的比较

（1）两种理论着眼点不同

行为科学理论的着眼点是人，它关注人的兴趣、态度、情绪从而积极性等对工作及其效率的影响。行为科学从人性、人的心理的角度出发，剖析和改善工作者的主观条件，从而带动对客观因素的改变。为了从总体上完善管理体制，达到提高工作效率的目的，行为科学在人的行为的研究中特别强调对领导者的行为的研究。由此可以认为，行为科学理论是从管理的主体角度进行研究的。

系统管理理论的着眼点是系统，它把企业看成是一个系统，企业组织是整个社会组织的有机组成部分，是和社会紧密地联系在一起的，并且处在相互影响与相互作用中：一方面，社会的政治、经济、文化、习俗等因素对企业的组织管理、正常运行，甚至企业的生存和发展产生影响；另一方面，由于企业是现代社会经济的基本单位，企业，尤其是大企业，它的成就对社会发展的影响是很大的。因此，系统管理理论在将企业组织作为管理的客体来研究时，也重视领导者的特殊地位和作用，强调领导者及其决定对企业成败的重要性。

（2）两种理论各有所长

行为科学的一大长处是对群体心理的研究。群体心理是群体成员对其存在的物质生活条件、社会关系、共同利益和群体活动等方面的共同反映。影响群体心理的因素来自两方面：一是不稳定的成分，它是由偶发事件引起的，如情绪、气愤、舆论等；二是相对稳定的成分，它是由历史文化传统形成的，如习惯、风气、传统等。群体心理一般包括群体目标、群体结构、群体规范、群体意识、群体行为、群体凝聚力等。群体心理的功能体现在群体动力上，这是一个群体维持和发展的一种十分重要的功能。管理者只有正确引导群体心理，发挥群体动力，才能充分激发群体士气，增强群体凝聚力，减少群体内部冲突，加强与管理者配合的力度与默契，有效提高管理效率。

系统管理理论强调系统的整体性、协调性；注重系统运行的稳定性，及其与环境的相互作用。这是企业生存与发展必须考虑的问题。

(3) 两种理论互补

应该指出，一方面管理行为是一个双向互动的概念，而不是单向的线性行为。管理者的行为只有引起了被管理者的反应，并作出配合，才是真正的管理。在企业管理中，管理者只是少数，而被管理者则是多数，因此不能仅仅强调管理者的积极性，而忽略了被管理者的能动性，二者应该兼顾。另一方面，企业与它所处的环境是个大系统，它们之间的互动，是企业管理极为重要的因素。系统管理理论从系统的观点对管理行为和管理环境都考虑了，因而这两种理论是互补的。

系统管理理论的最大长处是运用系统的观点和方法，分析组织问题和管理行为。它从全局观点出发，统筹兼顾，从而突破了从局部出发的思维方式的局限性；从开放观点、系统与环境相互联系、相互作用的观点出发，以“关系”替代“事物”，从而突破了孤立地从事物出发的封闭性研究。系统管理理论在系统观点与系统方法的思路下，既注重组织内部的协调，也注重组织外部的联系，把企业内外作为一个相互联系的动态过程和有机整体；既关注组织结构，也关注管理的过程；既强调组织目标，又强调人的因素。系统思维在现代管理思想的演变中具有整合性的意义。

5.3　从战争的需要发展起来的运筹学

5.3.1　运筹学的产生

运筹学是 20 世纪 40 年代开始形成的一门学科，主要研究军事活动中能用数量来表达的、有关运用、筹划与管理等方面的问题。第二次世界大战期间，在空战、海战，特别是潜艇战中的攻、防等方面的激烈战斗中，提出了许多新问题，解决这些问题需要新的思想方法。首先在英、美两国，一些著名的科学家参加了这项工作。例如，德国对英国的夜间空袭，使得英国陆军防空指挥部面临很多技术和运筹问题，于是组织了以著名物理学家 Blackett 为首的一批科学家，成立了运筹学小组。美国参战后，也建立了军事运筹机构，它的军事运筹活动称为武器分析。

第二次世界大战结束后，美国军方对运筹学在战争中所做的贡献给予很高的评价，美国海军元帅 King 认为：“现代战争的复杂性，需要对我们和敌方在各个阶段采用的策略和反策略，在方法和工具上进行精确的分析。科学研究不仅可以加速武器的发明和生产，而且可以确保武器的有效运用。这种由资深科学家进行的、改善海军的技术和物质运作的科学方法，被称为运筹学。”

由于运筹学的重大贡献，战后它便从单纯的军事应用研究，转移到经济和工业管理的应用研究，形成了一套理论和方法，并成立了学术组织，发行了学术刊物。运筹学成为管理科学的一门重要的学科。现在，运筹学是近代应用数学的一个分支，它主要是将生产、管理等过程中出现的一些带有普遍性的运筹问题加以提炼，然后利用数学方法解决。运筹学的主要目的是在决策时为管理人员提供科学依据，是实现有效管理、正确决策和现代化管理的一个重要方法。

回顾历史，运筹学的思想在古代就已经产生了。敌我双方交战，要克敌制胜就要在了解双方情况的基础上，做出最优的对付敌人的方法，这就是“运筹帷幄之中，决胜千里之外”的说法。作为一门数学学科，用纯数学的方法来解决最优方法的选择安排，却是晚多了。如前所述，运筹学是在 20 世纪 40 年代才开始兴起的一门分支。

5.3.2 钱学森对运筹学的发展

钱学森从系统观与系统科学出发认为，运筹学是系统科学的一门技术科学，系统理论和系统方法是科学技术问题，它与社会、经济、伦理等问题有关，因而运筹学的问题具有跨学科性质，它的哲学问题需要深入研究。从马克思主义的观点看来，科学是关于客观世界的知识体系；客观世界包括物（自然界和社会）和事（人类实践活动）。研究物的科学是自然科学和社会科学；研究事的科学是事理学。运筹学是事理学，它充满了辩证法，是以辩证唯物主义作指导的。

20 世纪 70 年代末，许国志、钱学森正是从更广阔的视野——人类实践活动的视野，从运筹学概括出事理和物理的概念，这标志着科学发展史上的一场伟大的革命：从研究物质的科学向研究事理的科学转变，极大地推动了从自然科学奔向社会科学的汹涌潮流。80 年代初宋健给出事理学定义：事理学是指定量地研究特定的社会现象、社会事务和社会过程的理论。事理系统工程则是处理或管理社会事务的系统工程，包括政治、军事或经济范畴内的特定的事务管理、社会服务性的事务管理。①

（1）事理学方法

以辩证法为其哲学基础，是复杂行为系统的定量的方法学，关于复杂的行为系统其定量化描述存在三种方法：

① 理论的定量方法。从科学原理出发，建立复杂的行为系统的数学理论，并据此构造系统的模型，然后用电子计算机进行计算，得出精确的定量结论。其典型有诺依曼的博弈论、运筹学的规划论、排队论等。

② 半经验的定量方法。从经验性假设出发，建立复杂的行为系统的数学理论，并据此构造系统的模型，然后用电子计算机进行计算，得出定量的结论。其典型是兰切斯特关于作战过程的数学描述。

③ 经验的定量方法。不从建立数学理论入手，直接将经验的数据纳入电子

---

① 宋健. 科学家谈系统工程. 北京：科学普及出版社，1981：19-23.

计算机，对复杂的行为系统进行模拟计算，得出定量的结论。其典型是杜派等建立的模拟作战过程的定量判定模型。

在上述三种方法中，理论的定量方法可以用来解决某些简单的问题；半经验的定量方法可用来处理复杂的行为系统。

（2）运筹学方法

它最初是丘奇曼、阿可夫、阿诺夫在《运筹学方法》中提出的。

第一，运筹学方法包括下列六个基本步骤：

① 提出问题。明确问题的目标、条件、可控变量、相关的参数。

② 构造模型。把问题中的可控变量、参数、目标和约束条件之间的关系，用数学模型表示出来。

③ 求解模型。运用各种数学方法从模型推演出结论。

④ 解的检验。排除求解步骤和程序中可能出现的错误，检查得出的解是否反映实际问题。

⑤ 解的控制。通过控制解的变化过程，决定对解是否应作必要的改变。

⑥ 解的实施。向应用部门讲清楚解的用法，以及在实施过程中可能出现的问题和如何进行修改等。

上述步骤实际上是工程技术层次的运筹学方法。

关于技术科学层次的运筹学方法，钱学森从系统科学的角度认为，运筹问题的数学处理就是建立数学模型和求解方法，这是运筹学研究和应用的核心内容。在方法论上，首先要正确认识模型与原型的关系；原型是现实的事理系统，模型是它的理论表达形式。模型的有效性依赖于它真实地反映原型的基本特性。其次，原型的信息是多方面的，甚至是无穷多的，不可能全部采纳，必须进行科学的抽象，抽象它的本质属性，以便简化、压缩，以最少的信息描述原型的基本特性。最后，必须始终坚持整体观点，把运筹系统作为黑箱，从输入—输出关系来研究系统的结构与功能、运行过程中动态平衡的条件。

第二，运筹学方法包括如下的主要内容：

① 提出运筹问题。从各种各样的实际事理问题中提炼出运筹问题，描述它的特殊结构和运行特点。

② 建立运筹学模型。在充分掌握有关的信息的基础上提出经验性假设，把运筹问题表示为数学问题。

③ 解决理论问题。根据建立的模型，阐明它的基本概念，并证明有关定理。

④ 研究算法。算法是模型的解法，建立模型后要探寻模型的解法和分析解法的特性。

运筹系统是事理系统中的一类，其事理系统是有良好结构的，问题相对简单，有明确的数学模型，因此可以把运筹学系统 S 表示为

$$S=\{目标，条件，运筹，实行\}$$

运筹就是在给定的条件下，为达到目的而进行的谋划决策。在办理复杂事理的过程中，作出了科学的决策后，还需要研究执行决策的过程，监督计划执行情况，控制办事过程的进展（成为工程控制论或操作控制），即

办事过程=运筹决策过程（反复多次修改）+实行过程（计划、组织、协调、检查、监督、控制、评审鉴定）

其中具有决定意义的是运筹决策，所谓“一着下错，全盘皆输”。

5.3.3 运筹学的分支

运筹学的分支包括规划论（线性规划、非线性规划、整数规划和动态规划）、库存论、图论、决策论、对策论、排队论、博弈论、可靠性理论等。

运筹学的问题是关于事理（实践活动）的矛盾。要区分物理和事理的矛盾，尤其要区分不同类的事理之间的矛盾。

（1）规划论

经营管理中的规划问题是由资源（包括资金、设备、人力、时间等）和活动（有多种可能的活动）构成的事理系统。资源有限和活动多项就形成了矛盾，各项活动都希望尽量多地占有资源。由于它们在条件、效应等方面的差异，不能平均分配。如何合理分配资源，满足各项活动的需求，取得总体的最大效益，是规划论要解决的问题。资源有限和活动多项是贯串于一切规划问题的基本矛盾，它在不同类型的规划问题中有其特性，要求建立不同的概念框架和解题方法。

（2）排队论

研究社会服务活动中，广泛存在的拥挤现象。排队问题是由顾客和服务台构成的事理系统。服务台通过提供服务而获取经济效益和社会效益；顾客通过接受服务而满足自己生存与发展的需要，这是矛盾的同一性。但是，二者又有差异甚至对立的一面，顾客希望随到随服务，没有排队现象。因此，服务台需要加大服务强度，增设服务台，增加投资。由于顾客到来一般为随机聚散现象，若按高峰期顾客数量设置服务台，在低峰期大部分服务台处于空闲状态，造成很大损失。如何协调这对矛盾是排队论要解决的问题。由于顾客流入、排队规则和服务规则多种多样，不同类型的排队问题有其矛盾的特殊性。

（3）库存论

库存问题是由于必须存储货物以满足特定时期内的需要而产生，是由需求与供应构成的事理系统。库存为满足需求而产生，满足需求的结果导致库存减少，库存不足会使商店因缺货而坐失销售良机；供应导致库存增加，但库存过多导致物资积压，提高投资成本，造成损失。库存论的任务是探讨存储问题的规律性，制定解决矛盾的策略原则。库存问题有不同的类型，如需求方式可能是确定性的

或随机性的，供货方式可能是瞬时的或均匀的，要求不同的模型，不同的解法。

此外，对策论、决策论、更新论、搜索论等研究的事理各不相同，各有其特殊的矛盾，具体问题作具体分析。

5.4　钱学森对管理科学的分析、概括与创建

5.4.1　钱学森对中国行为科学的分析与创建

20 世纪 70 年代末，行为科学传入到我国，受到企业界和理论工作者的密切关注，进行了广泛深入的研究。

1985 年 1 月，中国行为科学学会在北京成立，标志着我国行为科学的研究与应用进入了一个新的阶段。钱学森从社会主义现代化建设的需要出发，主张创建有中国特色的行为科学，并把行为科学列为现代科学技术体系中的一个门类，对行为科学的任务、体系与基本内容进行了创造性的探讨。

(1) 中国行为科学的特点与基本任务

钱学森认为，中国的行为科学与西方的不同，它是用马克思列宁主义毛泽东思想的立场、观点和方法去研究的[①]。关于人的思想意识与人的社会行为的关系问题，历史唯物主义告诉我们，人的意识是社会意识，是社会存在的反映，社会意识是随着人们的生活条件、社会关系、社会存在的改变而改变的，“不是人们的意识决定人们的存在，相反是人们的社会存在决定人们的意识。”[②] 因此，钱学森强调，必须用马克思哲学进行总体指导。

改革开放以来，中国在各方面的发展都很快，个人行为和社会发展之间的矛盾日益凸显，表现为：一方面是个人心理、个人思想意识跟不上社会发展的新形势；另一方面是社会改革这项复杂的系统工程，不配套、不协调，如政治改革相对说来滞后于经济改革，和人民的期望有很大的落差。因此，中国的行为科学的基本任务，“是研究个人心理、个人意识、个人思想与社会发展的矛盾运动的。”[③] 它是从多角度、多侧面、多方位对中国发展过程中人们的行为规律进行研究，一方面提出改善人的行为的种种措施；另一方面提出社会改革的科学的方案。

(2) 中国关于人的行为的思想传统

行为科学的目的是解决个人行为与社会发展之间的矛盾，是为了国家和集体

---

① 钱学森. 社会主义现代化建设的科学和系统工程. 吴义生，编. 北京：中共中央党校出版社，1987：169.

② 马克思恩格斯选集（2 卷）. 北京：人民出版社，1971：82.

③ 钱学森. 社会主义现代化建设的科学和系统工程. 吴义生，编. 北京：中共中央党校出版社，1987：170.

的利益管好人的行为，这是治理国家的一个大问题。我国在治理国家中关于如何管好人的行为的思想经验，主要来自两个传统：

① 以德治国。德治是孔子（公元前 551 年—公元前 479 年）的政治主张，其核心是“礼”与“仁”。在治国的方略上，主张“为政以德”，用道德和礼教来治理国家是最高尚的治国之道。这种治国方略也叫“德治”或“礼治”。孔子心目中的德治，是指以礼乐教化来提高人民的道德素质，使遵守社会行为规范成为一种自觉，从而达到国泰民安的目的。德治的中心思想是对人民施行道德教化，令人心悦诚服，而不是单纯依靠严刑峻法来迫使人民畏服，但刑罚也是不可缺少的，因此孔子主张“以德为主，以刑为辅”。

在孔子思想中，实行德治最重要的是执政者必须“为政以德”。因为“政者，正也”，执政者首先要从修炼自己的道德品质做起，带头端正自己的言行。“其身正，不令而行；其身不正，虽令不从。”（《论语·子路》如果领导以身作则就会自然而然地得到老百姓的拥护，“譬如北辰，居其所而众星拱之”。《论语·为政》）

② 以法治国。法治是战国法家思想的集大成者韩非（公元前 280—公元前 233 年）的政治主张，他总结了前期法家的经验，形成了以法为中心的法、术、势相结合的政治思想体系，第一次明确提出了“法不阿贵”的思想，主张“刑过不避大臣，赏善不遗匹夫”。这是对中国法制思想的重大贡献，对于清除贵族特权、维护法律尊严，产生了积极的影响。他认为国家的强弱与奉法的严宽成正比，指出：“国无常强，无常弱。奉法者强，则国强；奉法者弱，则国弱。”（《韩非子·有度》）。故此他主张“不务德而务法”（《韩非子·显学》）。君主能否“依法而治”是决定国家兴衰存亡的重要问题。韩非认为，儒家的“以德治国”是有害的“人治”的治国方略，而法是规章制度。

(3) 钱学森创建的行为科学体系

钱学森认为：“任何一门科学都是人们改造世界（实践）从而认识世界（提高到理论）的结晶。”① 它一般都经过三个层次，即

工程技术——技术科学——基础科学

技术科学是基础科学理论的应用，同时它又是不止一门工程技术的理论基础，在 20 世纪二三十年代形成。行为科学体系也一样。“行为科学的目的是解决个人行为与社会发展之间的矛盾”②，解决的方法主要是两方面：一是诱导，或开导、指导；二是诱导不成，必须绳之以法，才能限制其不良后果。这就是说，

---

① 钱学森. 社会主义现代化建设的科学和系统工程. 吴义生，编. 北京：中共中央党校出版社，1987：268.

② 钱学森. 社会主义现代化建设的科学和系统工程. 吴义生，编. 北京：中共中央党校出版社，1987：170.

在社会主义制度下，管理、伦理和法理三者是统一的。据此，伦理学与法学就纳入行为科学这个现代科学技术体系的大部门中。钱学森第一次提出了行为科学的基础科学包括伦理学和法学，这就为创建中国特色的行为科学拓宽了视野。

钱学森按照现代科学技术体系结构的纵向划分与横向划分，提出马克思主义的行为科学体系如表 5-1 所示。

表 5-1

<table>
<tr><td colspan="21">马克思主义哲学</td></tr>
<tr><td colspan="21">人学</td></tr>
<tr><td colspan="21">伦理学　法制史学　法理学　法律思想史</td></tr>
<tr><td>社会心理学</td><td>人才学</td><td>德育学</td><td>立法学</td><td>司法组织学</td><td>司法统计学</td><td>比较法学</td><td>国家法学</td><td>经济法学</td><td>知识法学</td><td>民法学</td><td>行政法学</td><td>财政法学</td><td>劳动法学</td><td>诉讼法学</td><td>国际法学</td><td>刑法学</td><td>法医学</td><td>刑事证据学</td><td>犯罪心理学</td><td>劳动改造学</td></tr>
<tr><td colspan="3" rowspan="2">管理技术
人才系统工程
思想政治社会系统工程</td><td>国家法</td><td>经济法</td><td>科技法</td><td>民法</td><td>行政法</td><td>财政法</td><td>劳动法</td><td>环境保护法</td><td>军事法</td><td>太空法</td><td>国际法</td><td>刑法</td><td>诉讼法</td><td></td><td></td><td></td><td></td><td></td></tr>
<tr><td colspan="7">法制系统工程</td><td colspan="6">法治系统工程</td><td colspan="5"></td></tr>
</table>

从表中可以看出，法学方面学科门类多，因为关于法的思想理论有悠久的历史，特别是经历了几百年发展的资本主义，法学的思想理论相当丰富。与法学相比，伦理学方面，如我们的思想政治工作、人才工作是在革命事业中创立的，历史较短；至于资本主义国家的行为科学，其历史大致也只有 40 年，可以吸取的也就那么一点，所以思想政治、理想教育、人才的培养与使用等伦理学方面，还缺少学科理论[①]。

行为科学作为现代科学技术体系中的一大部门，不是完全独立的，与其他大部门有交叉，如它和系统科学这个大部门的交叉，就有法制系统工程、法治系统工程、思想政治社会系统工程、人才系统工程，它们都要用系统科学的方法。这些部门内部的交叉，如法制系统工程和法治系统工程是各门法的工程技术的横断技术，是法科学的内部交叉学科。

钱学森认为，行为科学中国化必须对人的管理方面的思想来源进行扬弃工作：一是要吸收我国古代关于人的行为的优良思想传统，特别是儒家学说中如何

① 钱学森. 社会主义现代化建设的科学和系统工程. 吴义生，编. 北京：中共中央党校出版社，1987：172-174.

铸造中国人心理深层结构的思想；二是要借鉴现代西方行为科学的合理成果，不仅重视人性，而且要创造合乎人性的环境；不仅要把工人当做“社会人”看待，而且要使他们真正地成为企业主人；三是要做好思想工作，人与人之间，不论职务、地位、辈分，一律提倡人格平等、情感平等以及权利和义务平等。

5.4.2 钱学森对系统管理理论的分析与创建

20 世纪 80 年代中叶，钱学森在中央党校的报告中指出①：我们党已经把工作重点转移到社会主义现代化建设上。实现四个现代化是一场根本改变我国经济和技术落后面貌，进一步巩固无产阶级专政的伟大革命。这必然要多方面改变生产关系，改变上层建筑，改变工农业的管理方式和工农业的体制，甚至要改变人们的活动方式和思想方式。为了贯彻执行党的方针政策，必须对社会主义现代化建设这项复杂的工程进行组织管理，它的科学方法就是系统工程方法。

（1）系统工程是系统管理理论的丰富与发展

系统工程强调在系统的管理中，必须有一个抓总体设计部门作为指挥部门的参谋。从劳动发展史上看，人类的劳动活动是一个系统，它经历了从个体劳动到社会劳动的长期发展过程。在这个历史过程中，产生了参谋职能从指挥职能中分化出来的必要性。

在古代的手工业劳动中，如一位泥瓦匠建造一所简单房子，他首先要搞到材料，选定一个可行的方案，然后再进行建造。这是一个系统的过程，在整个建造的过程中，他既是构想这所房子的设计师，又是从每一个局部来实现房子的建造工人。他既是管理工作者，也是劳动者。

在近代初期的手工业工场中，出现了以分工为基础的协作，许多人在同一生产过程中，或在不同的但互相联系的生产过程中，有计划地一起协同劳动，这是一个更复杂的系统的过程，需要指挥，以协调个人的活动，并执行生产总体的运动所产生的各种一般职能。抓总体的任务是指挥各个具体的组成部分，怎么样设计，使得最后联系起来的整体能够更好地工作。在手工业的工场里，这个指挥者是监工。到近代后期，在机器大工业的工厂中，协作劳动的指挥者是总工程师。

在现代自动化的大企业和大公司中，劳动规模庞大，劳动过程复杂，如 20 世纪 40 年代，美国研制原子弹，参加这项工作的一共有 15 000 人；60 年代美国的登月飞行，参加制造火箭、飞船整个活动的有 420 000 人。要指挥规模如此之大的社会劳动，过去只依靠一个工程师，或者一个总工程师加上几个副总工程师，远远不能胜任抓总体的指挥（计划、组织、协调、控制）工作了，必须加以

---

① 钱学森．社会主义现代化建设的科学和系统工程．吴义生，编．北京：中共中央党校出版社，1987：89-94．

扩大，需要组织一个几十人、几百人的集体，来承担起这么复杂的工作，这就是总体设计部。

钱学森指出，我国也有这个经验。50 年代搞国防尖端技术，也就是搞原子弹、氢弹、导弹的时候，我们发现，这是一个庞大的系统，是由相互作用和相互依赖的若干个组成部分结合起来的，结合到一个规定达到的功能和指标。如果考虑更复杂的、包括更大范围的系统，就是我们整个国防力量的构成。对这么复杂的系统要解决的问题，由一个设计师或者一个总设计师、几个副总设计师去解决，那是不可想象的。这就产生了一个新的行业，叫系统工程，是专门搞复杂系统的协调、搞总体工作的，为指挥部决策提供咨询。

(2) 系统工程理论吸收了系统管理理论的成果

在现代复杂的工程技术工作中，还必须有一个经营管理的部门。经营管理作为一门科学是管理科学发展的一个重要成果，萌芽于 20 世纪初的泰罗制，后来发展成为系统管理理论。系统管理理论把复杂的工程（大企业或国家的部门）看成一个系统。从系统工程看来，组织建立这个系统，经营运转这个系统是一项工程实践，是工程技术，如水利枢纽、电力网、钢铁联合企业等工程都是系统工程。系统工程需要实现工程的理论，是系统工程的基础。国外把这门理论叫做运筹学，它是从系统的组织管理的实践中总结出来的、具有普遍意义的科学理论。

在大工程、大技术、大科学的时代，工程规模庞大，工程过程复杂。要求我们一方面把系统的观点，即统筹兼顾、全面规划、局部服从整体的观点，从哲学原则具体化为科学的理论和应用；另一方面从日常的经验提高到反映组织管理工作的客观规律的科学理论。这就要求我们把组织管理的客观规律用数字的形式表达出来，最后要能用电子计算机去算。这个科学理论就是运筹学。运筹学是事理学，人们办事情是有道理的，需要把它系统化、精确化，变成用数学语言表达的理论。

系统是系统工程的基本概念，人类自从有生产活动以来，无不在同自然系统打交道。恩格斯指出：系统是一个伟大的基本思想，即认为世界不是一成不变的事物的集合体，而是过程的集合体。系统是由许多部分组成的整体，所以系统的概念强调整体，由相互联系、相互制约的各个部分组成的具有特定功能的有机整体，而且这个系统本身又是它所从属的一个更大系统的组成部分。

系统工程是从系统的认识出发设计和实施一个整体，以求我们希望得到的效果。其目的是要改造自然界中的系统，或创造出人所需要的系统。各门系统工程有共同的学科基础，它是工程技术与基础科学之间的技术科学，包括运筹学（系统工程的特殊的数学理论）、控制论（考虑到要有人控制，还不能完全自动化，所以控制论应该包括大系统控制、巨系统控制、多级控制）、信息论（信息传递理论）。

系统工程除了需要共同的学科基础外，还需要有强有力的运算手段——电子计算机。

(3) 系统工程方法是普适的科学方法

人类认识运动的秩序，“总是由认识个别的和特殊的事物，逐步地扩大到认识一般的事物。”① 由于系统工程的理论与方法，在我国火箭、导弹和航天事业取得巨大的成功，系统工程迅速推广应用于其他工程，如医学系统工程、环境系统工程、教育系统工程等，不论是大企业、大工程，以至国家的部门，都可以作为一个系统，运用系统工程的理论与方法来组织建立与经营运转。这就是说，系统工程的理论与方法是普适的科学方法，可以推广应用于一切工程部门。

对社会而言，现代社会是一个高度组织起来的社会，它的各种活动都是一个系统，而且是一个复杂的系统，其组织建立与有效运转，尤其需要应用系统工程方法。社会系统中每项子系统工程都是一个专业，都有它的专业及其特有的学科基础，如表 5-2 所示②。

表 5-2

系统工程的专业	专业特有的学科基础
工程系统工程	工程设计
科研系统工程	科学学
企业系统工程	生产力经济学
信息系统工程	信息学、情报学
军事系统工程	军事科学
经济系统工程	政治经济学
环境系统工程	环境科学
教育系统工程	教育学
社会（系统）工程	社会学、未来学
计量系统工程	计量学
标准系统工程	标准学
农业系统工程	农事学
行政系统工程	行政学
法治系统工程	法学

从上表看来，系统工程可以解决的问题涉及改造自然、改造社会、改造各种社会活动，提高社会生产力和国防力量。系统工程对社会的变革，绝不亚于 120 年前英国的工业革命，工业革命把千百年来人类改造自然的手艺上升到有理论的科学。由此人类社会从农业时代进入工业时代。系统工程综合了 100 多年来马克思主义社会科学发展的成果，综合了近半个世纪自然科学技术发展的成果，并吸取了近 20 多年电子计算机发展成果，是一项伟大的创新，它必将大大推动社会

① 毛泽东选集（1卷）. 北京：人民出版社，1967：284.

② 钱学森. 社会主义现代化建设的科学和系统工程. 吴义生，编. 北京：中共中央党校出版社，1987：214.

发展，是又一项新的技术革命。

1978 年，钱学森、许国志、王寿云在《文汇报》发表“组织管理的技术——系统工程”后，有同志认为，上述的系统工程的范围还太小了，应该考虑整个国家范围的系统工程，也就是社会主义建设的组织管理技术。钱学森从战略科学家的高度指出：小范围、小系统的系统工程是受国家这个大系统工程制约的，国家范围的系统工程没有搞好，也达不到真正的好、快、省。为此，还应该考虑国家范围的组织管理技术问题。

钱学森认为[①]：社会系统工程就是组织管理社会主义建设的技术，是当代经济工作的一种新的科学方法。它的任务是：

① 设计出一个好、快、省的全国长远规划和短期计划，提供党和国家领导审查。

② 在规划执行过程中，根据实现的情况，从不断出现的不平衡中，积极组织新的相对的平衡。

③ 根据计划执行情况和政治、经济、科学技术的新发展，提出调整计划的意见。

④ 总结实践经验，向党和国家领导提出改善生产关系、上层建筑和各种制度的建议。

总之，社会系统工程的任务就是为我国实现四个现代化，用科学方法设计社会主义建设的蓝图。

(4) 系统工程的必要条件

我国系统工程工作者面临的长远规划任务是，根据党和国家规定的方针政策，利用科学技术的最新成就，设计出一个包括工业、农业、交通运输、通信、能源、教育、科学技术、文化、人口国防以及人民生活的宏观方案。为此，需要做以下的准备工作：

① 获取确切的情报资料，要建立一个情报资料库，同时统计和通信工作必须跟上。

② 做资料分析，包括通过分析提出我国社会主义经济的综合计算模型，也就是宏观经济的数学模型；从大量典型和建议中得出改进每一项生产和其他社会活动的措施，明确其投资和经济效果。

③ 宣传社会系统工程的意义，把人们从习惯但陈旧的管理思想方法中解放出来，认识到使用社会系统工程方法的必要性和迫切性。

④ 在电子计算机上进行模拟实验，把提出的数学模型和改进措施结合起来。

---

① 钱学森. 社会主义现代化建设的科学和系统工程. 吴义生，编. 北京：中共中央党校出版社，1987：228.

在电子计算机上算出一年一年整个社会的经济和其他方面发展情况，只要数学模型和改进措施的数据基本准确，模拟实验的结果就是可信的。另外，在模拟实验中还可以变换准备采用的改进措施，算出多种规划方案，以便从中选出一个或几个使国民经济持续稳定地高速度发展的最优方案。进行模拟实验时要注意，由于统计数据有误差，数学模型也可能不太准确，计算的各种数据也不可能是百分之百的准确。此外，事物是在不断变化的，所以在规划执行过程中，还必须通过计算机的仿真实验进行调整，以求得新的平衡。

（5）系统工程的组成机构与组成人员

当代经济工作发展的新趋向是：国民经济中的重大问题，必须有社会科学工作者、自然科学工作者和工程技术工作者三方面的人员参加，才能解决问题、社会科学家、自然科学家、工程技术专家要结合起来，互学所长，互补所短，开展大协作。在经济建设中运用社会系统工程，必须建立由上述三方面人员组成的机构——国民经济总体设计部。我国是社会主义国家，为实现我们共同的远大目标——国民经济现代化，有必要而且有可能比资本主义国家更好地运用社会系统工程的方法，使我们的经济工作能够更好地按照经济规律办事，按照自然规律办事。这是一件了不起的大事，因为它能大大提高我国社会主义建设的经济效果。一个长期的计划，搞好搞坏，差额不是十几亿、几十亿，而是几百亿、几千亿元。

主要参考文献

马克思恩格斯全集（20卷）. 北京：人民出版社，1977.

马克思恩格斯全集（23卷）. 北京：人民出版社，1966.

马克思恩格斯选集（2卷）. 北京：人民出版社，1971.

马克思恩格斯选集（4卷）. 北京：人民出版社，1971.

毛泽东选集（1卷）. 北京：人民出版社，1967.

钱学森. 社会主义现代化建设的科学和系统工程. 吴义生，编. 北京：中共中央党校出版社，1987.

中央人民广播电台科技组. 科学家谈系统工程. 北京：科学普及出版社，1981.

第六章　社会系统工程对系统工程的丰富与发展

工程是人类特有的、创造性的实践活动，其目的是改造人类自身生存与发展的条件，因而工程活动古已有之。例如，两千多年前李冰父子主持的都江堰水利工程。在近代，哥白尼—牛顿科学革命后，工程逐渐演变为将自然科学的原理应用到工农业各部门中去的科学技术活动。在现代，工程已经成为是人类能动地改造世界的光辉体现，成为最强大的生产力，把工程组织管理的理论与实践推广到社会的组织管理，是构建社会系统工程必须考虑的一个重大问题。

6.1　工程的组织管理

6.1.1　工程组织管理的重要性与必要性

1. 现代工程是推动社会发展的强大力量

现代工程是人类改造世界的一项创造性的实践活动，是人类为了改善自身生存、生活条件，根据对自然规律的认识，而进行的一项物化劳动的工程。它在理论上将自然科学原理应用到生产部门或其他活动部门；在实践中是有目的、有计划、有组织地进行的活动。人们正是通过工程活动使自然界的物质、能源和社会的人力资源，以最短的时间和最少的人力做出高效、可靠且对人类社会的生存和发展有用的东西。因此，工程活动是现代社会存在和发展的基础，是人类能动性的最重要、最基本的表现方式之一。

从钱学森关于现代科学技术认识过程的三个层次，即

科学——技术——工程

由此看来，科学是潜在的生产力，工程是现实的生产力，而技术则是将科学原理与工程应用联系起来的中间环节。马克思曾经指出："哲学家们只是用不同的方式解释世界，而问题在于改变世界。"① 按照这个观点，科学是认识世界、解释世界，而工程则是改变世界，推动社会发展的强大力量。

2. 科学——技术——工程——产业——社会一体化的形成

工程是"造物"的活动，它与人类社会同时诞生，在长达三百万年的发展过

① 马克思恩格斯全集（3卷）. 北京：人民出版社，1965：8.

程中，从原始工程演变为现代工程。

（1）原始社会（从三百万年前开始）

人类刚从动物中分化出来，为了生存，构木为巢，挖土为穴，这是原始的土木工程；削木为棒，磨石为器，这是原始的机具工程。原始的工程全靠经验。

（2）古代社会（从几千年前开始）

人类不仅积累了丰富的经验，而且有了相当精湛的技术。这时候出现了埃及的金字塔（公元前 2500 年）、中国的万里长城（始建于公元前 214 年）、都江堰水利工程（公元前 3 世纪中叶）等。

（3）文艺复兴时期（从 14 世纪开始）

这个时期的工程活动已经系统化，如佛罗伦萨圆顶大教堂的建造，就包括项目的设计和规划、财力的筹集、劳动力的组织管理等。技术的含义随之丰富与发展了，它可以指物质，如机器、工具；也可以指组织方法、操作方法与技能。法国科学家狄德罗主编的《百科全书》总结了这段时期技术的发展，定义“技术是为某一目的共同协作组成的各种工具和规则体系。”它基本上指出了近代技术的主要特点，即目的性、社会性、多元性。

（4）工业革命时期（从 18 世纪后期开始）

这时期工程活动的特点是以机器代替手工工具，这是由蒸汽机的发明引起的工程活动的变化。工业革命时期的机器由[①]发动机、传动机构、工具机组成。发动机是整个机构的动力；传动机调节运动，在必要时改变运动的形式，把运动分配并传送到工具机上；工具机抓住劳动对象，并按照一定的目的来改变它。

作为动力的蒸汽机，它的发明和发展推动了一系列相关工程的发展：

① 机械工程。从原先的机械钟表发展为蒸汽机的试制，进而形成从动力机到工具机的生产技术体系。

② 采矿工程。由于采用了机器抽水，使矿井可以加深，并扩大了采矿的规模，相应地，推动了岩石机械、隧道支撑、通风设施、煤炭运输等工程的发展。

③ 纺织工程。由于蒸汽机的引入，使得整个纺织工业向机械化发展，导致了纺织工程的出现。

④ 材料工程。从原来的木、石、砖、泥发展为钢铁、水泥等。

除上述的工程之外，还有由于织布—染色等引起的化学工程、用机器制造机器的制造工程、将蒸汽机用于交通运输的铁路工程等。

上述工程的发展形成了工业这一产业部门，出现了科学——技术——工程——产业——社会一体化的新动向，它把人类历史从农业社会推进到工业社会。

① 马克思恩格斯全集（23 卷）. 北京：人民出版社，1966：410.

（5）现代（从 19 世纪末期开始）

19 世纪末期电磁学理论的建立与发展，引发出一场新的技术革命——电力革命。它把人类历史从机械化时代推向自动化时代，促使科学——技术——工程——产业——社会一体化的新动向，成为现代社会发展的新规律。这在科学技术发达的美、英等国表现得尤为明显。这条规律从两个方向上显示出来：

① 科学⟶技术⟶工程⟶产业的发展方向。

这个方向最初开始于通信业。无线电通信是人类通信技术史上一次伟大的飞跃，最初是 1865 年麦克斯韦《电磁场的动力学理论》从理论上预言了电磁波的存在；然后是 1888 年赫兹用实验证明电磁波的存在；最后才是 1896 年马可尼利用电磁波发明无线电。此后，在社会经济发展的强烈要求下，无线电通信业迅速发展成为一门产业，加速了经济全球化的进程。无线电通信发展史表明基础科学走在技术科学与工程技术前面，基础科学研究决定技术科学与工程技术的发展方向，并由此发展出一门新兴产业——通信产业，它大大加速了经济全球化的进程。

进入 20 世纪，以 1942 年曼哈顿工程（原子弹研制工程）为标志的大科学、大技术、大工程的出现，对科学⟶技术⟶工程⟶产业规律有了更深入的认识，即基础研究—技术研究—应用研究—可行性研究—设计—模型—试验—计划—生产—产品或服务

研究——发展——生产

科学技术先进的国家，正是由于掌握了现代社会发展的新规律，使它们在国际政治舞台上扮演主要的角色。

② 产业⟶工程⟶技术⟶科学的发展方向。

可以认为，工业革命发展史就是这一方向形成的历史。在工业革命蓬勃进行的过程中，为了发展产业的需要，科学技术研究的一个新事物工业研究实验室应运而生。以科学技术先进的美国的发展为例①，随着科学技术的发展，它经历了以下的时期：

第一个时期，经验型的工业实验研究时期（1876—1900）。1876 年，伟大的发明家爱迪生创立了“发明工厂”，标志着这一研究时期的开始。爱迪生通过反复实验的方法，摸索技术发明和创新的经验，一生获得了 1093 项专利，至今仍保持无人能超过的记录，爱迪生为美国成为电力大国立下了汗马功劳。

第二个时期，应用现有的科学知识（应用科学）于工业研究的时期（1900—1925）。1900 年通用电气公司的建立，标志着这一研究时期的开始。从以实验为主转变到从科学知识出发，使工程技术的发展牢固地建立在科学知识的基础上。

① 阎康年．通向新经济之路——工业实验研究是怎样托起美国经济的．北京：东方出版社，2000：115-121.

通用电气公司工业实验研究室，采用了大学研究所的建制和研究方法，运用工业大生产的管理方法，使工业实验研究组织化，取得了大量的电照明技术创新和很大的经济收入。通用电气公司在电力照明、材料和发电设备上取得明显的竞争优势，使美国认识到，要在国际竞争中保持自己在技术、产业和经济上的优势，最有效的途径是大力发展工业实验研究。

第三个时期，产生新科学知识并将其应用于技术创新的时期（1925—1953）。1925年美国和世界最大的工业研究实验室——贝尔电话实验室成立，它标志着一个新的工业实验研究时期的开始。这时期工业实验研究的方向是进行基础科学的创造性研究，并将研究成果用于技术和产品的创新上。这个转变在工业发展史上有重大意义，它把科学—技术—工程—产业有机地联系在一起，使科学变成科技发展和创造物质财富的关键环节，因为基础科学研究往往能从根本的原理、性能和适用性上对产品和技术带来革命性的变革。贝尔实验室在1925—1996年间，共取得25 500个专利。它是厘米波微波雷达、继电器式数字计算机、晶体管、通信卫星、激光、光纤、光波通信、集成电路、光子计算机、蜂窝移动电话、数字通信网络等的发祥地，是系统工程和信息论的诞生地，是世界上固体物理、半导体物理、凝聚态物理化学、激光科学和光通信科学领先的处所，也是微电子技术、光子技术革命和通信网络技术革命的主要发源地。

第四个时期，工业研究实验室与科技发展区并举时期（1954—1985）。1954年贝尔实验室、通用电气公司、国际商用机器公司（IBM）和英特尔公司等大型企业的发展，表明了以基础科学研究领先的“科学—技术—工程—产业”一体化发展的模式已臻于成熟，但一大批中小型企业的发展却相形见绌。这些企业由于资金少、科技力量弱和设备落后，无法应付高技术带来的挑战，因此产生了以硅谷为发源地的科技发展区。这个时期的特点是大、中、小企业、传统技术与高新技术企业分别按着自己的特点和长处，并行发展，各得其所，推动了科学技术的迅速发展和经济的腾飞。这种布局在其他发达国家（如英、日、德）和部分发展中国家（如中、印等国）产生了很大影响，纷纷采用这个战略进行产业结构调整和布局。

产业⟶工程⟶技术⟶科学的发展，从相反的方向上把从产业到科学技术的飞跃，它经过的中间环节，以及转化条件，从理论与实际的结合上给予无可辩驳的证明，上述两个发展方向科学地阐明了“科学—技术—工程—产业”一体化的动力、机制、条件，这将大大加速现代化的进程。

6.1.2 现代工程是一个系统

现代工程是一个开放的复杂巨系统，在进行组织管理时，必须从系统的观点考虑。现代工程的存在与发展有如下两个基本前提：

（1）现代工程和它所处的环境是一个系统

任何工程活动都是在一定的环境中进行的，环境包括两方面：

① 自然环境，它向工程活动提供地理条件与自然资源。自然环境主要包括地理位置、阳光、空气、水、土地、矿产资源等。

② 社会环境，它是在自然环境的基础上，通过长期的社会劳动形成的，按照马克思关于社会形态的学说，社会环境主要包括经济体制、政治体制与文化教育体制。对工程而言，社会环境表现为经济环境（建筑物、交通运输，信息基础设施等）；政治环境（政策、法律、法规等）；文化教育环境（思想、风俗、习惯、道德文化水平、科学文化水平等）。工程活动的进行需要有一定的环境条件为前提。

（2）现代工程本身是一个系统

① 从工程的构成要素看，任何工程都是由下列六个要素组成[①]，即人、物质、设备、资金、任务与信息（数据、图纸、报表规章、决策等）。这些要素构成相互联系、相互制约与相互作用的有机整体。

② 从工程的研究过程看，任何工程的筹建，首先其方案必须是科学的、合乎逻辑的。然后按照工程的筹建与实施的整个过程，按照现代科学——技术——工程——产业——社会一体化的规律，整个工程的筹建过程包括如下的活动，即

研究——开发——设计——施工——生产——操作——管理

这些步骤是相互联系、相互制约与相互作用的有机整体，而管理则贯串于工程活动的全过程之中。

③ 从工程的实施过程看，任何工程的实施，都必须经过下列七个阶段，即

规划——拟订方案——研制——生产——安装——运行——更新

这几个阶段构成相互联系、相互制约与相互作用的有机整体。

总之，现代工程不同于近代工程的地方在于：它是以现代科学技术为基础的、系统的、有组织的活动。

6.1.3　现代工程组织管理的职能

现代工程的建造，主要依据数学、物理学、化学及由此产生的材料科学、固体力学、流体力学、热力学、地质学等，以及对整个工程的建造过程的系统分析。工程的建造，根据基础科学——技术科学——工程技术三个层次的相互联系与相互作用，完成下列相互衔接的职能：

① 研究。应用数学和自然科学概念、原理、实验技术等，探求实现工程的新原理和新方法。

---

① 钱学森，等. 论系统工程. 上海：上海交通大学出版社，2007：4.

② 开发。解决把研究成果应用于工程实现过程中所遇到的各种问题。

③ 设计。选择不同的方法与特定的材料，并确定符合技术要求和性能规格的设计方案，以满足结构或产品的要求。

④ 施工。包括准备场地、材料存放、选定既经济又安全并能达到质量要求的工作步骤，以及人员的组织和设备的利用。

⑤ 生产。在考虑工程与环境的各种因素的情况下，选择工厂布局、生产设备、工具、材料、元件和工艺流程，进行产品的实验和检查。

⑥ 操作。管理机器、设备以及动力供应、运输和通信，使各类设备经济可靠地运行。

⑦ 管理。计划、组织、协调、控制与指挥。

概括说来，现代工程活动是根据科学理论，应用技术手段，使人力、物力与财力最佳地为人类服务的工程技术活动。

6.2 系统工程是现代工程的组织管理技术

6.2.1 系统工程的诞生

19 世纪，恩格斯就指出了自然科学从分门别类走向整体化发展的趋势，自然科学已经形成为一个系统。恩格斯根据当时自然科学取得的一系列重大成就指出：我们已经能够依靠自然科学所提供的事实，以近乎系统的形式描绘出一幅自然界联系的清晰的图画。辩证唯物主义关于物质世界普遍联系及其整体性的思想，也就是系统思想。

20 世纪 80 年代，钱学森根据现代科学技术的最新成就，进一步指出，现代的系统思想在科学的理论与方法上又大大地丰富与发展了，主要表现在：

① 把系统思想定量化，成为一套数学理论，成为能够定量地处理系统各组成部分联系关系的科学方法。

② 为定量化系统方法的实际应用提供了强有力的计算工具——电子计算机。

现代工程活动的大型化和复杂化，迫切要求采用定量化系统方法。第二次世界大战是定量化系统方法发展的里程碑。战争在方法和手段上增加的复杂程度是空前的，双方都需要强调全局观念、从全局出发合理使用局部、最终求得全局效果最佳的目标。第二次世界大战后，为适应社会化大生产和现代科学技术体系的需要，逐步把自然科学与社会科学中的某些理论和策略、方法联系起来。应用现代数学和电子计算机等工具，解决复杂系统的组织、管理和控制问题，以达到最优设计、最优控制和最优管理的目标，于是系统工程应运而生。

系统工程是实现系统最优化的科学方法，1957 年前后定名，1960 年左右形成体系。它是一门高度综合性的对工程组织管理的技术，涉及应用数学（最优化方法、概率论、网络理论等），技术理论（信息论、控制论、可靠性理论等），系统技术（系统模拟、通信系统等），经济学，管理学，社会学，心理学等多种学科，是一门高度综合性的交叉科学技术。总之，系统工程涉及数学、自然科学和社会科学等领域。

6.2.2　钱学森对系统工程的发展

钱学森是我国导弹航天事业的开创者，随着导弹研制工作的展开，组织管理工作的重要性越来越明显地暴露出来。钱学森在把国外系统工程的研究成果同我国导弹研制工程的实践相结合的过程中，创造性地发展了系统工程的理论与方法。其要点如下：

（1）系统工程的基本概念

辩证唯物主义关于物质世界的普遍联系及其整体性的思想，就是系统思想，从这个观点看待事物，用科学的语言来表述，即“系统就是由相互作用和相互依赖的若干组成部分结合成的具有特定功能的有机整体，这些组成部分称为分系统。”①

系统是无处不在的，宇宙中存在无数的系统，按照它们的起源可分类如下：

① 天然系统。它们没有人类参与，是自发产生与形成的，如天体系统、自然生态系统、生物系统等。

② 人造系统。它们是在人类的思想观念与实践活动的干预下产生与形成起来的，可分为两类，一类是人造自然系统，即自然工程，如三峡工程、原子弹工程、载人航天工程等；另一类是人造社会系统，即社会工程，如法治工程、社会保障工程、管理系统工程等。

（2）系统工程和工程的区别与联系

工程的筹建与实施的整个过程，如前所述包括如下的活动，即

研究——开发——设计——施工——生产——操作——管理

它要解决的问题是通过工程活动实现工程的特定功能，使它直接服务于人类生存与发展的需要。

系统工程则是组织管理工程的技术，是保证工程顺利实施，使工程技术上合理、经济上合算、质量上可靠、时间上节省；并使工程实施过程中运转协调、使用方便、及时调整等，从而实现工程整体功能最优的目标。总之，系统工程是关于工程的组织管理的，它要解决的问题是：“怎样在最短的时间内，以最少的人力、物力和投资，最有效地利用科学技术最新成就，来完成一项大型的科研、建

---

① 钱学森，等．论系统工程．上海：上海交通大学出版社，2007：4.

设任务。"[1] 工程的组织管理，是自始至终贯串于工程的整个活动过程之中的。

钱学森系统工程的独创之处在于：它强调组织管理工作不仅包括"物理"和"事理"，更重要的是还包括"人理"。钱学森坚持历史唯物主义观点——历史是由人民群众创造的。他强调，在组织管理中核心的问题是如何调动与发挥人的积极性与主观能动性。在钱学森的"系统工程"概念中，"人"是管理的核心。他特别重视从事工程的人的精神，这是工程的灵魂。1955 年归国后，在帝国主义封锁、经济困难、科技落后的情况下，钱学森领导和主持的"两弹一星"工程之所以取得光辉的成就，举世震惊，令全国人民意气风发、斗志昂扬，就是由于在中国共产党的领导下，参加工程的建造与管理的人员形成的爱国、创业、求实、奉献精神，全体人员不怕苦、不怕累、迎困难而上，铸造了特别能吃苦、特别能战斗、特别能攻关、特别能奉献的精神。

(3) 系统工程的内容

系统工程是工程的组织管理的技术，内容包括计划、组织、协调、控制与指挥，它们构成一个系统，叫管理系统。系统工程就是工程的管理系统，它研究工程管理系统的结构、功能，以及它们之间的相互联系、相互制约与相互作用。

第一，工程的指导思想和科学规律，这是决定工程成败的基本前提。

① 指导思想。工程以辩证唯物主义和历史唯物主义的世界观和方法论为指导思想；工程的组织管理（系统工程）也是以系统思想为它的指导思想。系统思想的核心是事物之间的普遍联系和整体性的观念。关于系统思想钱学森认为："局部与全部的辩证统一，事物内部矛盾的发展与演变等，本来就是辩证唯物主义的常理；而这就是'系统'观念的精髓。"系统工程在系统思想指导下，运用运筹学和其他系统科学方法，从普遍联系与整体性的观点出发，对工程进行分析与综合。系统工程是理论与实践统一的，更是具体的实践，要学会应用，要实干，在实践中学习与发展系统思想。

② 科学规律。系统工程是对工程进行组织管理的科学技术，它的规律是任何指导工程工作的人不能不研究和不能不解决的问题。钱学森吸收国外系统工程的研究成果，结合他在我国导弹航天事业创建和发展过程中的经验，创建了有中国特色的系统工程的理论与方法，把系统思想、系统概念和系统方法应用于工程的组织管理的活动中。

关于系统学。钱学森认为：系统学是一切系统的一般理论；"把运筹学、控制论和信息论同贝塔朗菲、普里戈金、哈肯、弗罗里希、艾肯等的工作融会贯通，加以整理，就可以写出《系统学》这本书。"系统学的任务，一是对系统规

① 钱学森，等. 论系统工程. 上海：上海交通大学出版社，2007：2.

律的认识，即认识系统的结构，子系统之间的协同以及系统的功能在系统环境作用下演变的规律；二是在认识系统规律的基础上控制系统，也就是把控制的思想和理论引入到系统学中，以便更好地控制系统。系统工程就是要根据系统思想、系统科学规律、自然科学规律、社会科学规律和思维科学规律，研究管理系统的结构与功能，为管理工作中的流程安排、调度控制、监督检查、建立网络、实施保障、决策指挥等提供科学的依据。

第二，在上述指导思想的引领下，根据科学规律，对工程进行规划与设计，按照思维的逻辑进程它包括下列几个步骤。

① 明确目标。工程是人造系统，它有预期实现的目标，贯穿于工程建立和实施过程的始终；根据预期的目标，制定工程的总体方案。在提出目标和设计的总体方案时，必须有明确的指导思想；遵循科学规律；遵守法律、法规；有实现的可行性。在一般情况下，目标是上一级系统定下的要求，是工程团队奋斗的方向、行动的目的。

确定目标是系统工程的首要任务，明确目标必须建立在调查研究和科学预测的基础上，以正确的思想为指导，对调查研究得来的信息作出分析。运用运筹学，在约束条件下求目标函数（它是目标变量与决策变量之间的函数关系）的极值，作出科学的决策。工程的目标就是在合理利用人力、物力与财力，实现利润或效益最大化的目标。

大型复杂的工程包含许多分系统，这就决定了目标的层次性，需要把工程的总目标分解成各个分系统的子目标，构成一个目标体系。各级子目标都是其上级目标的具体落实，经过优选来保证总目标实现的最佳方案。规划是实现长远目标提出的战略部署和阶段安排；计划是对执行和落实规划作出的具体安排。

②工程设计的阶段与步骤。工程是组织管理的对象，因此系统工程的第二项任务，就是如何制定工程总体的实施方案。一般分为三个阶段，即

研究阶段——研制（开发）阶段——生产阶段

按照钱学森科学技术认识过程三个层次（基础科学、技术科学与工程技术）的思想，研究阶段是进行基础理论研究和技术理论研究；研制阶段是把研究成果应用于生产实践，包括研究、设计、试制、试验和定型；生产阶段包括生产产品，产品的交换、分配和消费。这三个阶段是科学转化为直接生产力的过程必经的阶段，国外称为研究与发展。

在工程设计的每一个阶段中，都必须经过下列六个工作步骤，即

明确目的——确定目标——选择技术途径——设计系统总体——系统分析——分步实施

其中每一工作步骤都有它的具体内容与具体要求，主要是：明确目的是通过调查研究，了解与工程建设有关问题的历史、现状和发展趋势，明确提出所要解决的

问题及其确切要求。目的明确才能进行下一步工作。

确定目标是从实际出发，考虑建设工程的内部条件与外部条件，研究建设工程的可能性。在可行的条件下争取最优。制定目标要注意以下几点：按目标层次，画出目标框图；进行目标分析，明确长远目标和近期目标，战略目标和战术目标，直接目标和间接目标等；对定量目标求解并优化；提出评价指标体系；对总目标与分目标，分目标与分目标的关系进行综合平衡。

选择技术途径是调查和分析科学技术的历史和现状，并应用预测技术预测科学技术未来的发展方向，在此基础上，找出实现目标的最佳可行途径。当发现新的技术途径时，还可以建立新的目标，开发新的项目，创造新工程。

设计系统总体是根据工程目标和实现目标的技术途径，设计能完成任务的系统总体结构。然后，建立模型，进行仿真实验；通过系统研究，拟制出工程的实现程序，并提出分系统的具体任务。各分系统也需要选择技术途径和设计它的总体。最后，经过反复协调，提出可供选择的几种总体方案。

系统分析是对可供选择的几种总体方案进行分析和比较，如果着重在工程的成本费用方面，可采用费用效果分析方法。一般应该注意建立工程的目的，要从工程总体的最优效果出发，必须定量分析和定性分析相结合，要抓住主要矛盾，在分析、评价和优化的基础上作出决策，选定工程的总体方案。

分步实施是工程的实施需分步骤进行：按时间顺序完善规划，制定实施计划，安排研究工作和重大设施建设；按任务的重要性，分清主次，抓主要矛盾；按保障要求，改善现有条件和创造条件，安排技术改造和产业结构调整；制定规章制度，建立法制体系；综合平衡；具体落实。这就是工程的总体设计，是大型工程的总体方案和总体技术途径的设计过程，这是工程项目开发过程中的一个重要阶段。

第三，成立总体设计部。系统工程的总体设计部是从我国研制“两弹一星”的总体设计部演化而来。

① 任务。总体设计部的任务是要“把比较笼统的初始研制要求逐步地变为成千上万个研制任务参加者的具体工作，以及怎样把这些工作最终综合成一个技术上合理、经济上合算、研制周期短，能协调运转的实际系统，并使这个系统成为它所从属的更大系统的有效组成部分。”① 总之，总体设计部的任务是设计系统的总体方案和实现的技术途径，包括总体设计、总体规划、总体协调、总体分析、总体论证、系统整体运行的可行性研究，方案优化研究等。

② 组成。对工程进行如此复杂的总体协调任务，不可能靠一个人来完成，因为任何个人不可能精通整个工程涉及的全部专业知识，也不可能有足够的时间

① 钱学森，等. 论系统工程. 上海：上海交通大学出版社，2007：3.

来完成数量惊人的技术协调工作。这就要求建立总体设计部，以一个有组织的集体来代替单个指挥者，对这种大规模的现代工程活动进行协调指挥。总体设计部设计的是工程的“总体”，是工程的“总体方案”，是实现整个工程的“技术途径”。它一般不承担具体部件的设计，但它却是整个工程研制工作中必不可少的技术抓总单位。

总体设计部由熟悉工程各方面专业知识的技术人员组成，并由知识面比较宽广的专家负责领导。在进行总体设计的过程中，通过集体讨论，把各种意见、各方面的专业知识综合起来，产生综合创新的效果。整个工程系统的不同层次的子系统也需要建立各自的总体设计部。总体设计部的成员，特别是负责领导的专家，应该熟悉系统工程的理论与方法。

③ 工作方法。在系统思想与系统方法指导下，运用开放的复杂巨系统理论与从定性到定量综合集成方法，收集有关的数据与信息；邀请有关专家对系统的特性、运行机制进行讨论，明确问题的症结所在，作出定性判断，形成经验性假设；明确系统的状态变量、环境变量、控制变量和输出变量；建立系统模型；进行仿真试验；组织专家群体对仿真试验的结果进行分析评价；依据专家的意见对模型作出修改。如此反复多次，直到仿真结果与专家意见基本吻合为止。

(4) 系统工程的方法

工程活动包括技术和管理两方面。技术＝工具＋设备＋程序＋方法。管理＝计划＋组织＋协调＋控制。系统工程是工程活动的第二方面，它从系统的观点对工程进行组织管理，是工程的规划、研究、设计、制造（执行）、实验、使用、检查和修正的科学方法，是对所有工程都具有普遍意义的科学方法。系统工程把工程作为一个整体，要求从它的组成、结构、功能、相互联系方式、历史发展和外部环境等方面进行综合的考察，做到分析与综合的统一。最常用的系统工程方法，是系统工程创始人之一霍尔创立的，称为三维结构框架，即

① 时间维。一切工程活动都由若干阶段（步骤、活动）组成，它们之间要划分、安排、组织，要注意客观性、科学性、系统性和可行性。工程实验包括

规划——拟订方案——研制——生产——安装——运转——更新

② 逻辑维。进行任何工程活动，其思维的逻辑进程都需要经过发现问题、分析问题与解决问题。思维的逻辑进程主要回答以下问题：

工程是做什么用的？围绕这个问题主要解决两个任务，即明确工程的目标，确定工程的必要性、科学性、可行性和经济性，方案选择与评价标准。据此决定制订方案的可能性空间，并规定评价方案优劣的标准。

工程如何设计？回答这个问题需要采用下列方法，即

系统综合——系统分析——系统优化——系统实施

系统综合（定性的）是提出几种可能的方案，需要创新：一是集成创新，对

现有的技术和方案进行重组、整合；二是原创性创新，新观点、新理论、新方法（定性的）。

系统分析（定量的）是分析备选方案的属性、特征、优缺点，从各个角度（技术、成本，难易等）对备选方案进行比较。关键是建立数学模型，进行数学分析和数值计算。

系统优化是从各种备选方案中选择最优方案。

方案实施是在实施过程中进行修改与补充。

③ 知识维。大型工程活动是知识密集型劳动，首先是系统科学，它是组织管理工程活动的原理与方法；然后是自然科学、社会科学、管理学、法学、商学、建筑学、医学、工程学等；最后是各种专业知识，可分成工程、医药、建筑、商业、法律、管理、社会科学和艺术等。

（5）系统工程的基本特点

从系统工程的基本方法可以看出，它的基本特点如下：

① 系统工程研究问题一般采用先决定整体框架，后进入详细设计的程序，也就是先进行系统的逻辑思维过程，提出总体设计，然后进行各子系统或具体问题的研究。

② 系统工程方法是以系统整体功能最佳为目标，通过系统综合、系统分析构造系统模型来调整改善系统的结构，使之达到整体最优化。

③ 系统工程研究强调系统与环境的融合，近期利益与长远利益相结合，社会效益、生态效益与经济效益相结合。

④ 系统工程研究是以系统思想为指导，采取的理论和方法是综合集成各学科、各领域的理论和方法。

⑤ 系统工程研究强调多学科协作，根据研究问题涉及的学科和专业范围，组成一个知识结构合理的专家体系。

⑥ 各类系统问题均可以采用系统工程的方法来研究，系统工程方法具有广泛的适用性。

⑦ 强调多方案设计与评价。

系统工程是研究有关复杂信息反馈系统动态趋势的技术，它以控制论、控制工程、系统工程、信息处理和计算机仿真技术等为基础，分析研究复杂系统随时间推移而产生的行为模式。

系统工程把系统的行为模式看成是由系统内部的信息反馈机制决定的。通过建立系统工程模型，可以研究系统的结构、功能和行为之间的动态关系，以便寻求较优的系统结构和功能。

系统工程通过人和计算机的配合，能充分发挥人的理解、分析、推理、评价、创造等能力的优势，又能利用计算机高速计算和跟踪能力。以此来实验和剖析系统，从而获得丰富的信息，为选择最优的或次优的系统方案提供有力工具。

6.3 社会系统工程对系统工程的发展

6.3.1 从系统工程到社会系统工程

系统工程中所说的系统包括工厂、企业、机构、单位、科学技术工程等。它们的组织管理是“小范围”、“小系统”的系统工程，这些小系统是受国家大系统制约的。社会系统工程是国家规模的组织管理，是“大范围”的系统工程，其复杂程度远远超过一般系统工程，是科学技术革命时代社会管理的新课题。在改革开放深入发展的情况下，现代化建设面临各种风险、各种干扰、各种矛盾的复杂局面，研究现代化建设的组织管理技术，更是刻不容缓的任务，必须把它作为广大干部的必修课程。

为此，钱学森从 1979 年后多次到中央党校作报告，指出社会工程的极端重要性。他说：社会主义社会具有高度的组织结构，共同劳动的组织程度和规模高得多大得多。任何一种社会活动都形成一个系统，而我国“社会主义现代化建设”是一项认识世界和改造世界的复杂、艰巨而伟大的社会工程。组织和实施这项伟大的社会工程，各级党政干部不仅要具备马列主义理论修养，丰富的实践经验，而且要掌握现代科学技术知识，学会现代化的预测、组织、管理、决策和领导的科学方法，也就是社会系统工程方法。社会工程对广大干部开阔眼界，增长知识，掌握科学方法，提高领导水平，会起到重要作用。因此，他建议要培养成千上万的组织管理人员，他们的培养要在综合性社会科学高等院校，像中国人民大学①。

钱学森认为，建设有中国特色的社会主义是一项史无前例的、伟大的社会工程，开始时只能“摸着石头过河”，逐步积累经验。但是要建设社会主义，要在建国 100 周年的时候使我们的国家达到世界先进水平，还有一段好长的路，不能单纯依靠经验。为了不犯错误，或者尽量地少犯错误，不犯大错误，必须有科学的预见，这个科学是什么？就是系统科学、系统技术与系统工程②。

钱学森创建的社会工程，是在辩证唯物主义与历史唯物主义指导下，把自然科学技术与社会科学技术结合，开创的哲学、自然科学与社会科学交叉的科学方法，这是历史唯物主义的丰富与发展。社会工程就是组织管理“系统”的规划、研究、设计、制造、实验和使用的科学方法，是对自然和社会都普遍适用的科学方法。社会工程与自然工程的区别在于：它设计的不是产品，而是制度、体制、

---

① 钱学森，等. 论系统工程. 上海：上海交通大学出版社，2007，18.

② 钱学森. 创建系统学. 上海：上海交通大学出版社，2007：10，11.

方案、规划。

关于建设社会工程的必要性和可能性，钱学森指出[①]：首先是现代科学技术的作用。现代科学技术已经成为直接生产力，是实现四个现代化的关键。从19世纪到现在，人们取得的重大成就，都是以科学技术在今天已经做到或能够做到的为基础的。当前，我们正面临一场新的技术革命，它给社会带来翻天覆地的变化，科学技术可能带来的社会变革将比我国过去千百年的变化还要大。面临人类历史上如此重大的变革，我们社会主义国家必须搞好长远规划，并进行科学的组织管理，这是时代赋予我们的历史使命。

我们有人类最先进的、以马克思列宁主义和毛泽东思想指导的、关于社会和国家的理论，这与资本主义国家有很大不同。

① 它们不能形成统一的国家目标，最多只有大资本家集团策划的短暂交易，正如马克思恩格斯指出的：资本主义国家政权“不过是管理整个资产阶级的共同事务的委员会罢了。”[②]

② 他们不懂得人类社会发展规律，对社会活动的规律只能做到表面的、唯象的分析。资本家们往往是从他们自身的利益出发考虑，这就使得他们对社会和国家的主意有很大的局限性。

在马克思主义关于社会和国家的理论指导下，结合我国国情和当代世界发展的新形势制订出长远规划后，一个迫切的问题是：能不能组织广大的人民群众去实现呢？钱学森肯定地回答了这个问题，他认为，“我们有运筹学、控制论和电子计算机这些工具，又有各个领域系统工程的实践，这就为解决更大的任务、组织管理社会主义建设、制订社会和国家规模的长远规划以及社会和国家规模的协调、平衡创造了条件。”[③] 现在需要的只是进一步发展这些工具，从系统工程发展为社会系统工程。

6.3.2 社会工程的理论前提[④]

社会工程组织管理的对象是整个社会、整个国家，是社会和国家的组织管理的科学方法，它依据的思想理论如下：

① 社会工程的思想理论前提是党和国家制定的、社会发展的目标。它是党和国家以马克思主义为指导思想，根据社会发展规律，根据当代世界发展的新形势，从我国处在社会主义初级阶段的实际出发，制定的一个历史时期的路线和方

① 钱学森，等. 论系统工程. 上海：上海交通大学出版社，2007：13，14.
② 马克思恩格斯选集（1卷）. 北京：人民出版社，1976：253.
③ 钱学森，等. 论系统工程. 上海：上海交通大学出版社，2007：14.
④ 钱学森，等. 论系统工程. 上海：上海交通大学出版社，2007：15.

针。在目标确定后，还需要制定实现目标时有关的、配套的、具体的政策、组织原则和法规。

② 社会工程的任务是以党和国家规定的路线和方针为指导设计出一个好、快、省的全国长远规划，提供给党和国家领导审查；在执行过程中，根据不断出现的不平衡，积极组织新的相对的平衡；总结实践经验，向党和国家领导提出改善生产关系和上层建筑的建议；根据计划执行情况和政治以及科学技术的新发展，提出调整计划的意见。

③ 社会工程的基础科学是社会科学。由于社会系统工程是从系统工程发展起来的，它的对象是整个社会、整个国家，因此社会科学对它特别重要，更要依靠政治经济学、部门经济学、专门经济学和技术经济学。此外，社会工程工作者也要很好掌握现代科学发展的规律，促使它高速发展来创造强大的推动力。

④ 社会工程的工具是情报，没有准确及时的情报，包括社会生产、人民生活、生产技术和科学技术发展等各个方面，那就没有进行社会工程的依据。在现代统计、会计、业务核算的基础上，建立情报网和情报资料数据库，即自动化、计算机化的网和库。

社会工程的技术理论是系统论、信息论、控制论与运筹学，要把它们向巨系统方向推进。社会工程还需要运算能力很大的计算机，要利用国家的电子计算机网。

总之，社会工程解决的问题涉及改造社会，提高社会生产力和国防力量，改造各种社会活动，直到改造我们国家的行政、法治等。一句话，涉及整个社会发展的前途。社会工程是一项伟大的创新，创建社会工程必将使整个社会面貌有一个大改变[①]。社会工程是一项新的技术革命。

国外对社会工程——关于国家组织管理的技术——的研究，已有一段相当长的历史。1845 年著名物理学家和数学家安培把管理国家的科学称为控制论，提议建立国家管理学。1954 年美国数学家维纳倡议搞国家规模的控制论。20 世纪 60 年代以来，在新技术革命浪潮冲击下，兴起了一门科学未来学——研究社会发展的未来。我们的社会工程是以科学共产主义理论和马克思列宁主义、毛泽东思想理论为基础的，社会科学工作者、自然科学工作者和工程技术人员携起手来，共同努力，结合我国社会主义建设的理论创新与实践创新，吸取一切可以利用的成果，完成现代化建设这项光荣而艰巨的任务。

6.3.3 社会工程的认识过程与组织机构

从马克思主义的观点看来，改造社会的社会工程是造社会物（社会存在是客

---

① 钱学森. 社会主义现代化建设的科学和系统工程. 吴义生，编. 北京：中共中央党校出版社，1987：218.

观的“物”)。改造自然的自然工程是造自然物(物质存在是客观的“物”)。两种工程造的“物”虽然不同，但工程的认识论、方法论是同样的，都需要在辩证唯物主义与历史唯物主义的指导下，应用系统科学的认识论、方法论，应用系统工程。“系统工程就是从系统的认识出发，设计和实施一个整体，以求达到我们希望得到的效果。”[①]

钱学森认为，在全部认识客观世界改造客观世界的学问中，现代科学技术体系是它非常重要的组成部分，体系中的学问不是彼此孤立的，不是所谓“隔行如隔山”，而是相互联系、相互融合与相互贯通的。以马克思主义哲学为指导的现代科学技术体系、结构是“学习掌握认识客观世界改造客观世界的锐利工具。”[②]

从现代科学技术认识过程的三个层次看来，社会工程的认识过程应该包括下列三个方面

社会科学——社会技术——社会工程

(1) 社会科学[③]

它是用马克思列宁主义、毛泽东思想的立场、观点和方法研究社会的科学，是我们建设社会主义，组织管理社会主义国家的理论依据。马克思主义社会科学的研究对象，必须侧重于历史的和当前的中国社会；同时也要研究国外的社会现象，这是为了帮助我们更深刻地理解我国目前的社会问题。我们研究社会科学的目的，是为了改造我们的社会，使它更符合人民的需要和愿望，能更加为人民谋利益。

当前迫切需要关于建设社会主义国家的社会科学，因为马克思恩格斯时代还没有社会主义国家；列宁斯大林时代，列宁提出了国家资本主义是社会主义的入口，过渡时期的商品货币关系等理论，但可惜经历的时间不长；斯大林的政治体制与经济体制有待进一步深入地分析、概括与总结。中国共产党领导全党全国人民，经过艰苦卓绝的斗争创立了社会主义中国，创造性地总结并提出了毛泽东思想；后来的领导人提出的邓小平理论、“三个代表”重要思想、科学发展观，它们是发展社会科学的思想理论。

(2) 社会技术

各个社会子系统工程都有其特有的学科基础，如信息系统工程的学科基础是信息学与情报学[④]；经济系统工程的学科基础是政治经济学；环境系统工程的学科基础是环境科学等。社会工程师“要像工程师设计一个新的建筑一样，科学地

① 钱学森. 社会主义现代化建设的科学和系统工程. 吴义生，编. 北京：中共中央党校出版社，1987：211.

② 钱学森. 社会主义现代化建设的科学和系统工程. 吴义生，编. 北京：中共中央党校出版社，1987：18.

③ 钱学森，等. 论系统工程. 上海：上海交通大学出版社，2007：84，85.

④ 钱学森，等. 论系统工程. 上海：上海交通大学出版社，2007：95.

设计和改造我们的客观世界。”①

（3）社会工程的思维方法

这和科学认识过程是一致的，钱学森把经典科学“从定性到定量的方法”，发展为“从定性到定量综合集成方法”，即

形象思维——假设——逻辑推理、数学演算——科学实验

这在方法论上是重大的突破。

6.3.4 社会工程的设计与实施

社会工程是在辩证唯物主义与历史唯物主义的指导下，用系统工程的科学方法来组织管理社会系统的各个分系统，以便不断总结经验，发现社会发展进程中的规律性，从而进行预测，为领导提供决策的科学依据。

可以把社会工程的设计与实施的要点阐述如下：

（1）社会工程的对象

社会工程的对象是社会系统，包括社会的经济、政治、法律、文化、教育与科学技术等子系统，因而社会工程“是一项极其复杂的系统工程，它的各个方面一定要协调进行。”② 社会工程的总体结构是十分复杂的，可表示为

$$\boxed{\mathbf{S} = \mathrm{f}(\mathrm{I},\mathrm{R},\mathrm{s},\mathrm{t})} \underset{F}{\overset{B}{\Leftrightarrow}} E$$

其中，**S** 是社会系统；**I** 是社会系统中的子系统（包括自然环境系统——人口、资源与环境，与社会环境系统——经济、政治、法律、文化、教育、科学技术等）构成的集合；*R* 是社会的子系统之间的关系的集合；*s* 表示空间；*t* 表示时间；*f*（ ）表示系统的结构，由系统中的子系统、子系统的关系、时间与空间组成，▭表示社会系统的边界；*E* 表示社会系统边界以外的环境；*B* 表示社会系统在环境中的行为；*F* 表示社会系统的功能；⇔表示系统与环境的相互作用。

（2）社会工程的设计

从社会工程的总体结构可以看出，它是经常处在非线性的相互作用中，进行社会改革时，认识要全面，方法要革新。

三百多年来经典科学的对象是简单巨系统，它的方法基本上是“从定性到定量的方法”，即

假设（理论、政策、计划、方案）——逻辑推理、数学演算——试验或实验

这个方法的实质是把科学理论、经验知识和专家的创造力结合起来，对面临

---

① 钱学森．社会主义现代化建设的科学和系统工程．吴义生，编．北京：中共中央党校出版社，1987：28.

② 钱学森．创建系统学．上海：上海交通大学出版社，2007：171.

的问题提出假设（定性的），然后用逻辑推理与数学演算（定量的）进行推算，预测其结果，最后进行实验来证明由假设得出的预测是否正确。

社会工程是有思想意识的人参加的、特殊的、开放的复杂巨系统，原来处理简单巨系统的经典科学方法便远远不够用了，因而钱学森提出必须在现代科学技术、特别是在系统科学技术与计算机科学技术发展的基础上，把原来的方法发展为从定性到定量综合集成的方法。

(3) 社会工程的实施。由于社会工程的对象是开放的复杂巨系统，社会改革过程呈现出非线性、多层次、多子系统、不确定性等特点，因而在改革进程中，社会系统的组织与管理的重大问题，是保持社会发展稳定，在平衡与不平衡的矛盾中前进。钱学森提出的系统工程的理论与方法，对社会改革进程中的组织与管理提供了普适的方法论指导。

(4) 社会工程的目的性。国家层次的社会工程的目标，是党和国家从最广大的人民群众的根本利益出发制定的基本路线（一个中心、两个基本点），以及根据基本路线提出改革的总体设想（三步走战略）、规划、方案、计划等。首先必须在科学发展观指导下，对改革的可行性、条件及可能出现的问题，从系统的观点出发进行全面的分析与论证，以保证决策的科学化。其次还要对执行改革任务的组织机构进行科学管理，以保证改革目标的实现，收到预期的改革的效果、效率与效益。邓小平指出：要以改革的社会经济效果“是否有助于国家的兴旺发达，是否有助于人民的富裕幸福”①，作为评价改革做得对或不对的标准，以此来检验改革方案的科学性和合理性。

系统工程方法为社会工程的设计与实施，提供理论依据、设计方法与实施程序。它的基本方法及采取的相应的步骤为

系统建模——系统仿真——系统分析——系统设计——系统优化

① 社会工程的系统建模。要对复杂系统进行有效的分析研究，得到有说服力的结果，必须建立系统模型。系统的模型是从理论上对系统某一方面的本质属性的描述，是原型在人脑中理想化的映像。模型近似地反映原型，具有间接实验的特点。在现代科学技术研究中常用数学模型，它是研究对象的数量关系、逻辑关系与空间形式的抽象，可用一组数学公式或方程表示，需用电子计算机求解。

系统是演化的，因此系统模型应该是动态的，要从系统的整体与局部的结构演化关系来考虑。在这方面，动力学系统理论与方法提供了描述系统动态行为和演化规律的模型，提供了系统分析的语言，特别适用于描述复杂系统的整体性、稳定性、适应性和演化。对建构社会工程而言，系统建模就是提出系统改革的总体方案。

---

① 邓小平文选（3卷）．北京：人民出版社，1993：23.

② 社会工程的系统仿真。系统仿真是建立与原型相似的仿真模型，然后在仿真模型上进行实验研究，并将实验结果类推到原型中去。系统仿真往往用结构模拟和功能模拟。它以计算机为手段、对仿真模型进行实验研究。在大科学、大技术、大工程的新形势下，由于安全上、经济上、技术上或者时间上的原因，对实际系统（如航空、航天、核反应堆、社会经济、生态环境、医学等领域）进行物理实验往往很困难，有时甚至不可能。对复杂的大工程，如社会主义现代化建设系统工程，系统仿真提供了一种有效的“实验”手段。

系统仿真包含系统对象、系统模型与计算机三个基本要素。它通过建立和运行计算机仿真模型，模仿实际系统的运行状态及其随时间变化的规律，实现在计算机上进行实验的全过程，并通过对仿真运行过程的观察和统计，得到实际系统的仿真输出参数和基本特性，据此来估计和推断实际系统的真实参数和性能。系统仿真为复杂系统问题研究创造了一种“柔性”计算机实验环境，使人们有可能在短时间内获得对实际系统运动规律以及未来的发展趋势的认识。

③ 社会工程的系统分析。在处理大型复杂工程的规划、研制、运用问题时，必须对系统进行分析，首先是对系统的目标、结构、功能、环境、费用、效益、可行方案、后果等，进行充分的调查研究，收集、分析和处理有关的资料和数据；然后建立若干替代方案和模型，进行仿真实验；进一步把实验、分析、计算的结果同原先制定的计划进行比较评价；最后整理成完整的资料与可行性的方案，提供领导作为决策的依据。系统分析伴随系统建模与系统仿真的全过程，系统分析方法一般分为定性方法和定量方法两大类。前者有德尔斐分析法（专家预测法——以专家的个人判断为基础进行归纳）等，后者有投入产出分析法、效益成本分析法等。

④ 社会工程的系统评价与决策。系统评价是对系统开发提供的各种可行方案，从“以人为本”的价值观出发，坚持社会主义方向（以公有制为主体，共同富裕，避免两极分化），从经济、政治、社会、技术等方面，提出评价的指标体系，综合地予以评估，全面权衡其利弊与得失，为领导决策选择最优方案提供科学依据。

(5) 社会工程的控制。现代化建设工程是我国从传统社会向现代社会演进的改革过程，在这个过程中必然会出现许多问题和矛盾，其中发展与稳定是一对基本矛盾。从辩证法的观点看来，科学发展观的第一要义是发展，发展是矛盾的主要方面，是硬道理。因为一方面，稳定是为了发展，没有发展的稳定便是停滞不前；另一方面，发展是稳定的前提，没有发展，改革中出现的问题无法解决，稳定便无从谈起。

现代化建设工程的控制要研究的问题是：如何从整体的观点出发，从“以人为本”的价值观出发，用系统工程的理论与方法，研究现代化建设过程中社会系统的运动和演进的规律；提出控制、调节与自调节的方法与技术手段，以保证社会在现代化建设进程中稳定、协调、健康地发展。

从控制的观点看，系统可以划分为控制系统与受控系统。控制系统的作用是对受控系统施加影响，并支配它的行为，以期引起受控系统行为状态发生和目的的变化。对硬系统（不包含人的机械、设备、技术手段等）的控制属于工程控制论；对软系统（包含人）的控制属于社会控制论。

控制是控制系统对受控系统的调控行为，其中最重要、最有效的是反馈控制，它利用控制系统与受控系统之间的信息交换，即

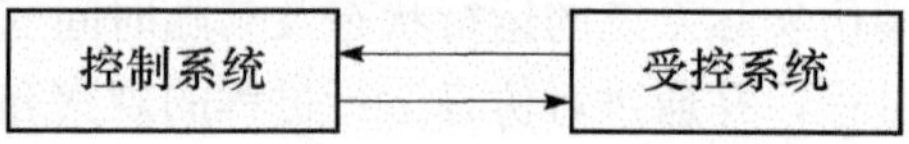

两者之间的通信构成反馈回路，使控制系统可以根据来自受控系统的信息不断调整控制作用，从而实现系统稳定协调的发展。反馈控制的机制是将受控系统的输出信号的一部分作为输入，控制它的输出。反馈的结果有两种：正反馈使受控系统输出越来越大；负反馈使受控系统输出越来越小。经常使用的是开环反馈控制系统，是在环境变化，系统偏离目标时，将受控系统的输出信号，与目标信号进行比较，作为反馈信号，再输入受控系统，使系统向预定的目标演化。

6.3.5 建设社会工程的学科体系

（1）社会工程的内容

按照系统的观点，结构与功能是密切联系的，从社会主义现代化建设的总体结构出发，可以把国家的组织管理功能分为八个方面。这八大功能协调，国家的发展就正常、健康、可持续。社会主义国家的八大功能[1]是：

① 物质财富的生产。这是国家功能的根本，没有物质财富的生产，人民无法生活，因此它也是国家的基础。我们党一直抓“以经济建设为中心”。

② 精神财富的创造。党中央认为：“物质文明为精神文明的发展提供物质条件和实践经验，精神文明又为物质文明的发展提供精神动力和智力支持，为它的正确发展方向提供有力的思想保证。”[2] 所以，社会主义精神财富的创造是关系社会主义兴衰成败的大事。精神财富的创造包括科学技术的研究，文学艺术的创作，书刊、报纸、编辑、出版、印刷业、影视业、教育事业、体育事业，以至于资料情报事业，还有图书馆、展览馆等。

③ 服务工作。物质财富的生产和精神财富的创造，要有后勤保障工作也就

① 钱学森. 社会主义现代化建设的科学和系统工程. 吴义生，编. 北京：中共中央党校出版社，1987：32-45.

② 中共中央关于社会主义精神文明建设指导方针的决议. 北京：人民出版社，1986：2.

是服务工作。它包括商业，公共事业（供水、供电、供热），交通与通信事业（铁路、公路、水路、民用航空、邮电、通信），人民生活服务（城市建设、卫生、医疗、住房、饮食业、修理业和其他服务行业）。没有服务工作，国家的其他功能就无法发挥。社会主义国家的服务事业，其根本任务就是要对我们国家的每一个公民的生、老、病、死负全责。

④ 行政管理。在社会主义现代化建设的进程中，行政管理机构一方面要随着情况的变化、经验的积累和工作效率的改进，及时作出调整，另一方面又要注意保持一定的稳定性。为此，需要设立一个国家体制的研究设计单位，经常研究这个问题，并及时地推出建议和方案。

⑤ 法制体系。依法治国，必须建立健全的法制体系，包括法律、立法机构和执法机构，各级公安部门、检察院、法院。首先，法制体系的最高层是国家的宪法。其次，我们党是执政党，党章自然也是一个根本大法。下一个层次是全国各部门通用的刑法、民法、经济法、婚姻法等。再下一个层次是部门的法规，如专利法等。再下一个层次是部门的法令、条例、命令等。

⑥ 国际交往。这是多方面的，除了政治交往，还有经济、贸易、科学技术、文化方面的交往；有友好访问、旅游等，它们是互相联系，交织在一起的。应该大大地加强组织管理，提高工作效率，避免互相脱节。要有一个专门机构，负责搞好各方面的协同。

⑦ 国防事业。它包括军队，即陆军、海军、空军等兵种，国防科学技术的研究机构，国防工业和军队院校。要发扬光荣传统，在国防现代化中，正规化、革命化的人民军队发挥更大的作用。

⑧ 国家的环境管理。它包括生态平衡、环境保护、地质、气象、地震、海洋以及废旧物资的回收利用。我国有 960 万平方公里的陆地和附近的海域，还有下面几公里的地壳，上至几十公里的大气层，要吸取世界各国的经验教训，结合我们自己的实践，用马克思主义、毛泽东思想来制定我国的环境政策。对于回收废旧物资和三废处理，要重视它的开发利用，这是一项复杂的环境系统工程。

由此可见，上述八项社会工程的实施涉及改造社会，提高社会生产力，提高国防力量，改造各种社会活动，一句话，涉及整个社会。所以，“系统工程是一项伟大的创新，整个社会面貌将会有一个大改变。”① 系统工程的发展是一项新的技术革命。

(2) 社会工程的学科体系

按照现代科学技术认识发展规律，建设社会工程的学科体系应划分为

① 钱学森. 社会主义现代化建设的科学和系统工程. 吴义生，编. 北京：中共中央党校出版社，1987：218.

社会工程的基础科学——社会工程的技术科学——社会工程的工程技术

详细如表 6-1 所示。

表 6-1

社会工程的基础科学	社会工程的技术科学	社会工程的工程技术
社会学： 社会思想史 社会有机体论 社会发展 社会公平论 社会交换论 ……	社会统计学 工业社会学 社会心理学 医学社会学 老年社会学 文化社会学 ……	人口系统工程 医疗卫生系统工程 应急系统工程 社会保障系统工程 教育系统工程 ……
经济学： 理论经济学 政治经济学 经济思想史 经济史 西方经济学 ……	技术经济学 数量经济学 工业经济学 农业经济学 农事学 ……	经济系统工程 工业系统工程 农业系统工程 计量系统工程 企业系统工程 ……
政治学： 科学社会主义 中国共产党史 中国政治思想史 西方政治思想史 国际政治学 比较政治学 行政学 ……	中国社会政治分析 公共政策 公共行政 政治系统分析 政治行为分析 政治决策分析 ……	公共事业系统工程 行政系统工程 ……
法学： 法制史学 法理学 法律思想史学 ……	立法学 国际法学 国家法学 行政法学 民法学 刑法学 经济法学 知识法学 ……	法制系统工程 法治系统工程 ……
文化学： 文化学原理 文化人类学 文化社会学 中国文化史 世界文化史 比较文化学 ……	教育学 科学学 文艺学 体育学 情报学 新闻学 科普学 美育学 ……	教育系统工程 科研系统工程 文艺系统工程 体育系统工程 情报系统工程 旅游系统工程 ……

续表

社会工程的基础科学	社会工程的技术科学	社会工程的工程技术
环境科学： 理论地理科学 地理信息科学 ……	空间技术 航天技术 信息技术 计算机技术 网络技术 ……	人口系统工程 资源系统工程 生态系统工程 环境污染系统工程 灾害应急系统工程 城镇系统工程 基础建设系统工程 产业系统工程 ……

主要参考文献

邓小平文选（3卷）．北京：人民出版社，1993.
马克思恩格斯全集（23卷）．北京：人民出版社，1966.
马克思恩格斯全集（3卷）．北京：人民出版社，1965.
马克思恩格斯选集（1卷）．北京：人民出版社，1976.
钱学森，等．论系统工程．上海：上海交通大学出版社，2007.
钱学森．创建系统学．上海：上海交通大学出版社，2007.
钱学森．社会主义现代化建设的科学和系统工程．吴义生，编．北京：中共中央党校出版社，1987.
阎康年．通向新经济之路——工业实验研究是怎样托起美国经济的．北京：东方出版社，2000.
中共中央关于社会主义精神文明建设指导方针的决议．北京：人民出版社，1986.

第七章　社会系统工程的思想与方法

钱学森总结国外研究成果，结合我国国防尖端科学技术“两弹一星”的实践，独立自主地创建的“系统工程”是一种科学方法，它“是组织管理‘系统’的规划、研究、设计、制造、试验和使用的科学方法，是一种对所有‘系统’都具有普遍意义的方法。”① 在这个科学方法中，“系统”思想是它的核心。“系统”思想是人类在长期认识世界与改造世界的过程中形成与发展起来的，经过钱学森和他的合作者 20 多年的研究，使系统思想与系统方法有了新的发展，达到了新的高度。特别是钱学森的综合集成思想和综合集成方法，已贯穿于工程、技术、科学直到哲学的不同层次上，形成了一套综合集成法思想体系。这是科学思想和科学方法上的革命，其意义和影响将是广泛而深远的。本章论述系统思想的形成、发展及钱学森对他提出的，有自己特色的“系统工程”的重大贡献。

7.1　历史上的系统思想

7.1.1　古代的系统思想

系统思想可以追溯到古代。在中国系统思想发源于殷周时期的《易经》，它以六十四卦作为系统模式，视天、地、人为一个统一的系统，以阴爻和阳爻的对立统一来说明宇宙万物的相互联系、相互作用，以及它们的相辅相成、相生相克；以阴爻和阳爻成卦的程序说明宇宙生成的模式：“易有太极，是生两仪，两仪生四象，四象生八卦，八卦定吉凶，吉凶生大业。”这种系统的、整体的辩证思维是中华民族传统文化的优秀成果。

西方古代系统思想可追溯到米利都学派，它的代表人物泰勒斯（约公元前 624—公元前 547 年）认为，水是万物的“本原”，万物由它产生，最后毁灭时又复归于它；实体随万物的变化而形状多变，但本身仍保持不变，这个不变的东西就是万物的元素和本原。赫拉克利特（约公元前 540—公元前 480 年）认为，变是万物的共性，“万物皆变，无一次常住”。“逻各斯”是支配运动变化的规律性。万物运动变化的根源在于对立面之间的斗争和统一。德谟克利特（约公元前 460—公元前 361 年）创立了原子论，认为宇宙万物的本原就是原子和虚空，他以原子论说

---

① 钱学森，等. 论系统工程. 上海：上海交通大学出版社，2007：3.

明系统的要素，肯定系统总是由要素组成的。

7.1.2　近代的系统思想

伴随着牛顿力学形成的法国机械唯物论思潮盛行于 18 世纪，集德国古典哲学之大成的黑格尔（1770—1831）批判了他们的“自然界绝对不变的见解”[①]，第一次全面系统地“把整个自然的、历史的和精神的世界描写为一个过程，即把它描写为处在不断的运动、变化、转变和发展中，并企图揭示这种运动和发展的内在联系”[②]。黑格尔认为，自然界发展过程是由简单到复杂、由抽象到具体的阶段性系列，据此他把自然的发展过程划分为力学、物理学和有机化学三个阶段。恩格斯指出：这“在当时是完备的”；黑格尔创造了辩证法的一般运动形式。但是，黑格尔关于自然界的辩证法思想，由于受到当时自然科学发展水平的局限，更由于他是从唯心主义的立场出发的，因而其中虽然贯穿了辩证法，提出了一些天才的思想，预测到一些后来的发现，但在不少地方却是“用理想的联系来代替尚未知道的现实的联系，用臆想来补充缺少的事实，用纯粹的想象来填补现实的空白。”[③]

恩格斯批判地吸取了黑格尔辩证法思想的合理内核，概括总结了 19 世纪自然科学的新发现，深刻地洞察科学发展的新动向。

16—18 世纪，自然科学的发展是分门别类地对自然界进行解剖、分析、实验。这种研究方法给我们留下了一种习惯，即把自然界的事物和过程孤立起来，撇开从自然界广泛的总的联系去考察，造成了最近几个世纪所特有的形而上学思维方式[④]。

19 世纪，自然科学一系列新发现充分地表明了：自然科学研究不仅能够指出自然界中各个领域内的过程之间的联系，而且总的说来也能指出各个领域之间的联系，这样自然科学的发展，就开始从搜集材料的科学转变为整理材料的科学，关于过程，关于这些事物的发生和发展以及关于把这些自然过程结合为一个伟大整体的联系的科学[⑤]。在这个转变过程中，不断出现的自然科学的新发现，使我们对自然过程的相互联系的认识大踏步地前进了，从而“我们就能够依靠经验自然科学本身所提供的事实，以近乎系统的形式描绘一幅自然界联系的清晰图画。”[⑥] 就是说，自然科学是一个相互联系的系统整体。恩格斯从唯物辩证法的

① 马克思恩格斯全集（20 卷）. 北京：人民出版社，1971：364.
② 马克思恩格斯全集（20 卷）. 北京：人民出版社，1971：26.
③ 马克思恩格斯选集（4 卷）. 北京：人民出版社，1977：242.
④ 马克思恩格斯全集（20 卷）. 北京：人民出版社，1971：24.
⑤ 马克思恩格斯选集（4 卷）. 北京：人民出版社，1971：241.
⑥ 马克思恩格斯选集（20 卷）. 北京：人民出版社，1971：242.

观点出发，按照自然界物质运动形式从简单到复杂的次序，把自然科学的体系结构阐明如下：

现实世界的空间形式和数量关系——数学

机械运动——天文学、力学——固体力学、流体力学

物理运动——物理学（分子的力学）——力学、热学、电学、磁学、光学

化学运动——化学（原子的物理学）——无机化学、有机化学——热化学、电化学

生命运动——生物学（蛋白质的化学）——植物学、动物学、人类学

这样，恩格斯就把分门别类的自然科学（力学、物理学、化学和生物学等）连接成为一个系统的整体，并在这个整体中开始出现了交叉科学。

7.2 现代的系统观与系统理论

7.2.1 系统观与机械观的对立

20 世纪"系统"观从哲学思想演化为科学概念的条件已经具备。最明显的标志是 20 年代贝塔朗菲（1901—1971）提出的系统观与系统理论。当贝塔朗菲作为一个理论生物学家登上科学舞台时，生物学界流行着机械论与活力论两种对立的观点，正是他首先从机械论与整体论的对立提出生物有机体的概念。贝塔朗菲认为：生命机体是高级运动形式，包含机械、物理、化学等低级运动形式，因而机械论观点与还原论方法对生命现象的描述是十分必要的，有价值的；但生命现象的重要特征，如整体性、目的性、组织性、等级结构、动态相互作用等，在机械论观点与还原论方法的科学框架内是无法做出合理解释的。为此，贝塔朗菲提出了生物学的有机体概念，强调把生命机体作为一个系统的整体来考虑，由此形成了系统研究的第一个理论框架"一般系统论"①，从此开始了系统观与系统理论的现代研究与发展。

贝塔朗菲认为，系统在现实世界中是无处不在的，系统的思想观点渗透于科学和技术的各个领域中。他提出的一般系统论就是研究一般地适用于系统的普遍原理，即研究系统的模式、性能、行为和规律的一门科学，目的是为人们认识各种系统提供一般方法论的指导。此后科学家公认运用系统的思想、理论与方法来处理生命现象这类复杂性问题是科学思维方式的重大转变。

贝塔朗菲强调，必须把生物有机体当做一个系统的整体，并将其与外部环境作为一个大系统来研究；用"系统范式"代替"事物范式"是自然科学研究范式

---

① 冯·贝塔朗菲. 一般系统论：基础、发展和应用. 北京：清华大学出版社，1987：1-8.

的重大转变，转变表现在研究生物有机体的三个基本观点上，即系统观点、动态观点和层次观点。贝塔朗菲认为，不论具体系统的种类、组成部分的性质和它们之间的关系如何不同，都能用系统的一般模式、原理和规律来处理。他的一般系统论的基本思想可概括如下：系统的基本含义是"处于一定的相互关系中并与环境发生关系的各组成部分（要素）的总体。"①

7.2.2　一般系统论的研究方法

一般系统论的方法不同于近代科学时期还原论的分析方法，它的研究方法着重在系统的基本性质的分析上，主要是：

（1）系统的整体性

这是系统的根本特性。一般系统论同机械论的根本区别在于：后者认为系统整体的性质或特点是系统组成部分的性质或特点的简单总和。贝塔朗菲从理论生物学的角度认为："整体大于部分之和"②，系统整体的性质或特点不能用组成部分的性质或特点来解释。这就是说系统的整体具有系统的组成部分所不具有的"新加的"性质；系统的整体不同于系统的组成部分的简单相加。从系统的整体性这个根本特性出发，贝塔朗菲给出一般系统论的定义：它"是关于'整体'的一般科学。"③

（2）系统的层次性

系统的层次性是由于组成系统的各种要素之间结合方式上的差异，形成了有秩序的等级。层次性是一般系统论的一个基本概念④。生命有机体就是一个有层次的系统，它包括如下的层次，即

基本粒子——原子核——原子——分子——高分子——聚合物——细胞——有机体

这样一层一层地从最低层次组合为愈来愈高的层次。不同层次的系统有着不同的功能。"在'结构'和'功能'中都可以看到类似的层次系统。归根结底，结构（部分的秩序）和功能（过程的秩序）完全是一回事。"⑤ 层次性原理是一般系统论的主要支柱。

（3）系统的开放性

系统的开放性是指系统与外部环境进行物质、能量、信息交换的功能，这是系统得以向上发展的前提，也是系统稳定存在的条件。传统物理学只处理封闭系

① 冯·贝塔朗菲. 普通一般系统论的历史和应现状. 国外社会科学，1978，2：15.
② 冯·贝塔朗菲. 一般系统论：基础、发展和应用. 北京：清华大学出版社，1987：51.
③ 冯·贝塔朗菲. 一般系统论：基础、发展和应用. 北京：清华大学出版社，1987：34.
④ 冯·贝塔朗菲. 一般系统论：基础、发展和应用. 北京：清华大学出版社，1987：25，69.
⑤ 冯·贝塔朗菲. 一般系统论：基础、发展和应用. 北京：清华大学出版社，1987：25.

统，即只考虑与外界隔绝的系统，热力学定律，特别是热力学第二定律，只适用于封闭系统。贝塔朗菲指出①：每一个生命有机体本质上是一个开放系统，在与外部环境不断地交换物质、能量与信息的过程中，通过其组成部分不断的构成与破坏来维持自己。它永远不会处于化学与热力学的平衡状态，而是维持在与平衡状态不同的所谓稳态上，这是基本的生命现象新陈代谢的真正本质。一般系统论强调系统的开放性。

(4) 系统的目的性

机械论观点不能给予"目的性"以科学的解释，这是它不能解释宇宙演化现象的根源。贝塔朗菲在创建一般系统论时，赋予"目的性"以科学的含义。他指出②：一个系统的发展方向取决于该系统的果决性（目的性）。所谓果决性是指系统的发展方向不但由它的现实状况所决定，而且还由它所要达到的最终状态所决定。所以目的性也就是过程走向最终状态的针对性。贝塔朗菲认为，果决性在任何系统，无论是机械系统还的其他类型的系统中，都是客观存在的。这就避免了目的性的拟人解释的错误。

(5) 系统的关联性

系统的整体性是由系统内各个因素之间，以及系统与环境之间的有机联系来保证的，因而可以将系统定义为相互联系与相互作用着的复合体。系统内各个因素之间的相互联系与相互作用就是系统的有机关联性，它是一般系统论的一个重要概念。"有机关联性"包括两方面的内容：一方面是系统中的各个因素不仅是各自独立的子系统，而且是组成母系统的有机成分；另一方面是系统与环境处在有机联系中。有机关联性使得系统的整体性进一步具体化、深刻化。它表明系统的整体性不是系统中各个要素的机械的汇集，而是彼此相互联系、不可分割的。除此之外，系统与其外部环境之间的有机联系，使得系统具有开放性。

总之，一般系统论的观点是将世界视为系统与系统的集合，认为世界的复杂性在于系统的复杂性，将研究和处理的对象作为一个系统的整体来对待。一般系统论的方法是在研究过程中注意掌握对象的整体性、关联性、等级结构性、动态性、平衡性与时序性等基本特征。所以，一般系统论不仅是反映事物运动变化的客观规律的观点，也是科学研究的方法。它的研究目的，不只是认识系统的特点和规律，系统的层次、结构与演化，更主要的是调整系统结构、协调各要素之间的关系，使系统优化运行。一般系统论反映了现代科学发展整体化和综合化的趋势，为解决现代社会中政治、经济、科学、文化和军事等各种复杂问题提供了新的方法，克服了还原论方法的局限。

---

① 冯·贝塔朗菲. 一般系统论：基础、发展和应用. 北京：清华大学出版社，1987：36.

② 冯·贝塔朗菲. 一般系统论：基础、发展和应用. 北京：清华大学出版社，1987：71.

7.3　钱学森论系统的产生与分类

系统不仅是研究的方法，而且是研究的对象，客观存在的、在自然界和人类社会中普遍存在。系统有一个产生与发展的过程，“按照系统的形成和功能是否有人参加，可划分为自然系统和人造系统”[①]，从系统演化的观点看来，先有自然系统然后在它的基础上产生、形成与发展人造系统，总的过程可表示为

自然系统——人造系统

7.3.1　自然系统的产生

马克思、恩格斯总结19世纪自然科学的最新成就，明确指出，在人与自然界的关系中，自然界是“先于人类历史而存在的”[②]，其他一切都是从自然界派生出来的。恩格斯在《自然辩证法》中，根据当时宇宙演化学、地学、生物学、人类学与社会发展史的最新研究成果，描绘出自然界辩证发展的图景，即自然界的四大演化

天体史——地球史——生命史——人类史

恩格斯在“运动的基本形式”一文中，曾就当时自然科学发展的水平指出：自然界是一个系统的整体，即“各种物体相互联系的总体”[③]。他当时所说的物体是指宇宙中所有的物质存在，即

粒子——原子——物体——星球

正是在当时天文学（康德—拉普拉斯）、地质学（赖尔）、生物学（达尔文、施莱登、施旺）、人类学（摩尔根）的成就的基础上，恩格斯科学地描述了自然界的辩证发展图景，也就是自然系统中各种物质存在，即

天体——地球——生物——人类

的起源与演化。

进入20世纪，天文学、地学、生物学与人类学的发展，扩大和深化了我们对自然界的认识，表明了从自然系统到社会系统的发展过程为

宇宙星云——地球——生命——植物——动物——人类——原始社会

45亿　38亿　25亿　25亿　300万　5万

自然系统　　自然生态系统　　人类生态系统

---

① 钱学森. 创建系统学. 上海：上海交通大学出版社，2007：108.

② 马克思恩格斯全集（3卷）. 北京：人民出版社，1965：50.

③ 马克思恩格斯全集（20卷）. 北京：人民出版社，1971：409.

到 20 世纪后期，天文学、地学、生物学的飞速发展，使得人们对自然界的图景认识得更深入了。钱学森根据现代科学技术的最新成就，把自然系统按照人类认识所能达到的范围分为五个层次，指出今天人类对自然系统的探索，是从渺观、微观、宏观、宇观到胀观五个层次时空范围的客观世界，自然界的系统的整体表现为如下的图景，即

渺观——微观——宏观——宇观——胀观

10^{-34}厘米(超弦)|10^{-15}厘米(量子力学)|10^{2} 米(牛顿力学)|10^{21}米(相对论)|10^{40}米(宇宙演化学)

特别是由于人类物质生产活动的需要，人类对以地球为家园的宏观层次的视野更宽广了，它分为以下几个圈层，即

地球（地壳、地幔、地核）——水圈——大气圈——生物圈

这样现代自然科学对自然系统的研究，无论在广度与深度上都大大超过了以前的时代。

7.3.2 自然系统的演化及分类

(1) 从自然系统到人造系统

系统是多种多样的，可以根据不同的原理和情况来划分系统的类型；按其从自然界演化到人类的诞生，可划分自然系统与人造系统（有人参与作用的系统）；人造系统又按其所造的“物”的不同而分为以自然为改造对象的自然工程和以社会为改造对象的社会工程。

自然工程，如长城、金字塔等是古已有之，在现代科学技术蓬蓬勃勃发展的情况下，出现了大量前所未有的、丰富多彩的人造物，如人造卫星、人造纤维、科学仪器等。它们对自然界的发展与社会的发展影响极大。通常所说的工程一般都是指自然工程。

社会工程所造的“物”不是“自然物”，而是“社会物”（这里的“物”是客观存在的意思），即社会的制度、管理体制、法律法规等，其重要性与自然工程相比不可同日而语。这表明，我们对物质世界的认识更广泛、更深入了。

在现代，我们面对的是三个客观存在的世界，即

自然界——人类社会——人工物

相应地也就产生了三类科学，即

自然科学——社会科学——人工科学

组织管理决策大师赫伯特·西蒙，在《关于人为事物的科学》一书中指出，他从研究组织管理问题伊始，就遇到人造物的问题。所谓人造物就是人类为了提高生活的质量，而设计和创造出有益而美妙的事物，它属于人造的。人造的指的是主要依靠人的技能与创造力造成的。但是必须强调：人的所作所为决不能脱离

自然法则，或破坏自然法则。以自然的与人造的物质世界为研究对象产生了三门科学。其中，自然科学是关于自然客体和自然现象的知识；人工科学是关于人工客体和人为现象的知识①。

（2）从演化的观点对系统分类

按照系统的产生与演化，可以把上述三个系统的演化过程及其相对应的科学研究领域，即

自然系统——社会系统——人工系统

自然科学——社会科学——工程科学

自然系统也叫天然系统，是宇宙巨系统中亿万年来天然形成的各种自循环系统，如天体、地球、海洋、生态、气象、生物等，它们是一个高阶复杂的自平衡系统。

社会系统是人造系统，是由人们之间的经济关系、政治关系与文化关系构成的系统。人类社会是最大的社会系统，其中包括国家、地区、城市、公司、家庭等各个层次的子系统。这些子系统也是社会系统。它们虽然属于不同层次、不同类型、不同结构，但是都有相似的功能，如竞争、合作、开放、生长、适应、繁殖等。社会系统是人们为了生存和发展的目的，组织起来，协同活动而产生与形成的。它是由人参与的，所以社会系统是人造系统，不同之处在于它造出来的不是自然物，而是制度、体制、规章。

人工系统（自然工程与社会工程）是一大类人造系统，它是在自然系统与社会系统相互配合的基础上，通过人类劳动人为地设计制造出来的系统，是人们为了自身的生存与发展而建构的系统。人工系统和自然系统与社会系统一样，具有整体性、目的性、相关性、复杂性、随机性、动态性等一系列系统特征。例如，人造卫星系统、空运航运系统、机械设备系统、交通运输系统等自然工程，以及社会制度、经济体制、法律法规、教育制度等社会工程，在现代科学技术发展与社会发展过程中，已经成为人类社会生存与发展越来越重要的手段。如果说 19 世纪科学技术是生产力，那么 20 世纪以来，由于工程的出现，由于工程是直接改造世界的力量，科学技术在生产力的诸因素中上升至第一的地位。

（3）社会系统的结构

钱学森从马克思的社会形态学说出发，提出了社会主义现代化建设的总体结构，它包括四个子系统。

① 物质生产系统。物质财富的生产是国家功能的根本，没有物质财富的生产，人民无法生活，其他一切也都谈不上。在物质财富的生产系统中，包括生产力结构（劳动力结构、科学技术结构、生产的专业化协作结构、生产力的地区结构、生产

---

① 西蒙. 关于人为事物的科学. 北京：解放军出版社，1987：6-11.

的技术结构和自然资源的结构等)；生产关系结构（生产—分配—交换—消费过程中的各种生产关系方面的结构)。物质文明就是人类进行物质生产的成果。

② 精神生产系统。党的十二大报告指出："社会主义精神文明对物质文明的建设不但起巨大的推动作用，而且保证它的正确的发展方向。两种文明的建设，互为条件，又互为目的。"精神文明是人类进行精神生产的成果。精神文明建设包括思想道德建设和教育科学文化建设两个方面。教育系统、自然科学技术研究系统、哲学社会科学研究系统、传媒系统、文艺系统属于教育科学文化建设。

③ 上层建筑系统。上层建筑是一个复杂的大系统，包括政治上层建筑和思想上层建筑。政治上层建筑的构成要素主要包括三大部分：

第一，政治法律制度，包括国家制度、司法制度和社会管理体制。

第二，政治组织，指同政治法律制度相联系的政党组织和社会组织等。

第三，政治法律设施，包括政权机关、军队、警察、法庭和监狱等国家机器。

其中，国家是政治上层建筑的核心。

上层建筑的意识形态部分称之为思想上层建筑。思想上层建筑是指由适应经济基础的社会意识形态组成的观念体系，包括政治思想、法律思想、道德观念、宗教观念、艺术思想、哲学理论等。它与经济结构、政治结构相对应构成一个社会的观念结构。

思想上层建筑与政治上层建筑相互联系、相互影响、相互制约，它们都为经济基础所决定，又反作用于经济基础，为经济基础服务。

以国家为单元的社会系统，包括上述三个系统。邓小平指出：实现社会主义现代化是一场伟大的革命，"它既要大幅度地改变目前落后的生产力就必然要多方面地改变生产关系，改变上层建筑，改变工农业企业的管理方式和国家对工农业企业的管理方式，使之适应于现代化大经济的需要。"① 邓小平坚持认为，不改革就没有出路，并特别论述了对党和国家领导制度的改革。

④ 地理环境建设系统。地理环境是人类社会赖以生存和发展的物质基础，它是指一定社会所处的地理位置以及与此相联系的各种自然条件的总和，包括气候、土地、河流、湖泊、山脉、矿藏以及动植物资源等。地理环境各要素彼此间发生着密切的相互联系和相互作用，是一个有机的整体。国家的环境管理，包括生态平衡、环境保护、地质、气象、地震、海洋以及废旧物资的回收与利用。总体上说包括两部分：一是保护环境的生态工程（如植树、造林、绿化、减排等)，这是自然工程；二是基础设施的工程（如交通、铁路、水利、通信设施等)，这基本上属于社会工程。

---

① 邓小平文选（2卷). 北京：人民出版社，1994：135，136.

在上述四个子系统的建设过程中，都需要组织管理，钱学森称之为社会系统工程，它是这四个子系统的组织管理的总称。

⑤ 组织管理系统。社会工程的对象是国家，是一个非常复杂的系统，关于国家的组织管理是一门科学技术，社会系统工程是直接改造客观世界的，属于工程技术层次[①]。它要在党和国家制定的路线、方针与政策指引下，应用社会科学的理论与方法，通过社会技术提供的技术理论，设计出贯彻落实社会主义现代化建设的方案措施。这如同工程师设计一项工程一样。现代化建设的各个子系统是相互联系、相互制约和相互作用的，要注意它们的综合效应，综合效应是各个子系统共同作用的结果。在现代化建设的各项活动中，应用社会工程方法进行科学的组织管理，主要是建立组织结构，规定职务或职位，明确责权关系，以使各个组织之间以及组织中的成员之间互相协作、有效地实现组织的目标。组织管理的工作内容，可以概括为四个方面：

第一，确定实现组织目标所需要的活动，并按专业化分工的原理对活动进行分类，然后按类别设立相应的工作岗位。

第二，根据组织的特点、外部环境和目标，需要划分工作部门，设计组织机构和结构。

第三，规定组织结构中的各种职务或职位，明确各自的责任，并授予相应的权力。

第四，制定规章制度，建立和健全组织结构中纵横各方面的相互关系。

组织管理国家是一门交叉科学，按照现代科学技术认识过程分为三个层次：直接改造客观世界的社会工程是第一层；为社会工程提供理论依据的社会技术是第二层；社会工程的基础理论，即社会科学是第三层。

7.4　钱学森提出社会系统工程的对象与方法

20 世纪 70 年代末，钱学森站在战略科学家的高度，在系统工程方法蓬勃发展并取得巨大成就的基础上，适应科学向综合化、整体化方向发展的要求，开创现代科学技术发展的一个新方向、一个新领域——开放的复杂巨系统及其方法论。钱学森认为这是一个很大的新领域，是现代科学技术的一大部门。钱学森以近 30 年的时间集中精力，在系统思想指引下，概括总结国外系统科学最新研究成果，加工提炼他组织领导国防科学的经验，提出了独树一帜的、现代科学技术的认识论与方法论——开放复杂巨系统的理论与方法。

---

① 钱学森. 社会主义现代化建设的科学和系统工程. 吴义生，编. 北京：中共中央党校出版社，1987：31，32.

7.4.1 简单系统与复杂系统的区分

近代自然科学的发展，以牛顿力学为基础开创了人类认识自然、改造自然的新篇章，把人类推向科学文明时代。近代自然科学基本上是在分门别类地进行研究的道路上，应用牛顿力学的思想与方法发展起来的。由于近代自然科学取得的辉煌成就，牛顿力学的机械论观点与还原论方法上升成为占统治地位的方法。

进入20世纪自然科学研究发生了重大的转向，主要如下：

20世纪初，在普朗克与爱因斯坦科学革命之后，科学技术发展出现了综合化的新情况。许多新兴的综合科学如雨后春笋般地发展出来，最明显的是生物科学、社会科学、历史科学的综合化发展；另一方面，在科学内部由于科学——技术——工程的一体化，把原来分别开来的科学、技术与工程联系起来了，技术科学的诞生是把科学与工程联系起来的重要环节。

20世纪40年代，一系列横断学科，如系统论、信息论、控制论与运筹学的出现，使得贝塔朗菲、维纳、韦弗等明白觉察到现代科学技术研究已经进入了一个新时代。科学从分门别类的研究向系统整体的综合研究的趋势正在出现，必须应用现代科学发展的新观点与新方法。

从近代科学向现代科学转变，归根结底就是科学研究的观点与方法的转变。从牛顿力学发展起来的近代科学，主要用的是机械论观点与还原论方法，它对于简单系统而言是适合的。简单系统是只有一个层次的系统，因而可以用牛顿力学的观点与方法来研究它的运动规律。在遇到较复杂的问题时，往往用叠加原理去解决。

当代人类要研究和处理的大都是复杂系统，如生态系统、社会系统、人脑系统等。面对复杂的系统，科学家们往往受到近代科学思维定势的影响，用还原论方法把复杂性还原为简单性。当对象是简单系统或简单巨系统时，还原论方法是可行的或近似可行的，但当对象是复杂系统时，还原论方法必然会把产生复杂性的根源简化掉。这就必须在方法论上有所突破。唯物主义的观点认为，认识论、方法论和世界观是分不开的，唯物主义的自然观“不过是对自然界本来面目的朴素的了解，不附加以任何外来的成分”①。按照这个观点，复杂系统呈现出来的非线性、远离平衡态、混沌、分形、模糊性等，都是自然界本来就具有的复杂性的面貌。因此，“把复杂性当做复杂性处理”就是复杂性研究的方法论原理，如果仍然把还原论方法应用于研究复杂巨系统，这就附加了主观的成分，歪曲了复杂性事物本来的面貌。

---

① 马克思恩格斯全集（20卷）. 北京：人民出版社，1971：539.

20 世纪 40 年代末贝塔朗菲已经提出研究复杂性问题，预见到生物学同力学、物理学与化学的重要区别：前者本质上是研究复杂系统的科学，而后者则是研究简单系统的科学。70 年代后，关于简单系统的理论已经十分成熟，因此可以认为 20 世纪以前的科学主要是研究简单系统，20 世纪的科学转向研究复杂系统。这就提出一个问题：如何区分简单性与复杂性，并据此对系统进行分类？这是创立开放复杂巨系统首先需要明确的问题。

钱学森遵循唯物主义“按照自然界本来面目”的认识论原理，根据系统本身固有的整体与局部的关系、结构与功能的关系；根据系统本身固有的层次性、关联性、开放性、目的性，按照组成系统的子系统种类的多少和它们之间的关联关系的复杂程度，把系统分为四大类①：

(1) 简单系统

只有一个层次的系统，它包含一个子系统或少数几个子系统，可以用牛顿力学理论刻画它的演化，它满足叠加原理，牛顿力学研究的系统就是简单系统。

(2) 简单巨系统

它的子系统的数目很多，成千上万，而且子系统至少可以分成两个层次，因而系统的整体性质不能从子系统叠加得出，而会“涌现”出新的性质。几个层次之间一般不存在叠加原理，而且也不适用叠加原理。简单巨系统是一类涉及包括力学、物理学、化学、地质学以及社会科学等多个领域的系统。

(3) 复杂巨系统

它的子系统不仅数目很多，而且有许多不同的种类；子系统的层次结构至少有两个以上；子系统之间的联系方式很复杂，如非线性、不确定性、模糊性、动态性等。复杂系统，如生物体系统、人脑系统、人体系统、生态系统、社会系统、星系系统等，无论在结构、功能、行为和演化方面都很复杂。

(4) 开放的复杂巨系统

开放的内涵包括：一是系统与环境有物质、能量、信息的交换，还能适应环境和进化；二是在分析、设计与使用系统时，要重视系统对环境的影响，把系统运行与保护环境结合起来考虑；三是系统不是一成不变的，而是处在不断运动和变化的过程中，会随时出现新现象、新问题。社会系统就是一个特殊的开放的复杂巨系统，它的复杂性可概括为：系统的子系统间可以有各种方式的通信；子系统的种类多，各有其定性模型；各子系统中的知识表达不同，以各种方式获取知识；系统中子系统的结构随着系统的演变会有变化，所以系统的结构是不断改变的②。

---

① 钱学森. 创建系统学. 上海：上海交通大学出版社，2007：109.

② 钱学森. 创建系统学. 上海：上海交通大学出版社，2007：110.

一般来说，可以把简单系统与发子系统用数学形式刻画为

简单系统 $S=F(x_1, x_2, \cdots, x_n)$

复杂系统 $S=f(I, R, s, t) \underset{F}{\overset{B}{\Leftrightarrow}} E$

7.4.2 开放的复杂巨系统概念

在复杂性问题的研究中，钱学森的研究路线不同于普里高津、哈肯、艾根等的欧洲学派，也不同于圣菲研究所、集成科学现代研究所的美国学派。钱学森学工程出身，在美国深受克莱因学派思想的影响，回国后他总结自己工程实践的经验，提出科学技术研究的路线，即“理工结合，加强基础，落实到工。”[①] 这是“实践——理论”循环往复的实践论观点在科学技术认识发展过程中的体现。钱学森沿着这条路线，从工程技术实践走向系统科学理论，独创地提出了“开放的复杂巨系统的理论和方法”。期间他经历了三个阶段，以三个里程碑为其标志[②]：

第一个里程碑是1954年《工程控制论》的出版，它标志系统科学的诞生与发展。从1954年一直到现在，《工程控制论》的经典之作地位是科学技术界公认的。《工程控制论》的发表，表明钱学森已经从自然科学领域跨入了系统科学领域。关于工程控制论这门新兴学科的性质，钱学森明确指出：工程控制论研究的并不是物质运动本身，而是运动着的事物之间的关系和这些关系的系统性质。因此，系统和系统控制是工程控制论的基本问题。

第二个里程碑是1978年《组织管理的技术——系统工程》的发表，系统工程的提出立即引起全国知识界，特别是工程界的轰动。“它的应用已经渗透到工业、农业、国防、科学技术等各个部门，从一个国家的国民经济规划到一个工厂的管理，从长期的科技战略的制订到短期的科研课题的实施，都无不用上系统工程与系统方法。”[③] 从20世纪50年代中叶到70年代末，在以“两弹一星”为代表的大规模科学技术工程建设过程中，如何把成千上万人组织起来，并以较少的投入在较短的时间内，研制出高质量可靠的型号产品来，这是一个十分突出的问题。钱学森在这项伟大的工程实践中，发挥了他的创造精神，开创了一套既有中国特色又有普遍科学意义的系统工程——组织管理的方法与技术。系统工程从系统的观点出发，把科学技术创新、组织管理创新与体制机制创新有机结合起来，实现了综合集成创新。

第三个里程碑是1990年提出的“开放的复杂巨系统及其方法论——综合集

---

① 糜振玉. 钱学森现代军事科学思想. 北京：科学出版社，2011：334.

② 姜玉平，史贵全. 从工程控制论到大成智慧学——戴汝为谈钱学森与系统科学及思维科学. 上海：上海交通大学档案馆，2004.

③ 钱学森，等. 论系统工程. 上海：上海交通大学出版社，2007.

成法”。开放的复杂巨系统的理论与方法，在理论上将使我们摆脱几个世纪以来近代科学机械论观点与还原论方法的束缚，从系统的观点、从整体与局部、综合与分析辩证统一的观点，去研究客观世界，必将大大促进现代科学技术的发展。复杂巨系统的理论与方法在实践上为我们面临的复杂性问题，如生态危机、金融危机、改革开放等，提供了科学的认识论与方法论。

从 20 世纪 80 年代初，钱学森从科研一线领导岗位上退下来以后，把全部精力投入到学术研究之中。这一时期，钱学森学术思想之活跃、涉猎学科之广泛，原创性之强，在科学史上是十分罕见的。其中花费心血最多、最具有代表性的是他建立系统科学体系和创建系统学的工作。钱学森创建的系统科学体系结构和他提出的开放的复杂巨系统概念与方法，是交叉科学时代的认识论与方法论，在现代科学技术向综合化、整体化方向发展时期具有划时代意义。

首先要明确，何谓开放的复杂巨系统①？其次，对它的研究方法与现行的科学研究方法究竟有何本质的区别？钱学森认为，现行的科学研究方法主要适用于简单巨系统，现在是科学向整体化、综合化方向发展的时代，人类面临的研究对象大都是复杂系统，如社会系统、人脑系统、人体系统、地理系统、宇宙系统、历史系统等，必须在方法论上有所突破。为此，他首先阐明开放的复杂巨系统的概念，因为认识方法要符合认识对象，这是方法论的原则。对于何谓开放的复杂巨系统，钱学森作出了科学的论述：

① 开放的是指系统不仅与周围环境有物质、能量、信息的交换，而且还有对环境的适应与进化。

② 巨系统是指系统包含的子系统很多，成千上万。

③ 复杂的是指子系统的种类繁多，有几十、上百、甚至几百种。单纯用还原论的定量化、形式化方法来描述是远远不够的，必须从演化的、生成的、自组织的观点来理解，因为与复杂性有着不可分割的联系的等级层次结构是在演化过程中“涌现”出来的。

④ 多层次。从子系统到整个系统之间的系统结构有许多层次。如果只有一个层次，那么还原论的方法还是适用的。

7.4.3　开放的复杂巨系统的研究方法

(1) 综合集成法的要点

现代科学技术发展的一个重大特点是科学技术与社会的关系异常密切，表现在科学技术的社会化与社会的科学技术化。一方面现代科学技术已经发展为一个十分庞大的体系；另一方面社会发展面临的问题层出不穷，而且瞬息万变，如生

---

① 钱学森. 论人体科学与现代科技. 上海：上海交通大学出版社，1998：125，126.

态危机、金融危机、第五次产业革命、中国特色的社会主义现代化建设等问题。它们都是当前世界科学技术发展前沿的、事关人类命运与前途的重大问题，它们的对象都是开放的复杂巨系统。钱学森敏锐地把握时代的新动向，创造性地提出开放复杂巨系统的理论与方法。

钱学森以马克思主义哲学为指导，根据现代科学技术革命的新发展，运用系统科学最新的成就，深入地探索“开放的复杂巨系统”的方法论，独创地提出了“从定性到定量综合集成方法”，把四百多年来近代科学的研究方法提升到一个新的、更高的层次——复杂性科学的研究方法。

以实验为基础的物理学是一门经验自然科学，是自然科学最重要的部分，近代科学就是以它为典范发展起来的。初期的发展过程是不断地从经验归纳出规律或理论的过程[①]。从认识论的观点看，这个认识过程是

大量单个观察的陈述⟶经验定律⟶普遍性的规律⟶科学理论

现代科学哲学把它总结为下列科学认识发展模式（规律），即

问题——假设——实验检验

如果假设被反复多次的实验结果证实，就成为理论或规律（逻辑经验主义的主张）；否则，假设就要被修正，或用新的假设去替代（批判理性主义的主张）。

近代科学研究的是简单系统或简单巨系统，科学家凭着个人的才能和努力，一般都是按照这个进程进行研究，都必须经过下列步骤，即

① 从实际出发提出问题。一般是事实与事实的矛盾、事实与理论的矛盾、理论与理论的矛盾等问题。

② 调查研究与问题有关的资料。主要是已有的科学技术的理论、方法和有关的经验知识。

③ 针对问题进行分析、论证。主要是通过逻辑思维、形象思维与创造性思维进行分析与论证，发现问题的症结所在，从多方面去寻求解决问题的方案或途径。

④ 提出经验性假设。在分析与论证的基础上，提出假设（如判断、猜想、方案、思路等）；然后通过逻辑推理、数学演算得出结果；再进行反复多次的科学实验，以检验由假设推出的结论是否与实验的结果相符合。

近代科学研究方法体现了从定性到定量的特点，主要是从问题与对问题有关的资料进行分析，提出的假设是经验性的（定性的）；然后从假设出发，应用逻辑推理和数学方法进行论证与计算，求得精确的定量解（定量的），看它是否符合实际，如此反复多次地进行。

钱学森指出，在科学研究过程中，从问题与资料分析到提出假设这个过程是

① 爱因斯坦文集（1卷）．许良英，范岱年，译．北京：商务印书馆，1976：115，519．

最难的，要用形象思维来思考问题，而不是单靠逻辑思维①。在研究开放的复杂巨系统时它就更加难得多了，因为近代科学研究的对象只是简单系统或简单巨系统。进入20世纪，人类面临的问题大多涉及开放的复杂巨系统，如与我们的生存、发展息息相关的社会，就是一个特殊的开放的复杂巨系统。在研究社会发展这一复杂的问题时，由于提出的经验性假设往往是思辨的和定性的，子系统种类多、层次多，变量成千上万，如何解决从定性到定量的难题？在新时代与新问题面前，近代科学研究方法便充分暴露出它的局限性。正是在科学发展进入综合化、整体化的历史时刻，钱学森及其合作者提出从定性到定量综合集成法，这在方法论上无疑是重大的突破。处理开放的复杂巨系统的方法（综合集成法）要点如下：

① 综合集成法的基础是搜集与研究对象（系统）有关的情报、资料、数据及相关领域专家的实践经验。

② 综合集成法的过程是首先从搜集得到的情报、资料、数据及相关领域专家的实践经验出发，从这些局部的、定性的知识出发，经过多次讨论，提出经验性假设。然后，从经验性的假设出发，应用人——机结合、以人为主的方法，充分利用计算机处理信息的能力，发挥人特有的智慧，实现信息与知识的综合集成。通过人机交互、反复对比、逐次逼近，实现从定性到定量的认识。最后，得出做出对经验性假设的正确性明确的结论，得出研究对象（系统）的整体的定量的认识。

（2）综合集成法的组织形式

综合集成法是系统的方法，它的组织形式是系统的。钱学森称之为综合集成研讨厅体系，包括三个子系统：

① 知识体系。包括各种科学理论、专家经验、情报资料、统计数据、常识性知识。

② 工具体系。以计算机为核心的多种高新技术的集成与融合所构成的机器体系。

③ 专家体系。由与研究问题有关的专家组成。

这三个子系统构成高度智能化的人机结合体系，它不仅具有知识与信息采集、存储、传递、调用、分析与综合的功能，更重要的是具有产生新知识和智慧的功能，既可用来研究理论问题，又可用来解决实际问题。

（3）综合集成法的执行机构

执行综合集成法的机构是总体设计部，它由工程的组织管理者组成，其人员包括熟悉对象（系统）各方面专业知识的科技人员，并由知识面比较广的专家负

---

① 钱学森. 创建系统学. 上海：上海交通大学出版社，2007：64.

责领导。总体设计部的研究方式是现代科学技术的研究方式，是集体研究方式，不同于近代自然科学的个体研究方式。

7.4.4 钱学森的综合集成法对系统方法的创新

（1）综合集成法的特点

综合集成法是近代自然科学方法的提升，其经验性假设的提出涉及形象思维、逻辑思维与创造性思维，因而它的理论基础是思维科学。它对提出来的经验性假设，必须从系统的观点进行分析与综合，必须用数学方法给出定量的计算，因而它的方法论基础是系统科学与数学。它在综合集成过程中，必须处理浩如烟海的数据、信息与情报，必须应用计算机技术与网络，因而它的技术基础是以计算机为主的信息技术。它的整个综合集成过程是从实践到认识，又从认识回到实践的过程，所以它的哲学基础是实践论和认识论①。

综合集成法体现了开放复杂巨系统方法论的重要特点，主要是还原论与整体论结合、定性描述与定量描述结合、局部描述与整体描述结合、确定性描述与不确定性描述结合、系统分析与系统综合结合。

（2）综合集成法的创新

从哲学世界观、认识论与方法论看，综合集成法不同于国外的复杂性研究方法。在这个方法中，钱学森的创新精神鲜明地表现在以下方面：

① 坚持以唯物辩证法为指导。钱学森认为，开放复杂巨系统的研究是科学整体化时期的核心问题，必须用唯物辩证法来指导。唯物辩证法“是最重要的思维形式，因为只有它才能为自然界中所发生的发展过程，为自然界中的普遍联系，为从一个研究领域到另一个研究领域的过渡提供类比，并从而提供说明方法。”② 所以，钱学森明确提出，复杂巨系统问题的研究“首先是要唯物的，不要唯心的”③；其次要辩证地看问题，而不是机械唯物论，就是说，在方法论上“是整体论和还原论的辩证统一。”④

② 建立系统科学的哲学——系统论。哲学的发展从来都是与科学技术的发展紧密地相互联系与相互促进的，必须在系统科学与马克思主义哲学之间建立一座桥梁（部门哲学）——系统论：一方面马克思主义哲学通过系统论的观点、理论与方法，来指导系统科学的理论探索和实践活动；另一方面系统科学的理论与实践的哲学概括与总结，深化与发展马克思主义哲学。

---

① 许国志. 系统科学. 上海：上海科技教育出版社，2000：313.
② 马克思恩格斯全集（20卷）. 北京：人民出版社，1971：383.
③ 钱学森. 人体科学与现代科技发展纵横观. 北京：人民出版社，1996：430.
④ 钱学森. 人体科学与现代科技发展纵横观. 北京：人民出版社，1996：361，430.

③ 丰富与发展了一般系统论在科学观点与科学方法上的根本变革。一般系统论的方法论原理体现了生命科学的有机论观点与整体论方法，它在科学发展史上产生了两个重大的突破：一是它提出的有机论观点与整体论方法，克服了从牛顿力学形成与发展起来的、近代科学的机械论观点与还原论方法的局限性，后者给科学技术综合化发展方向带来严重的障碍；二是它提出的系统观，克服了近代科学分门别类研究——把对象置于封闭的、孤立的、静止的状态中研究——带来的局限性，把全部科学作为一个系统的整体来研究。因而贝塔朗菲的一般系统论的创立，必然带来科学观与科学方法的改变，适应现代科学技整体化发展的要求。

④ 提出系统方法的原理。钱学森认为，贝塔朗菲的一般系统论只是在原理的哲学讨论上，这对于科学方法而言是远远不够的[①]，必须把原理的哲学论述具体化为科学的理论、方法与实际的应用，也就是需要把贝塔朗菲从哲学原理上提出的系统的基本性质，具体化为科学研究的原理。

第一，整体性原理。整体性是系统最重要的属性，贝塔朗菲认为，一般系统论就是对整体和整体性的科学探索。整体性原理指的是：系统的整体具有它的各个组分所不具有的性质和功能，即系统整体的功能大于各组分功能的简单相加（1＋1＞2），整体具有各组分所没有的新质。系统科学的整体性原理，要求人们在研究和处理系统问题时，要从整体出发，要有全局观念，把研究对象看做一个有机整体；分析研究系统的各个组成部分对理解整体是十分必要的。所以，钱学森说“系统的概念就是要强调整体，强调整体是由相互关联、相互制约的各个部分所组成的。”[②] 但是，必须指出：认识了系统的各个组成部分，并不能还原为对系统的整体的认识。

第二，分析与综合相结合原理。哲学的系统的整体性原理认为，系统的认识总是在系统和组分、整体和部分的对立统一中把握的，而分析则是把整体分解为部分来加以认识。它分门别类地、孤立静止地深入事物的内部，剖析事物的细节，这是认识深化的前提。在科学认识过程中，从文艺复兴时期开始，凭借分析方法科学大踏步地前进，取得了辉煌的成就。在机械论观点的影响下，造成了还原论的思想，认为只要认识了各个部分，就可以认识整体。综合同分析相反，它把各个部分综合为整体来加以认识，把各个部分联系起来，组织成为一个有机整体，揭示系统总体的性质，认识各部分之间的本质联系。所以，分析和综合“是必然相互联系着的。……应当把每一个用到该用的地方，而要做到这一点，就只有注意它们的相互联系，它们的相互补充。”[③]

---

① 钱学森. 创建系统学. 上海：上海交通大学出版社，2007：5，9.

② 钱学森，等. 论系统工程. 上海：上海交通大学出版社，2007：109.

③ 马克思恩格斯全集（20卷）. 北京：人民出版社，1971：571.

第三，结构功能原理。结构与功能的辩证关系是系统的方法论原理之一。在科学研究中，系统的结构是指系统内部各组成部分之间相对稳定的相互联系、相互作用的方式，是系统内部各个组分的组织形式。系统的结构从整体上看，具有稳定性、层次性与可变性。

第四，关联性原理。无结构的系统是不存在的。系统的功能是系统与外部环境相互联系与相互作用过程中表现出来的行为、功效和能力。系统只有对于环境、对于其他系统开放，才有功能可言。这就是说，功能与环境的状态及其变化有关，环境发生变化，系统的功能也随之变化，因而系统的功能是灵活易变的。结构与功能相互联系、相互制约，既然没有结构的系统是不可想象的，那么没有功能的系统也是不可想象的。

第五，动态平衡原理。系统的动态平衡原理实际上就是系统的稳定性原理。系统的稳定性是动态的稳定性，是动态中的平衡。辩证法的观点认为：平衡是相对的，不平衡是绝对的。这也就是说，静止是相对的，运动的绝对的。系统的动态平衡是由系统内部自发调节的，它通过系统的全部组分综合运动保持和恢复系统原来的有序状态。由于任何系统都是处在不断运动与变化的过程中，因此必须从动态平衡的观点去考察、分析，避免系统出现剧烈的震荡，导致系统的瓦解或崩溃。

第六，目的性原理。目的性和目的论是不同的。目的论认为世界上一切事物或过程都是由某种力量有目的地安排和决定的。目的的概念只是到了20世纪40年代，才由控制论创始人维纳给予科学的解释，维纳把目的定义为系统的可能状态集合中的终极状态。他从生态系统、社会系统与人工系统中人们根据自身的某种需要，通过科学方法与科学手段，对系统的行为进行调节和控制，使它朝着人们预期的目标前进。系统的目的性就是系统的功能目标，是系统本身所固有的，由系统的性质决定，并受系统内部状态和外部环境条件所制约。系统的运动与变化有确定的目标，要采取相应的手段去实现。调节与控制的手段是反馈，控制论中的反馈是指将系统的输出返回到输入端并以某种方式改变输入，进而影响系统功能的过程，即将输出量通过恰当的检测装置返回到输入端并与输入量进行比较的过程。反馈可分为负反馈和正反馈。

第七，整体优化原理。优化是在一定条件下对系统的组织、结构与功能进行改进，实现耗费最小而效率最高的过程。系统的优化是在系统的演化中实现的。系统的优化是系统作为一个整体的优化，即系统整体取得最好的组织结构和组织功能。整体优化原理就是要根据确定的目标，在整体效益最优的原理下，处理好局部与整体的关系。

（3）综合集成法是认识方法上一次重大的飞跃

科学发展史表明，近代自然科学认识自然的方法主要是定性与定量结合[①]。它的步骤如下：

第一步，以观察与实验为基础，根据已有的科学理论，通过科学家本人的经验和智慧，提出假设，这是定性的认识。

第二步，从假设出发，运用逻辑推理与数学演算，得出一系列结论，这是定量的认识。

第三步，通过实验检验结论是否与客观实际相符合，从而判明假设的真理性。

钱学森根据现代科学技术发展的新成就与新进展，根据开放的复杂巨系统不同于简单巨系统的特点，创造性地将“定性定量相结合的方法”提升为“定性定量相结合的综合集成法——系统工程法”[②]。钱学森的提升，表现在以下方面：

① 观察与实验以及已知的科学理论，可以利用知识库。

② 科学家本人的经验，可以利用专家系统。

③ 科学家不是单个人，而是由有关的科学家与技术专家组成的总体设计部。

④ 提出假设是创造性思维，要以马克思主义哲学指导，利用思维科学（逻辑思维、形象思维与创造性思维）的成果。

⑤ 逻辑推理与数学演算，要充分利用计算机。

（4）综合集成法的操作

关于综合集成法如何具体操作的问题，钱学森从理论与实际相结合上，提出下列的具体步骤[③]：

第一，充分听取各方面有经验专家的意见与建议。

第二，在充分听取专家意见的基础上，把这些思想综合起来，建立模型。

第三，将统计部门实际的数据输入模型，进行运算。

第四，将运算结果与结论请专家们进行评审，充分听取有经验专家的意见，让专家们评论，并在此基础上进行修改。

第五，根据专家经验和结论，进一步修改模型，再进行运算。

第六，将运算结果再请专家们研究，有意见再改，这样反复多次，直到专家们认为提不出什么意见来了，就定了。

钱学森认为，采用这种科学方法，对社会工程这样一个开放的复杂巨系统进

① 钱学森．创建系统学．上海：上海交通大学出版社，2007：64，99.

② 钱学森．创建系统学．上海：上海交通大学出版社，2007：100.

③ 钱学森．创建系统学．上海：上海交通大学出版社，2007：87，88.

行研究，得出来的结论才能令人信服。

（5）综合集成法的科学预见性

通过近代自然科学方法建立起来的理论，不仅能解释已知事实，更重要的是能预见未知事实。科学史上最著名的例子是哥白尼的太阳系学说，有三百年之久它一直是一种假说，“当勒维列从这个太阳系学说所提供的数据，不仅推算出一定还存在一个尚未知道的行星，而且还推算出这个行星在天空中的位置的时候，当后来加勒确实发现了这个行星的时候，哥白尼的学说就被证实了。”①

通过综合集成法建立起来的理论，也必须不仅能解释已知事实，更重要的是能预见未知事实。我国进行的改革是一项极其复杂的社会工程，对改革出现的问题我们必须有科学的预见。尤其是我们现在要建设社会主义，要在建国100周年的时候，即2049年使我们的国家达到世界先进水平，没有科学的预见是不行的。科学的预见性“来自于什么？来自于科学！这个科学是什么？就是系统科学！这个科学就是系统科学的基础理论——系统学”②，和在它的基础上产生与形成的方法——综合集成法。

钱学森指出：近代自然科学的局限性在于从还原论的看法多，从整体的看法少；对开放的复杂巨系统它的局限性就充分暴露出来了。例如，在战争中，人与物的关系，或人与武器的关系，用学术性的名词叫人—机—环境系统工程；在中医中，人与自然的关系，或人天关系，人自身是一个多层次的发子系统，自然界也是一个多层次的复杂系统，对如此复杂多变的系统，从宏观上去理解，就必须有系统学与相应的系统方法——综合集成法，所以钱学森认为，系统学及其方法论的建立，“实际上是一次科学革命，它的重要性绝不亚于相对论或者量子力学。”③

主要参考文献

爱因斯坦文集（1卷）．许良英，范岱年，译．北京：商务印书馆，1976.

邓小平文选（35卷）．北京：人民出版社，1993.

冯·贝塔朗菲．一般系统论：基础、发展和应用．北京：清华大学出版社，1987.

冯·贝塔朗菲．普通一般系统论的历史和应现状．国外社会科学，1978.

姜玉平，史贵全．从工程控制论到大成智慧学——戴汝为谈钱学森与系统科学及思维科学．上海：上海交通大学档案馆，2004.

马克思恩格斯全集（20卷）．北京：人民出版社，1971.

马克思恩格斯全集（3卷）．北京：人民出版社，1965.

① 马克思恩格斯选集（4卷）．北京：人民出版社，1977：222.

② 钱学森．创建系统学．上海：上海交通大学出版社，2007：10，11.

③ 钱学森．创建系统学．上海：上海交通大学出版社，2007：11.

马克思恩格斯选集（20 卷）. 北京：人民出版社，1971.
马克思恩格斯选集（4 卷）. 北京：人民出版社，1977.
糜振玉. 钱学森现代军事科学思想. 北京：科学出版社，2011.
钱学森，等. 论系统工程. 上海：上海交通大学出版社，2007.
钱学森. 创建系统学. 上海：上海交通大学出版社，2007.
钱学森. 论人体科学与现代科技. 上海：上海交通大学出版社，1998.
钱学森. 人体科学与现代科技发展纵横观. 北京：人民出版社，1996.
钱学森. 社会主义现代化建设的科学和系统工程. 吴义生，编. 北京：中共中央党校出版社，1987.
西蒙. 关于人为事物的科学. 北京：解放军出版社，1987.
许国志. 系统科学. 上海：上海科技教育出版社，2000.

下篇　社会系统工程是组织管理的现代化
——社会管理的科学方法

第八章　钱学森从方法论的角度论述社会系统工程

社会系统工程是现代化的社会管理技术，社会系统比自然系统复杂得多，需要从哲学认识论与方法论的角度，根据当代科学技术的新进展对其进行分析。

8.1　钱学森适应当代世界与中国发展的新形势创建新的方法论

8.1.1　社会系统工程是在现代科学技术革命新形势下提出的

20 世纪，在普朗克与爱因斯坦科学革命之后，科学技术发展出现了综合化、整体化的新情况：一方面是许多科学部门向综合化、整体化的方向发展，最明显的是生物科学、社会科学、历史科学，主要表现在这些科学的内部以及它们彼此之间，不再是孤立的，而是相互联系、相互渗透与相互促进的；另一方面是科学、技术与工程的一体化，诞生了一门新的科学——技术科学，它把认识世界的科学与改造世界的工程联系起来。在现代科学技术革命浪潮中，一系列新兴技术(电子技术、信息技术、自动化技术、航天技术、原子能技术、生物技术等)，如雨后春笋般地成长壮大，与此相应出现了新技术需要处理的，共同的设计原理问题，于是技术科学应运而生。

在科学技术综合化、整体化发展的基础上，出现了大科学、大技术、大工程时代，人们面对的是复杂、多变的系统，这就提出了科学研究的新问题，新问题涉及许多科学领域，需要考虑成千上万个种类繁多的、瞬息万变的变量。显然，这是原来在机械论、还原论主导下的近代自然科学方法所无法解决的。于是一场新的科学革命——系统科学革命悄然兴起。系统科学通过“系统”观念，把相关的科学技术部门，连成从总体上处理问题的方法。系统科学的产生与发展迅速形成了一股推动科学向综合化、整体化方向发展的强大动力，从此“系统”范式走上了现代科学技术发展舞台的中心。

辩证唯物主义认识论认为：就人类认识运动的秩序说来，总是由认识个别的和特殊的事物，逐步地扩大到认识一般的事物。1987 年 5 月 26 日，在钱学森亲自倡议和指导的系统学讨论班上，钱学森遵循辩证唯物主义认识论的观点，认为我们对开放的复杂巨系统的研究，还是要“一切从实际出发，从实际巨系统的研究中去找线索。”[①] 据此，他提出的基本思路是：关于系统科学，特别是开放的复杂巨系统的理论和应用，以及它进一步的研究工作，都应该从实际的复杂巨系统中进行探索，如国家发展战略问题、人体科学研究问题、数量地理学问题、历史研究问题、地球与生命的起源与演化问题等。总的说来，复杂巨系统的研究“必须从客观世界的实际问题吸取营养。”[②]

8.1.2 社会系统工程的基本思想原则

钱学森在工程控制论与系统工程取得举世公认的成就的基础上，提出社会工程是组织与管理现代化建设的技术，认为从系统工程到社会工程是一场技术革命，它必将大大改变社会的面貌。社会工程的对象是现代化建设，因此首先要明确我国社会主义现代化建设的系统结构。这是一个开放的复杂巨系统，它的组织管理是否有效，关系到中国发展的命运与前途，因而理所当然地引起钱学森的高度关注。他认为，我国社会主义初级阶段的建设是史无前例的，党中央提出的“一个中心，两个基本点”的基本路线，贯穿在整个社会主义初级阶段的建设之中。其中，改革也是一项极其复杂的系统工程，各个方面一定要协调进行[③]。为了全面落实和贯彻党中央的路线、方针。钱学森在“我国社会主义建设的系统结构”中，对社会主义建设的各个侧面（子系统）进行了系统的论述。

(1) 关于社会主义的政治文明建设

它属于社会系统中的政治系统（体制），其核心是社会主义的民主与法制建设。它包括三个部分[③]：一是民主建设，这是非常重要的。我们党一贯坚持民主集中制，提倡走群众路线，征求群众意见，在群众的实践和意见的基础上，制定国家的方针政策。二是社会主义的体制建设，当前主要是如何根据“政企分开”的原则，改变中央各部门的设置，如何搞好中央与地方的分工，地方各级之间又如何调整结构等。三是社会主义的法制建设。

(2) 关于社会主义物质文明建设

它属于社会系统中的经济系统（体制），其核心是提高生产力。由于科学技术是第一生产力，钱学森向中央建议：建立科学技术业，它是当代国际之间争夺的焦点[④]。除此之外，钱学森认为，人民体质建设也是物质文明建设的一个非常重要的方面，主要是医疗卫生、人口控制、发展食品工业、老龄服务业等，关于这方面现代科学已经有了许多发展。他特别倡议，要建立人体科学，挖掘人的潜

---

① 钱学森. 创建系统学. 上海：上海交通大学出版社，2007：33.
② 钱学森. 创建系统学. 上海：上海交通大学出版社，2007：36.
③ 钱学森. 创建系统学. 上海：上海交通大学出版社，2007：171.
④ 中央组织部等五部委. 九十年代科技发展与中国现代化. 长沙：湖南科学技术出版社，1991：19.

能，因为归根结底人民群众是历史的主人。

(3) 关于社会主义精神文明建设

它属于社会系统中的文化系统（体制），主要包括思想建设和文化建设。从目前的情况看，思想建设还需加强。至于文化建设，可分为教育事业，科学技术事业，文学艺术事业，建筑园林事业，新闻出版事业，广播电视事业，图书馆、博物馆，科技馆事业，体育事业，美食事业，花鸟虫鱼事业，旅游事业，群众团体事业，宗教事业等。钱学森对其中四门事业做了说明：第一门是美食事业，在中国的历史传统中，饮食文化有丰富内容，随着对外开放的进一步发展，饮食文化应该有很大的发展；第二门是花鸟虫鱼事业，它也是中国固有的文化；第三门是群众团体事业，它们不是党直接领导的团体，如中国科学技术协会、中国音乐家协会、记者协会等；第四门是宗教事业，宗教在我们国家要存在相当一段时间，做好宗教工作是很重要的。

(4) 关于社会主义地理环境建设

地理环境是社会主义社会存在的环境。地理环境建设包括两个方面：一是环境保护和生态建设，这基本上指的是自然环境。发展生产如果不注意环境保护会造成严重的后果；二是基础设施的建设。社会发展不仅要利用客观的自然环境，还要建设客观的自然环境，只有这样，人们才能在世界上更好地生活和工作，如通信建设、交通运输建设、高速公路、高速铁路、高速的水上运输、民航等。

钱学森认为当前“我国正在进行改革和开放，在体制和机制、政策和法制、规划和计划、发展战略、资源开发、环境保护、人口控制等方面，都提出了一系列重大问题，这些问题无不和上面提到的四个方面建设紧密联系在一起。因此，研究和探索这四个方面建设的相互配套和协调发展，不仅具有理论意义和实践意义，同时还具有现实意义。”①

8.2　钱学森从认识论的角度分析社会系统工程的对象

8.2.1　社会工程的对象是特殊的开放的复杂巨系统

社会工程的对象是社会主义现代化建设的系统整体，包括四个子系统，即经济系统、政治系统、文化系统与地理系统。每个子系统本身又是一个开放的复杂巨系统。

(1) 社会工程是开放的复杂巨系统

以社会工程中的地理系统而论，它本身就是一个开放的复杂巨系统：从学科

① 钱学森. 创建系统学. 上海：上海交通大学出版社，2007：395.

方面来说，它涉及一个庞大的交叉科学领域，如生态学、经济学、环境法学、工程地质学等学科。从对象方面来说，地球表层是一个开放的复杂巨系统，必须按照地球表层巨系统的层次分级解决①，即第一级是工、农业生产和人民生活这一基层；第二级是区域的；第三级是全国的；第四级是全世界的。每一级的环境系统工程的工作任务不尽相同，因而组织管理的方针与政策也要有区别。从地理环境来说，它也是一个复杂的开放巨系统。地理环境包括自然生态环境和社会文化环境，前者主要是环绕人的空间中的阳光、空气、水分、土壤、岩石矿物、植物、动物等，它与人的活动相互作用，制约着人的一切活动，是人赖以生存和发展的物质基础。后者主要包括社会的环境，如建筑物、道路、工厂等；生物的环境，如动物与植物的驯化与饲养；文化的环境，如思维方式、风俗习惯、道德、法律和语言等。地理系统的自然、社会与文化方面都各自包括几百个或上千个变量。

（2）社会工程这个开放的复杂巨系统是特殊的

它不同于其他开放的复杂巨系统的地方在于有人参加。人是有思想意识、有主观能动性的，这样社会发展史就和自然发展史有根本的区别，正如恩格斯所指出的②：在自然界中（如果我们把人对自然界的反作用撇开不谈）全是不自觉的、盲目的动力，反之在社会历史领域内进行活动的，全是具有意识的、经过思虑或凭激情行动的、追求某种目的的人，任何事情的发生都不是没有自觉的意图，没有预期的目的的。组织和管理现代化建设这项伟大的社会工程，就是在党和国家所制定的，一个历史时期的路线、方针指导下进行的，是一项有组织的、有计划的、人民群众的集体行动。在建设进程中人们的思想意识和行动，会和发展的情况发生矛盾，因此钱学森提出③建设一门中国特色的行为科学，它以马克思主义为指导，研究个人心理、个人意识、个人思想与社会发展的矛盾运动。

8.2.2 社会工程对象与近代自然科学对象的重大区别

近代自然科学的对象是简单系统，最多是简单巨系统。它之所以不同于古代自然哲学，主要在于它是以实验为基础的。近代自然科学在牛顿概括总结的物理学取得了光辉的成就。正如培根指出的，“自然科学是真正的科学，而以感性经验为基础的物理学则是自然科学的最重要的部分。”④ 物理学是研究宇宙的基本组成要素物质、能量、空间、时间及它们的相互作用的科学，在牛顿物理学的基

① 钱学森. 社会主义现代化建设的科学和系统工程. 吴义生，编. 北京：中共中央党校出版社，1987：246.

② 马克思恩格斯选集（4卷）. 北京：人民出版社，1977：243.

③ 钱学森. 社会主义现代化建设的科学和系统工程. 吴义生，编. 北京：中共中央党校出版社，1987：170.

④ 马克思恩格斯全集（2卷）. 北京：人民出版社，1965：163.

础上，热学、电学、光学以至于相对论、量子力学、核物理学和粒子物理学发展起来，形成了一座宏伟的物理学大厦，它不断向着物质世界的深度与广度进军，探索物质世界及其运动的规律。

牛顿物理学创立了一个关于物理因果性的完整体系，它以三大运动定律和万有引力定律为基础，根据在某一特定瞬间得到的体系的状态，计算出它在过去和未来的状态，只要一切事件都是限于在引力的影响下发生的。正如爱因斯坦所指出的，牛顿物理学的思想就是认为："外在世界的客体，是由相互作用着的不变的质点组成的。作用在这些质点上的力是已知的。质点在这些力的作用下处于不停的运动中，所有观察到的现象最终都可以归结为质点的运动。"①

19 世纪 60 年代，麦克斯韦、克劳修斯、波尔兹曼等开始在物质分子运动论中应用统计方法，产生了统计物理学。统计物理学根据对物质微观结构及微观粒子相互作用的认识，用概率统计的方法，对由大量粒子组成的宏观物体的物理性质及宏观规律作出微观解释，它是理论物理学分支，又称统计力学 。所谓大量是以 1 摩尔物质所含分子数（其数量级为 10^{23}个）为尺度的。从此近代自然科学研究的对象从简单系统进入简单巨系统。

8.2.3　社会工程的基本概念

钱学森在概括总结生物体系统、人脑系统、人体系统、地理系统（包括生态系统）、社会系统、星系系统等的基础上，并和近代自然科学研究的系统相比较，认为在大科学、大技术、大工程时代研究的上述系统，无论在结构、功能、行为和演化方面，都非常复杂，其中有大量的新问题我们并不清楚。这些新问题涉及生物学、思维科学、医学、地学、天文学和社会科学理论的相互交叉与相互融合。因此，新时代科学研究的复杂巨系统是一个崭新的、广阔的领域，它包括不同的学科和科学技术部门，甚至不同的工程技术。在近代自然科学时期，不同的学科是分门别类地研究的，经过四百多年取得了巨大的、举世公认的成就。现在，在开放的复杂巨系统概念中把它们综合起来了，形成一个相互联系、相互促进的整体，这是科学技术发展史上一个重大的转变——从分化向综合化、整体化发展的重大转变。转变的关键在于：研究对象从简单巨系统向开放的复杂巨系统转变，那么何谓开放的复杂巨系统？钱学森从实际存在的、诸多复杂巨系统的研究中提炼的这一概念，其内涵是："如果子系统种类很多并有层次结构，它们之间关联关系又很复杂，这就是复杂巨系统。如果这个系统又是开放的，就称作开放的复杂巨系统。"②

---

① 爱因斯坦文集（1 卷）. 许良英，范岱年，译. 北京：商务印书馆，1976：519.

② 钱学森. 创建系统学. 上海：上海交通大学出版社，2007：109.

8.3 钱学森关于近代自然科学方法的论述

8.3.1 近代自然科学方法的产生

近代自然科学的产生与发展同它的研究方法分不开。首先是在哲学上提出自然科学的认识论、方法论，从此开辟了自然科学前进的道路。最著名的是下列两位哲学家。

一位是英国唯物主义经验论者弗兰西斯·培根。文艺复兴以前经院哲学占统治地位，培根在《新工具》中反对经院哲学的亚里士多德教条，提出对自然的认识论与方法论。培根认为：人类对自然的认识来源于经验，据此科学的认识方法应该是从经验出发，通过归纳，从个别上升到特殊，再从特殊上升到一般。他第一个提出的科学归纳法，即科学实验的“三表法”。由于培根最早提出以经验为依据的科学认识方法——归纳法，因此马克思称他为“整个现代实验科学的真正始祖。”①

另一位是法国唯心主义唯理论者勒内·笛卡尔。他也反对当时在法国仍占统治地位的经院哲学，提出并担负起创立新的世界观和方法论的任务。他继承了理性主义的思想，认为从经验得到的知识有很多是可疑的，必须采用理性的方法，即直观和演绎，这是认识真理的方法。据此，笛卡尔在《方法谈》中概括了数学、逻辑学及一般科学中的理性思维方法。他提出的方法论原则是：先由直观提出第一原理，这是理性的知识是清楚明白的、必然的知识，然后由逻辑推理与数学演绎推出结论。例如，数学、逻辑学与物理学就是运用理性思维的方法得出的知识。笛卡尔特别看重数学演绎的力量，认为数学从几个公理出发演绎出欧几里得几何学，这是理性光辉的体现。笛卡尔也承认自然界的客观存在，以及物质作为一个“实体”的地位，这个唯物主义的自然观和理性主义的方法论，使得笛卡尔的物理学“成为真正的自然科学的财产。”②

8.3.2 近代自然科学方法的形成

近代科学的发展得益于培根的归纳法和笛卡尔的演绎法，这两个方法是近代科学最基本、最主要的方法，与此同时产生的类比、模拟、实验、分析综合和假设等方法。它们也属于近代科学的方法，是归纳法和演绎法的补充、丰富与发展。与此同时，在天文学、力学与物理学的蓬勃发展下，产生了科学史上的一位巨人，他就是牛顿。1687年《自然哲学的数学原理》的出版，标志着近代自然

---

① 马克思恩格斯全集（2卷）. 北京：人民出版社，1965：163.

② 马克思恩格斯全集（1卷）. 北京：人民出版社，1965：166.

科学方法的形成，这一方法支配着其后近三百年的物理学研究。

英国物理学家、数学家和哲学家牛顿提出自然科学的认识论、方法论。在《自然哲学的数学原理》中，牛顿概括总结了前人特别是第谷·布拉赫、开普勒和伽利略的研究成果，同时还创立了微积分这种新的数学工具，用演绎法和归纳法，把地球上的引力作用和天体间的引力作用以及牛顿运动定律，统一起来，构成牛顿力学体系。近代自然科学的发展是以牛顿力学为基础的，同时形成与发展了一座宏伟的物理学大厦。因而，爱因斯坦指出：牛顿力学的思想与方法，直到19世纪末，一直是理论物理学领域中每个工作者的纲领，“一切物理事件都要追溯到那些服从牛顿运动定律的物体，只要把力的定律加以扩充，使之适应于被考察的情况就行了。”①

8.3.3　钱学森论近代自然科学方法的局限性

从科学发展史看，近代自然科学的发展是以两大方法为推动力的，在物理学中表现得尤为明显。

一个是逻辑方法。关于理论物理学的逻辑方法，爱因斯坦指出：理论物理学的完整体系的表述不能没有逻辑，物理学的理论体系就是由基本概念、对基本概念有效的定律，以及根据定律用逻辑推理得到的结论这三者构成的。在这三者中，从定律出发导出结论的逻辑演绎几乎占据了全部篇幅②。在物理学的研究过程中，逻辑起了不可或缺的作用。从16世纪开始，近代自然科学基本上是按照下列过程发展起来的，其过程为

观察、实验——假说——逻辑推演——实验检验

研究者在观察、实验的基础上提出假说之后，必须从假说出发进行逻辑推演，推出一系列结论。然后，进行实验以检验结论是否正确，如此反复多次地对假说进行补充、修改，甚至推翻，最终形成理论。所以，恩格斯说“只要自然科学在思维着，它的发展形式就是假说。”③

另一个是实验方法，近代自然科学是以实验为基础的，现代实验科学的真正始祖培根认为，要认识自然必须运用归纳法，把概念和公理从事物中引申出来，也就是从个别到特殊，再上升到一般。爱因斯坦进一步明确指出实验在自然科学中的重要地位，他说：“纯粹的逻辑思维不能给我们任何关于经验世界的知识；一切关于实在的知识，都是从经验开始，又终结于经验。……由于伽利略看到了这一点，尤其是由于他向科学界谆谆不倦地教导了这一点，他才成为近代物理学

① 爱因斯坦文集（1卷）. 许良英，范岱年，译. 北京：商务印书馆，1976：225.

② 爱因斯坦文集（1卷）. 许良英，范岱年，译. 北京：商务印书馆，1976：313.

③ 马克思恩格斯全集（20卷）. 北京：人民出版社，1971：583.

之父——事实上也成为整个近代科学之父"[①]。

爱因斯坦认为："西方科学的发展是以两个伟大的成就为基础，那就是：希腊哲学发明的形式逻辑体系（在欧几里得几何学中），以及通过系统的实验发现有可能找出因果关系（在文艺复兴时期）。"[②]

关于形式逻辑，钱学森根据思维科学的发展认为它只是抽象思维，是简单推理过程。有点像是线性型思维。形象思维不同于抽象思维，是全面地考虑问题，多途径地考虑问题，是综合推理[③]。更重要的创造性思维，科学中的基本概念和基本原理是创造性思维发现的，正如爱因斯坦多次指出的，它们"都是人类理智的自由发明。"[④] 因此，钱学森大力倡导创建思维科学，克服形式逻辑的局限性。

关于实验方法，近代自然科学的实验方法基本上是沿着培根"三表法"和弥勒的"实验五法"发展起来的，它最多只能控制实验过程中的几个关键因素，对简单系统而言它是适用的。对于开放的复杂巨系统，如人体系统，它就有很大的局限性。钱学森指出，中医的临床实践实际上就是医学实验，实验的对象是病人，病人患病有许多相互联系、相互制约与相互作用的因素，这些因素处在不断的运动和变化中。因此，中医不是"头痛医头，脚痛医脚"，而是"辨证论治"，这是中医认识和治疗疾病的基本原则。"辨证论治"是中医理论的核心。钱学森从系统的观点出发对"辨证论治"给予科学的解释，认为人体是一个巨系统，有各种各样的功能态，中医的"证"就是人体的一种功能态[⑤]，它和西医的"症"有着原则的区别，区别在于"症"是一个一个的症状，而"证"则是证候，是系统整体的状态。因此，钱学森提出开放的复杂巨系统的实验，要采用计算机仿真实验。

8.3.4　造成近代自然科学方法的局限性的原因

15世纪下半叶，自然科学开始从哲学中分化出来走上独立的道路：在哲学上，它主要是受培根经验论的认识论、方法论和笛卡尔唯理论的认识论、方法论的影响；在科学上，它开始只能是从天文学、力学、物理学等分门别类地进行研究，因此自然科学的认识过程与认识方法首先是分别对不同领域的事物或过程进行分析，正如恩格斯所指出的，近代自然科学"把自然界分解为各个部分，把自然界的各种过程和事物分成一定的门类，对有机体的内部按其多种多样的解剖形

---

① 爱因斯坦文集（1卷）. 许良英，范岱年，译. 北京：商务印书馆，1976：313.
② 爱因斯坦文集（1卷）. 许良英，范岱年，译. 北京：商务印书馆，1976：574.
③ 钱学森. 人体科学与现代科技发展纵横观. 北京：人民出版社，1996：86.
④ 爱因斯坦文集（1卷）. 许良英，范岱年，译. 北京：商务印书馆，1976：314.
⑤ 钱学森. 人体科学与现代科技发展纵横观. 北京：人民出版社，1996：86.

态进行研究。”① 应该说，这是最近四百年来在认识自然界方面获得巨大进步的基本条件。但是，这种研究事物的方法，被培根和洛克从自然科学中移植到哲学中以后，就造成了近几个世纪自然科学研究过程中所特有的局限性，主要表现为机械论的观点与还原论的方法。

机械论观点把自然的事物和过程孤立起来，撇开广泛的总的联系去进行考察，因此就不是把它们看作运动的东西，而是看作静止的东西；不是看作本质上变化着的东西，而是看作永恒不变的东西；不是看作活的东西，而是看作死的东西。还原论方法把对象分解为部分，从对象的整体往下分解，越分越细，研究得越来越深入，越具体，并认为认识了部分，也就认识了整体。

19 世纪，一系列自然科学新发现，特别是能的转化、细胞与达尔文生物进化论三大发现，使我们对自然过程的相互联系的认识大踏步地前进了。它表明自然科学研究不仅能够指出自然界中各个领域内的过程之间的联系，而且总的说来也能指出各个领域之间的联系。正是在科学发展过程发生从分化向综合化、整体化转向的重大历史转变时刻，恩格斯在批判地吸取了黑格尔辩证法思想的合理内核，概括总结了 19 世纪自然科学的新发现的基础上，深刻地洞察科学发展的新动向，明确指出当前科学的发展正面临一个伟大的转向：从搜集材料的科学，关于既成事物的科学开始转变为整理材料的科学，关于过程，关于这些事物的发生和发展以及关于把这些自然过程结合为一个伟大整体的联系的科学②。

进入 20 世纪，科学技术发展出现了综合化的新情况：一方面是许多新兴的综合性科学的发展，如生物科学、社会科学、历史科学等的发展。这些科学的内部以及它们彼此之间，形成了一个庞大的交叉科学地带。另一方面是科学、技术与工程不再是彼此孤立的，而是相互联系、相互促进的有机整体，技术科学在这个有机整体中起关键作用，通过它把科学与工程联系起来。技术科学的兴起是由于在现代科学技术革命浪潮中，一系列新兴技术（电子技术、信息技术、自动化技术、航天技术、原子能技术、生物技术等），如雨后春笋般地成长壮大。与此相应，出现了新技术需要处理的、共同的设计原理问题，于是根据基础科学原理，研究新技术的共同问题的技术科学应运而生。

在科学向综合化发展的大科学、大技术、大工程时代，人们面对的是复杂、多变的系统，它提出了科学研究的新问题。这些问题涉及许多学科领域，需要考虑成千上万个且种类繁多的、瞬息万变的变量。显然，这是原来在机械论、还原论主导下的近代自然科学所无法解决的。于是一场新的科学革命——系统科学革命悄然兴起。系统科学通过“系统”观念、把相关的科学技术领域、连成从总体

---

① 马克思恩格斯全集（20 卷）. 北京：人民出版社 1971：23，24.

② 马克思恩格斯选集（4 卷）. 北京：人民出版社，1971：241.

上处理问题的方法。系统科学的产生与发展迅速形成了一股推动科学向综合化、整体化方向发展的强大动力，从此“系统”范式走上了现代科学技术发展舞台的中心。

钱学森正是抓住了现代科学技术发展的新动向，从马克思主义哲学、现代科学的系统概念与系统理论出发，建立现代科学技术体系，把现代科学技术看成是一个相互联系、相互作用的有机整体。他认为，现代科学技术不同于以往科学技术的地方就在于：它是从总体上、从不同的角度来认识世界、改造世界的；不是分门别类地、孤立地对客观世界进行研究的。现代科学技术突出的特点表现在以下方面：

① 现代科学技术是一个系统的整体。钱学森是战略科学家，他从现代科学技术的综合化、整体化趋势认识到：只有使全部现代科学技术建构成一个有结构、有层次、开放的有机系统，才能充分发挥它在认识世界与改造世界中的作用。钱学森之所以花大力气建构现代科学技术体系，就是力图根据它来思考中国科学技术的发展方向、整体布局及其与现代化建设的关系。

② 现代科学技术的研究对象是开放的复杂巨系统。钱学森遵循辩证唯物主义认识论有两个原则：一是实践、认识、再实践、再认识；二是个别——特殊——一般。这是两个循环往复、螺旋形上升的过程，从一个个实际存在的系统，如地理系统、军事系统、人体系统、社会系统等开始，抽象概括出开放的复杂巨系统概念，指出它和近代自然科学研究的简单巨系统的根本区别就在于：它包含的子系统的种类繁多，有几十、上百，甚至几百种。近代自然科学研究的系统是简单的，子系统的种类不多。

③ 现代科学技术研究的方法是综合集成法。现代科学技术研究对象是开放的复杂巨系统，它决定研究方法是综合集成法。其特点是人—机结合、以人为主，充分利用计算机处理信息的能力，发挥人特有的智慧，实现信息与知识的综合集成。通过人机交互、反复对比、逐次逼近，实现从定性到定量的认识，从而能对经验性假设的正确性做出明确的结论。近代自然科学的研究方法则是全凭科学家的个体劳动，他根据现有的科学理论，从观察与实验的事实出发，应用逻辑思维、形象思维与创造性思维提出假设；然后从假设出发，用数学演算、逻辑推理得出一系列结论；最后进行实验来证明结论是否符合实际。以检验假设的真理性。这种方法在研究复杂巨系统时，便远远不够用了。

8.3.5 近代自然科学的方法论原则

在科学发展史上，以牛顿力学为基础发展起来的近代物理学，在人类认识自然界的过程中取得辉煌的成就，于是产生了把牛顿力学的理论与方法作为科学研究的范式，它深刻地影响后来哲学的发展与自然科学的发展。

(1) 在哲学上从牛顿范式发展出机械唯物论派别

这个哲学学派以18世纪法国唯物主义者拉美特利、霍尔巴赫、狄德罗、爱尔维修等为代表，从哲学上概括了17—18世纪以牛顿为主要代表的自然科学的成就，形成了机械唯物论的自然观，其要点如下：

① 在本体论上，承认物质第一性，但否认人的意识对物质的反作用，如拉美特利就提出“人是机器”。

② 在认识论上，把认识主体与认识客体割裂，认为自然科学就是研究自然界运动与变化的客观规律的，不考虑认识主体的能动性。

③ 在方法论上，主张机械论观点与还原论方法。

(2) 在科学上是牛顿范式的机械论观点、还原论方法长期占据统治地位

还原论的研究方法是承袭牛顿的思想，从机械力学的原理出发，用数学推理，推导出运动的法则，进而推导出自然界的其他现象①。这样，就在以牛顿力学为基础发展起来的近代自然科学中，形成了一套方法论原则，可概述如下：

① 简单性原则。牛顿力学的三大定律与万有引力定律，全面地概括了从文艺复兴以来力学、天文学等的研究成果，它以简单的形式 $F=g(m_1\times m_2)/r^2$，成功地统一了天上和地上的物体的运动，显现了简单性原则的神奇力量。牛顿在《自然哲学的数学原理》中写到，“自然界不做无用之事。只要少做一点就成了，多做了却是无用；因为自然界喜欢简单化，而不爱用什么多余的原因来夸耀自己。”①

牛顿之后，当人们欢呼宏伟的物理学大厦臻于完成时，爱因斯坦从更高的逻辑起点上创立了相对论，把物理学引向高速宇观世界，并把牛顿力学囊括在内。爱因斯坦结合科学史和他自己多年理论探索的感悟，明确提出了逻辑简单性原则，他说：“我们在寻求一个能把观察到的事实联结在一起的思想体系，它将具有最大可能的简单性。我们所谓的简单性，是指这体系所包含的彼此独立的假设或公理最少；因为这些逻辑上彼此独立的公理的内容，正是那种尚未理解的东西的残余。”② 爱因斯坦还说，从马赫的怀疑经验论出发，经过引力问题，变为“一个到数学的简单性中去寻求真理的唯一可靠源泉的人。逻辑简单的东西，当然不一定就是物理上真实的东西。但是，物理上真实的东西一定是逻辑上简单的东西，也就是说，它在基础上具有统一性。”③

② 线性因果决定论原则。牛顿力学体系的建立，使得人们对认识事物变化

---

① 牛顿. 自然哲学之数学原理. 王克迪，译. 武汉：武汉出版社，1992.

② 爱因斯坦文集（1卷）. 许良英，范岱年，译. 北京：商务印书馆，1976：298，299.

③ 爱因斯坦文集（1卷）. 许良英，范岱年，译. 北京：商务印书馆，1976：380.

的因果关系产生了变化。牛顿力学认为，外力是一切运动变化的原因，外力与运动变化有严格的因果关系；一个系统的初始条件一旦确定，此后的运动都是必然确定的。根据牛顿力学，天体运动的原因是万有引力，行星运动的规律是由万有引力定律决定的。牛顿力学成功地解释了行星、卫星和彗星的运动，同样也解释了潮汐和地球的进动。这是典型的线性因果决定论。

爱因斯坦指出：牛顿力学把运动定律和引力定律结合起来，构成了一个思想结构，“通过这个结构，就有可能根据在一特定瞬间所得到的体系的状态，计算出它在过去和未来的状态，只要一切事件都是限于在引力的影响下发生的。”[①] 正是在因果决定论的基础上，牛顿确立了他的物理学理论框架。爱因斯坦评价牛顿对物理学的贡献时指出：“在牛顿以前，并没有一个关于物理因果性的完整体系，能够表示经验世界的任何深刻特征。”[②]

③ 科学理论统一性原则。牛顿借助于微粒说，企图从力学原理中推导出热、光、电、磁等自然现象，这实际上就是以力学原理为基础的科学统一的纲领。在力学中，他把天上的力学与地上的力学统一起来，并且系统而详尽地建立了力学的不同部门——固体力学、流体力学、天体力学。在热学中，他把热看做是物体微粒的振动，并假定物体微粒之间的斥力与其间的距离成反比，由此导出著名的波义耳定律。在光学中，他把光看做是微粒，并把光学现象与力学原理联系起来，导出包括折射定律在内的许多光学定律。在电学和磁学中，他假定有某种流体，能够有电和磁流出。由此导出电力和磁力。

牛顿的科学统一性纲领在科学发展史上产生了极其深远的影响，在他以后的两百多年内，自然科学，尤其是物理学，基本上是沿着牛顿的科学研究范式进行的。牛顿的科学统一性思想对爱因斯坦影响很大，爱因斯坦的一生，可以说是为追求科学统一而奋斗的一生。他在1901年发表的第一篇论文“由毛细管现象所得到的推论”，就是从统一性的角度看待分子力同牛顿超距作用力之间的内在关系，企图给化学以力学的基础。难怪他把“力求整个理论前提的统一和简化”视为建立新理论的相当重要的“微妙动机”。爱因斯坦深有感触地说：从一开始他就一直存在着这样的企图，即要寻找一个关于所有这些学科的统一的理论基础，它由最少数的概念和基本关系组成，从这些最少数的概念和基本关系，可以用逻辑方法推导出各个分科的一切概念和一切关系。这就是我们之所以要探求整个物理学基础的原因。爱因斯坦认为这个终极目标是可以达到的。这样一个深挚的信念，也成为经常鼓舞着许多研究者的强烈热情的主要源泉。

---

① 爱因斯坦文集（1卷）. 许良英，范岱年，译. 北京：商务印书馆，1976：224.

② 爱因斯坦文集（1卷）. 许良英，范岱年，译. 北京：商务印书馆，1976：222.

④ 归纳主义原则。归纳主义的科学观肇始于培根，他认为要了解自然，就必须向自然求教，而不是向《圣经》或向亚里士多德的权威求教；知识的源泉来自经验，科学知识是从经验事实推导出来的知识。归纳主义的科学观随着培根以后近代科学的发展，成为一种占统治地位的思潮。牛顿深受归纳主义思潮的影响，在《自然哲学之数学原理》第三编“宇宙体系（使用数学的论述）”中，提出了四条推理规则，其中的第四条是：“在实验哲学中，我们必须将由现象所归纳出的命题视为完全正确的或基本正确的，而不管想象所可能得到的与之相反的种种假说，直到出现了其他的或可排除这些命题或可使之变得更加精确的现象之时”。这就是说，在牛顿看来，科学理论的基本概念和基本定律是能够从经验中推导出来的。这无疑是“牛顿所说的‘我不作假说’的意义”[①]。

8.4　钱学森从方法论的角度论述社会工程的方法

8.4.1　科学转变时期方法论革新的重要性

20 世纪科学技术发展既高度分化又高度综合。在分化过程中，不同部门的科学技术相互交叉、相互渗透，产生出新的、综合性学科，并形成了统一的、完整的现代科学技术体系。

（1）科学——技术——工程一体化趋势

进入 20 世纪，特别是第二次世界大战以后，科学与技术的一体化大大地加速了科学转化为直接生产力的过程，形成了科学——技术——工程一体化的趋势，从此科学、技术与工程相互联系成一个系统的整体。科学既是工程通过技术得出的概括性的结果，同时又是工程的理论前提。

科学——技术——工程一体化的必然结果，是陆续涌现一大批交叉科学技术。由于工程、产业与经济是密切结合的，特别是由于工业工程带来的严重的环境、资源与人口问题，给人类提出了一系列仅从单一学科不能解决的复杂课题，这些课题必须依靠相关的科学、技术及工程、依靠科研人员相互之间进行广泛的交流与合作才能解决。正是在当代科学技术发展的需求推动下，产生了交叉学科研究的方向，诞生了一系列交叉学科，如信息科学技术、环境科学技术、能源科学技术等。

（2）现代科学普遍数学化

现代科学技术的发展，使数学敲开了从事定性分析的学科的大门，促进了各门学科数学化的趋势，继力学、物理学、化学、生物学、天文学等自然科学相继

---

① 爱因斯坦文集（1 卷）. 许良英，范岱年，译. 北京：商务印书馆，1976：314.

成为运用数学手段从事研究的学科之后，数学又迅速地闯入了哲学社会科学的领地。现代数学的发展加速了现代科学的数学化。

（3）交叉学科的形成与发展

现代科学高度综合的表现，是多层次的学科相互交叉与相互渗透，其最明显的特征是一系列横断学科和综合性的学科群不断出现。交叉学科的研究对象不是客观世界的某种物质结构及其运动形式的某个共同方面。它的概念和方法在各门科学中都具有普遍的适用性和意义。交叉学科的形成与发展是现代科学技术发展的新特点，它研究的问题大都是与社会发展紧密联系的问题，如生态危机、金融危机、第五次产业革命、中国特色的社会主义现代化建设等，也是当前世界科学技术发展前沿的、事关人类的命运与前途的重大问题。

（4）中国现代化建设是一个极其复杂的社会系统工程

钱学森根据组织与管理“两弹一星”的理论与实践，认为既然社会工程的对象是现代化建设这样一个开放的复杂巨系统，那就必须从方法论上提出处理开放的特殊复杂巨系统的原则、方法、操作程序和执行这个方法的机构及其组织形式。因为对中国现代化建设这样复杂的巨系统，我们不能只讲一个侧面，或是一个侧面的一个部分，而是要把它放到中国这个大社会系统环境中来考虑，至少要把现代化建设的四个子系统（经济系统、政治系统、文化系统和地理系统）统一起来，协调考虑①。当前社会主义建设面临的最大问题，就是“认识要全面，方法要革新，要改革”②，要用社会系统的观点——特殊的开放的复杂巨系统的观点，把开放的复杂巨系统作为一个有机整体来研究。为此，在钱学森的倡导与指导下，他和合作者一道开创出一门新的科学领域——开放的复杂巨系统及其方法论③。钱学森指出，这个科学领域的“新”就新在提炼出了开放的复杂巨系统这样一个概念，并且指出了它不能用近代自然科学的方法来处理，因为它包含了如此众多的复杂因素，必须采用新的科学方法④。

钱学森敏锐地把握现代科学技术发展的新动向，在唯物辩证法指导下，克服了几百年来机械论观点与还原论方法的局限性，创造性地提出研究开放复杂巨系统的方法，以及由此形成的系统论的方法论原则。

8.4.2 钱学森对综合集成法的方法论分析

在社会系统工程的基本程序，按三个阶段（系统开发——系统制造——系统

① 钱学森. 创建系统学. 上海：上海交通大学出版社，2007：42.
② 钱学森. 创建系统学. 上海：上海交通大学出版社，2007：43.
③ 钱学森. 创建系统学. 上海：上海交通大学出版社，2007：108.
④ 钱学森. 创建系统学. 上海：上海交通大学出版社，2007：105.

运用）进行，由于对象是开放复杂巨系统，每个阶段都必须用综合集成法。综合集成法是科学发展史上划时代的创新，它把近代自然科学的研究方法——简单性科学的研究方法，提升到一个新的、更高的层次——复杂性科学的研究方法。

（1）近代自然科学“定性与定量相结合”的方法

17—19世纪，近代自然科学基本上是按照培根与笛卡尔的方法论思想，以牛顿力学的方法为范式发展起来的。它的过程是从观察实验事实出发，运用归纳、分析等方法，得出具有普遍意义的假设（原理或定律）；然后将假设用于解释已知事实，并从假设通过演绎推理得出新的结论；最后用新的实验来检验新结论的真理性。科学理论就是这样发展起来的，所以恩格斯说：“只要自然科学在思维着，它的发展形式就是假说。”① 19世纪末期，经过一些著名科学家如赫尔姆霍兹、庞加莱、阿达玛等，在总结自己科学研究经验的基础上，对近代自然科学研究方法进行了概括，提出了科学研究过程的“四阶段模式”，即

准备阶段——酝酿阶段——豁朗阶段——验证阶段

这是近代自然科学发展时期科学研究的模式，可以从方法论的角度把这一过程的认识方法表示为

$$\text{经验事实}\xrightarrow{\text{归纳逻辑}}\text{基本定律}\xrightarrow{\text{演绎逻辑}}\text{演绎推论}\xrightarrow{\text{实验}}\text{解释或证实}$$

进入20世纪，科学哲学家波普尔总结了爱因斯坦发明相对论的创造性思维过程，提出了科学发现的方法，即

问题——猜测——证伪

波普尔把问题的提出放在科学方法中的首位，认为确定了问题就确定了求解的目标，预设了求解的范围和方法，因而问题贯穿着科学研究过程的始终。据此，可以把自然科学研究过程的“四阶段模式”进一步划分如下：

① 问题的提出。主要是事实与事实的矛盾、事实与理论的矛盾、理论与理论的矛盾。

② 调查研究与问题有关的资料。主要是科学技术的理论、方法和相关的经验知识。

③ 针对问题进行分析与验证。主要是进行逻辑思维、形象思维与创造性思维，并通过反复多次的实验，寻找解决问题的方案或途径。

④ 形成与提出经验性假设，如判断、猜想、方案、思路等。然后通过逻辑推理、数学演算与科学实验，检验假设的真理性。

可以把“问题——猜测——证伪”的认识发展模式表示为

问题——观察与实验事实——基本假设——逻辑推理与数学演算——实验

① 马克思恩格斯全集（20卷）. 北京：人民出版社，1971：583.

这一认识方法体现了从定性到定量的特点，它从原理出发，提出基本假设（定性的），应用数学计算与逻辑推理，求得精确的定量解（定量的）。可以把这个方法称之为“定性与定量结合的方法”①，但是应该指出虽然有定性与定量结合，却没有综合集成。其主要原因在于：一是它单纯依靠科学家个人；二是它没有应用计算机这一强有力的工具，帮助进行数学计算与逻辑推理。

（2）钱学森创建的综合集成法

20世纪中叶以来，现代科学技术革命面对的大多是开放复杂巨系统问题，如地理系统、人体系统、社会系统等，它们的经验性假设是在众多学科领域与大量信息的基础上，通过思辨的猜测提出的假设，这就提出一个难题：如何才能够把定性假设与定量计算相结合？沿用400多年来形成的自然科学研究方法很难奏效。在科学发展的关键时刻，钱学森及其合作者提出从定性到定量综合集成法。这是方法论上重大的突破，它的研究方法可以概括如下：

① 搜集与研究对象（系统）有关的情报、资料、数据，以及相关领域专家的实践经验（专家系统）。

② 从搜集得到的情报、资料、数据及相关领域专家的实践经验出发，从这些局部的、定性的知识出发，实现信息与知识的综合集成，建立模型（定性的认识）。

③ 应用计算机系统，通过人—机结合、以人为主的方法，把计算机处理信息的能力，与人特有的智慧结合起来，充分发挥人的创造能力；通过人—机交互、反复对比、逐次逼近，实现从定性的认识到定量的认识，从而能对经验性假设（模型）的正确性做出明确的结论，得出研究对象（系统）的整体的定量的认识。

综合集成方法的组织形式是综合集成研讨厅体系，由下列三个子系统组成：

① 知识体系，包括各种科学理论、专家经验、情报资料、统计数据、常识性知识。

② 机器体系，以计算机为核心的多种高新技术的集成与融合所构成的机器体系。

③ 专家体系，由熟悉研究对象（系统）的各个方面专家组成，并由知识面比较宽广的专家负责领导。

可以把现代科学技术综合化、整体化发展时期，钱学森创建的从定性到定量综合集成方法的集体的认识过程为

问题——信息与知识——广义模型——算法——计算机仿真

钱学森提出的从定性到定量综合集成法，在方法论上是重大的理论创新，这

① 钱学森. 创建系统学. 上海：上海交通大学出版社，2007：99.

个方法是现代科学向综合化、整体化发展转变时期的根本方法。钱学森指出：从方法论的角度看，它“是整体论和还原论的辩证统一。”[①] 大量工程实践已经证明，现在能用的、唯一能有效处理开放复杂巨系统的方法，就是从定性到定量综合集成法（综合集成方法[②]）。近几年，国外有人提出综合分析方法（meta-analysis），对不同领域的信息进行跨域分析综合，但还不成熟，方法也太简单，而从定性到定量综合集成方法却是真正的 meta-synthesis。[②]综合分析方法实质上是近代自然科学定性与定量结合的方法的发展。

（3）综合集成法与综合分析法的本质区别

这主要表现在如下两个方面：

第一，研究对象的简单性与复杂性的区别。近代自然科学的研究对象是简单巨系统，一般可以用下列公式表示，即

$$S = F(x_1, x_2, \cdots, x_n)$$

现代科学的研究对象是开放的复杂巨系统，一般地可以表示为

$$\boxed{S = f(I, R, s, t)} \overset{B}{\underset{F}{\Leftrightarrow}} E$$

其中，S 是系统；I 是系统 S 中全部子系统构成的集合；R 是子系统之间的关系的集合；s 表示空间；t 表示时间；f（ ）表示系统的结构，由系统中的子系统、关系、时间与空间组成；$\square$表示系统的边界；E 表示系统边界以外的环境；B 表示系统在环境中的行为；F 表示系统的功能，反映系统对环境的作用。例如，中医学的方法就是哲学、自然、社会、人文相交叉的科学方法。

第二，研究方法的综合集成（meta-synthesis）与综合分析（meta-analysis）的区别。20 世纪 90 年代初钱学森就指出：我们已经从工程系统走到了社会系统，将来我们要从系统工程、系统科学发展到大成智慧工程——从定性到定量综合集成技术，它集信息与知识之大成，产生新思想、新方法。综合集成法的实际应用就是大成智慧工程，是我们时代创新的方法，是方法论上的一个大飞跃，大发展，它实际上就是把马克思主义的认识论、方法论与现代系统工程的方法结合，以此来解决我们面临的复杂性问题[③]。

（4）大成智慧工程是综合集成法的理论与实际相结合

钱学森认为，在研究与处理复杂性问题的过程中，要求从系统工程发展为大成智慧工程，并将这一工程进一步在理论上提炼成一门学问，就是“大成智慧学”。“大成智慧学”使人们不仅“有知识”而且能“用知识”，这实际上是马克

---

① 钱学森. 人体科学与现代科技发展纵横观. 北京：人民出版社，1996：361，430.

② 钱学森. 创建系统学. 上海：上海交通大学出版社，2007：112.

③ 钱学森. 创建系统学. 上海：上海交通大学出版社，2007：176，215.

思主义认识论、方法论的发展与深化①。

创新是一个民族进步的灵魂，是一个国家兴旺发达的不竭动力，也是一个政党永葆生机的源泉，关于如何尽快提高人们的创新能力，以适应知识创新时代的需要，这是钱学森极为关注并着力探索与思考的课题。他所倡导的综合集成法、大成智慧工程与大成智慧学就是希望培养一大批尽快获得聪明才智与创新能力的人才，以适应创建创新型国家的需要。他认为这是一件大事，其意义不亚于当年两弹一星的研制与发射。大成智慧工程与大成智慧学的提出与创建，是钱学森在科学技术发展史上一项伟大的创举。

20 世纪 20—70 年代，一场方兴未艾的、以系统为范式的科学革命向近代自然科学的认识论、方法论提出了挑战，系统科学在突破机械论、还原论框架中异军突起。钱学森指出："辩证唯物主义所阐明的物质世界的普遍联系及其整体思想，也就是系统思想。系统是由相互依赖的若干组成部分结合成的具有特定功能的有机整体。"② 系统科学就是从整体的观点出发，运用辩证方法，即普遍联系与相互作用的方法，对自然界进行深入的、系统的研究，从此科学的发展进入了一个重大的历史转变时期——科学整体化时期。

科学整体化时期的创新思维，仍然需要在大量调查研究的基础上提出问题与分析问题，不同的是：一方面现代科学已经形成一个系统的整体，其中各个部门是相互联系、相互作用与相互促进的，因而与研究的问题相关的信息与知识涉及的面非常之广，所需的信息量非常大；另一方面现代科学研究的对象大多是开放的复杂巨系统，其中的子系统数量大、种类多，并且有不同的层次结构，系统参量之间的关系不能用研究简单系统的线性因果关系来描述。在开放的复杂巨系统面前，如何把通过网络获得的"死"的情报资料"激活"，使它成为可用的信息，这是钱学森提出大成智慧工程（综合集成方法）的目的所在。

大成智慧工程就是把人的思维、思维的成果、人的知识、智慧以及各种情报、资料、信息统统集成起来。这实际上是把系统工程的方法应用到创新思维的过程中。从这个思路出发，钱学森提出创建思维科学，它的任务就是要研究如何加工信息，得到正确的认识和知识，以便进行创造性的思维，使人们在改造客观世界的过程中有所创造，有所前进③。

从大成智慧工程向理论层次发展就是大成智慧学，它是马克思主义哲学的发展与深化，因为马克思主义哲学是智慧的结晶。知识是创新的基础，但要创新其关键在于有智慧。所以钱学森说：光有知识不行，还必须知道使用知识，创新知

---

① 钱学森. 创建系统学. 上海：上海交通大学出版社，2007：176，177.

② 钱学森，等. 论系统工程（新世纪版）. 上海：上海交通大学出版社，2007：72，73.

③ 赵光武. 思维科学研究. 北京：中国人民大学出版社，1999：89.

识；光有科学技术也不行，常常容易犯机械唯物论的错误。为了有所创造，有所前进，钱学森从技术层次的大成智慧工程上升到理论层次的大成智慧学，并从马克思主义哲学的高度，对科学整体化时期创造学方法论问题，提出了十分深刻的见解，并进行了独到的论述。

① 理论思维是创新的前提。恩格斯指出："一个民族想要站在科学的最高峰，就一刻也不能没有理论思维。"[①] 理论思维"是一种历史的产物，在不同的时代具有非常不同的形式，并因而具有非常不同的内容。"[②] 马克思主义哲学代表了我们时代的理论思维，它"是智慧的结晶"[③]。马克思主义哲学所阐明的世界观、认识论、方法论与价值论，它的立场、观点与方法，是大成智慧学的核心，也是创造性思维的前提。

② 形象思维是创新的关键。人们认识世界一般总是从具体的事物开始，借用生动、直观的形象把握事物的整体，然后通过抽象思维从具体上升到抽象。在这个过程中，感性具体侧重于形象思维，是借助形象认识世界的方式，属于性智。抽象思维侧重于逻辑思维，它从形象（完整的表象）上升为概念（抽象的规定），是借助概念进行思维的方式。逻辑思维是抽象思维，它抽象出事物的本质，属于量智。

形象思维之所以是创新的关键，因为在研究问题的过程中，形象思维与抽象思维总是交织在一起的，二者不可分割。更重要的是，科学家、技术专家的研究经验表明，对问题的研究，经过长时间的艰苦探索后，往往是由于形象思维的启发作用，迸发出灵感，脑子里突然顿悟，新观点、新概念与新方法清晰地呈现在脑际，这就是创新。

③ 知识库是创新的基础。钱学森认为：在信息时代，信息与知识如汪洋大海，要把它们存储起来，才能成为一个随时可供使用的信息库。计算机网络实际上就是社会系统中信息资源和信息流动方式上的高度组织化、社会化、集成化和规范化，使得信息资源得以充分开发、利用和共享，极大地方便于国家之间、部门之间、人与人之间的信息交流[④]。计算机网络加上用户是人网结合系统，它不仅具有信息采集、加工、存储、传输、调用、共享、分析、综合等功能，更重要的是还具有产生新信息的功能[⑤]。

在知识爆炸时代，建立信息库是创新的基础，因为在科学研究过程中一般的程序是

---

① 马克思恩格斯全集（20卷）. 北京：人民出版社，1971：384.
② 马克思恩格斯全集（20卷）. 北京：人民出版社，1971：382.
③ 钱学森. 创建系统学. 上海：上海交通大学出版社，2007：177.
④ 钱学森. 创建系统学. 上海：上海交通大学出版社，2007：427.
⑤ 钱学森. 创建系统学. 上海：上海交通大学出版社，2007：430.

问题的提出——调查有关资料——收敛性思维与发散性思维——假设或方案

其中，第一步与第二步都涉及与问题有关的大量信息与知识。首先，如何收集与问题有关的信息与知识？这是解决问题的先决条件。因此，钱学森建议，必须高度重视信息网络建设的问题。信息网络是信息的生产系统，它把新产生的信息返回到系统中，使得这个系统具有信息自增长的特点，这是人—机结合精神生产力和人—机结合物质生产力所必然带来的。其次，如何充分利用信息网络这个现代化的手段建立起来的信息库，进行集大成的工作，信息与知识的系统化、规范化是必要条件。只有解决了第一步与第二步涉及的两个问题，才能进一步进行收敛性思维与发散性思维，以求得问题的解决。

④ 人—机结合是创新的手段。知识经济是以信息与知识的生产、交换、传递与使用为中心，采用电子计算机为劳动工具的经济。知识在不断地通过计算机和通信网络被编码化和传播。在知识经济中知识包括编码化知识（codified knowledge）与隐含经验类知识（tacit knowledge）。前者是理论的知识，通过形式化，用数理逻辑的语言表达，运用二进制把它编码，输入计算机。后者是经验的知识，它们大多是只可意会，不可言传，需要由人来处理。特别是在面对开放的复杂巨系统时，大成智慧学提出人—机结合、以人为主，把人的心智（性智与量智）与计算机的高性能信息处理的能力结合起来，达到定性的（不精确的）与定量的（精确的）处理互相补充，从而大大提高人的思维能力。

钱学森在现代科学技术体系结构的基础上提出的集大成得智慧的方法论，为研究我们时代创造学方法论提供宝贵的启示。钱学森创建的现代科学技术体系几乎概括了现代人类认识世界、改造世界的全部知识，其观点、理论与方法，具有前瞻性、独创性、战略性与可操作性，它对现代科学技术的发展、对我国社会主义现代化建设，有着极为深远的意义，必将对我国的改革与发展产生巨大的推动作用。

8.4.3 交叉科学时代钱学森倡导的系统方法论原则

钱学森倡导的系统方法论原则，是以牛顿力学为基础的近代自然科学的方法论原则的一次飞跃，从开放的复杂巨系统概念和简单巨系统的区别、从综合集成法与综合分析法的区别，可以认为系统观的方法论纲领性原则如下。

(1) 复杂性原则

20 世纪 40 年代末贝塔朗菲已经提出研究复杂性问题，预见到复杂性科学本质上是研究复杂性的科学。20 世纪 70 年代后，关于简单系统的理论已经很成熟，系统科学才转向以复杂性为主要研究对象。如何区分简单性与复杂性，并据此对系统进行分类？这是创立开放复杂巨系统首先需要明确的问题。

钱学森认为，近代自然科学研究方法主要适用于简单系统，当科学从分析转向综合、从分化转向整体化时，科学研究的对象大都是开放的复杂巨系统，必须在方法论上有所突破。因为近代自然科学对复杂系统的研究，往往用还原论方法把复杂性还原为简单性。当对象是简单系统或简单巨系统时，还原论方法是可行的或近似可行的，但是当对象是复杂系统时，还原论方法必然会把产生复杂性的根源简化。辩证唯物主义认为，唯物主义的自然观“不过是对自然界本来面目的朴素的了解，不附加以任何外来的成分”①。按照这个观点，非线性、远离平衡态、混沌、分形、模糊性等，都是自然界本来就具有的复杂性表现出来的面貌，因此“把复杂性当做复杂性处理”就是复杂性研究的方法论原则，如果仍然把还原论方法应用于研究复杂巨系统，这就附加了主观的成分，歪曲了复杂性事物本来的面貌。

（2）非线性统计确定论原则

现代物理学、数学以及其他领域研究的新进展，发现以牛顿力学为基础的研究思想与研究方法，是以线性叠加原理成立为前提的。这个方法有很大的局限性，因为自然界的许多现象都是非线性的，于是非线性动力学也就由此产生。非线性动力学涉及许多学科，出现了一大类研究非线性问题的理论和方法，如“突变论”、“混沌理论”、“分形理论”等。非线性动力学对复杂巨系统的突变、混沌、分形、孤立子等非线性现象进行研究，系统科学的发展对它产生了强有力的推动。

（3）科学理论统一性原则

追求科学理论的统一是许多大科学家梦寐以求的目标，牛顿以力学统一科学，逻辑实证主义以数理逻辑统一科学，爱因斯坦试图以统一场论的研究追求反映物质运动规律的简单、和谐与统一的理论体系。

钱学森从马克思主义的系统思想、从现代科学的系统观点出发，把现代科学技术看成是一个相互联系、相互作用的有机整体。他认为，现代科学技术之所以不同于以往的科学技术的地方就在于：它是从总体上、不同的角度来认识世界、改造世界的，而不是分门别类地、孤立地对客观世界进行研究的。现代科学技术突出的特点表现在以下方面：

① 现代科学技术的体系结构。钱学森是战略科学家，他从现代科学技术的综合化、整体化趋势认识到：只有使全部现代科学技术建构成为一个有结构、有层次、开放的有机系统，才能充分发挥它在认识世界与改造世界中的作用。钱学森之所以花大力气建构这个体系，就是力图根据它来思考中国科学技术的发展方向与整体布局。他认为，这是他的历史使命。1991 年 10 月钱学森在中共中央、国务院授予他“国家杰出贡献科学家”授奖会上的讲话中说：“我在今后的余生

---

① 马克思恩格斯全集（20 卷）．北京：人民出版社，1971：539．

中就想促进这件事情”。这表明创建现代科学技术体系在钱学森心目中的重要地位，它绝不是纯粹学术问题而是同现代科学技术的发展，同中国现代化建设密切相关的战略问题。

② 现代科学技术的研究对象。钱学森是系统科学家，他认为现代科学技术研究的对象是开放的复杂巨系统。它的主要特点如下：

第一，开放的。系统与它周围的环境有物质交换、能量交换和信息交换。经典科学研究的对象是封闭的，它与周围的环境没有这些交换。

第二，巨大的。系统所包含的子系统成千上万，甚至上亿万，所以是巨系统。

第三，复杂的。系统所包含的子系统的种类繁多，有几十、上百，甚至几百种。经典科学研究的系统是简单的，子系统的种类不多。

第四，有层次的。系统结构包含若干层次，如果只有一个层次，从整系统到子系统只有一步，在这种情况下，经典科学的还原论方法还是适用的。

③ 现代科学技术研究的方法。科学研究对象决定科学研究方法，现代科学技术研究的方法是从定性到定量的综合集成法，它的特点是人—机结合、以人为主，充分利用计算机处理信息的能力，发挥人特有的智慧，实现信息与知识的综合集成。通过人机交互、反复对比、逐次逼近，实现从定性到定量的认识，从而能对经验性假设的正确性做出明确的结论。经典科学的研究方法是由科学理论、经验知识和专家的创造力相结合，提出假设，然后用数学演算、逻辑推理和进行实验来证明假设是否正确。但在研究复杂巨系统时，它便远远不够了。

④ 建立开放的复杂巨系统理论的途径。钱学森提出：要以马克思主义哲学指导；要从一个一个具体的开放复杂巨系统入手；要用思维科学的成果；定性与定量相结合的综合集成原则。从唯物辩证法的观点看来，定性与定量是辩证统一的。钱学森的“定性与定量相结合的方法，最后是要定量的。就是说，我们在定量的认识过程中要使用大量定性的东西，目的是最后把模型建立起来，定量。”① 当定量解决了很多问题以后，通过概括又从定量上升到定性。如此循环往复，集知识之大成，把许多好的东西，点滴的东西综合在一起，成为一个大的结构，正确的结构。所以，钱学森提出关于复杂巨系统问题的处理，要用定性与定量相结合的方法。和近代自然科学研究中的归纳与演绎相结合不同的是，后者是个人的、手工业式的劳动，而前者则是把人工智能、知识工程用到定性与定量相结合的过程中，因为复杂巨系统涉及的知识的范围非常之广，包括相关的各个领域、专家意见、数据库、知识库等，对这些知识的收集、整理与加工用人工是不可能的。但是用信息技术、计算机、人工智能和知识工程，可以把一切有用的知识集

① 钱学森. 创建系统学. 上海：上海交通大学出版社，2007：99.

成起来，解决现代化建设面临的许许多多复杂的问题。

主要参考文献

爱因斯坦文集（1卷）. 许良英，范岱年，译. 北京：商务印书馆，1976.
马克思恩格斯全集（1卷）. 北京：人民出版社，1965.
马克思恩格斯全集（20卷）. 北京：人民出版社，1971.
马克思恩格斯全集（2卷）. 北京：人民出版社，1965.
马克思恩格斯选集（4卷）. 北京：人民出版社，1977.
牛顿. 自然哲学之数学原理. 王克迪，译. 武汉：武汉出版社，1992.
钱学森，等. 论系统工程（新世纪版）. 上海：上海交通大学出版社，2007.
钱学森. 创建系统学. 上海：上海交通大学出版社，2007.
钱学森. 人体科学与现代科技发展纵横观. 北京：人民出版社，1996.
钱学森. 社会主义现代化建设的科学和系统工程. 吴义生，编. 北京：中共中央党校出版社，1987.
赵光武. 思维科学研究. 北京：中国人民大学出版社，1999.
中央组织部等五部委. 九十年代科技发展与中国现代化. 长沙：湖南科学技术出版社，1991.

第九章　社会系统工程的信息方法

研究社会工程（它的对象是开放的复杂巨系统），目前还没有形成从微观到宏观的方法。钱学森经过多年探索，在提炼、概括和抽象社会系统、人体系统和地理系统研究实践的基础上，认为“实践已经证明，现在能用的、唯一有效处理开放的复杂巨系统（包括社会系统）的方法，就是定性定量相结合的综合集成方法。”[①]

钱学森指出，综合集成法实际上是思维科学的一项应用技术，因为研究开放的复杂巨系统，首先要处理那么大量的信息、知识。“在网络带来的海量信息面前，如何发挥人的思维能力和智慧的作用，不至于使人淹没在信息海洋之中，成为一种‘信息奴隶’?”[②] 就是说，如何对海量的情报信息进行综合集成，这是综合集成法首先遇到的信息的激活（information inspiritment）问题。信息的激活就是把获得的大量信息变成有针对性的活智慧[③]；用信息科学的术语来说就是建设信息的转换，所以综合集成法也称为大成智慧工程[④]，就是说，把一个非常复杂的事物的各个方面综合起来，集其大成；把人的思维，思维的成果，人的知识、智慧以及各种情报、资料、信息统统集成起来，变成解决复杂问题的大智慧。

从综合集成法到综合集成研讨厅体系体的意图，是把人集成于系统之中，采取人—机结合、以人为主的技术路线，充分发挥人的作用，使研讨的集体在讨论问题时互相启发，互相激活，使集体创见远远胜过一个人的智慧[⑤]。综合集成法是从信息与知识上升为智慧，智慧是“比知识更高一个层次的东西了。如果我们在 21 世纪真的把人的智慧都激发出来，那我们的决策就相当高明了。”[⑥] 钱学森科学生涯的第三个阶段就是致力于把“系统科学、系统工程和总体设计部，综合集成和研讨厅体系紧密结合，形成从科学、技术、实践三个层次相互联系的研究和解决社会系统复杂性问题的方法论，它为管理现代化社会和国家，提供了科学的组织管理方法和技术，其结果将使决策科学化、民主化、程序化，使管理现代

① 钱学森．创建系统学．上海：上海交通大学出版社，2007：111.
② 钱学森．创建系统学．上海：上海交通大学出版社，2007：215.
③ 钱学森．创建系统学．上海：上海交通大学出版社，2007：128.
④ 钱学森．创建系统学．上海：上海交通大学出版社，2007：176.
⑤ 钱学森．创建系统学．上海：上海交通大学出版社，2007：202.
⑥ 钱学森．创建系统学．上海：上海交通大学出版社，2007：216.

化进入一个新阶段。”①

信息方法起源于信息科学等学科的研究，是现代科学方法论的重要组成部分，对开放的复杂系统，特别是社会系统，具有非常重要的作用。

9.1　信息范畴与信息概念

9.1.1　信息范畴

在介绍信息方法之前，先要弄清物质、能量与信息三者之间的关系。从哲学的观点看，物质、能量与信息是哲学的三个基本范畴。唯物主义认为：世界是物质的，存在于我们的意识之外，承认物质是客观实在和承认世界的物质统一性，这是唯物主义一元论的根本出发点。辩证唯物主义进一步认为：物质是处在永恒的运动变化和发展之中的，物质和运动彼此不可分割。

物质是运动的担当者，因而也是能量与信息的担当者，这表现在能量是物质运动的度量；信息是物质的运动状态及其变化方式；能量与信息都是物质的根本属性；物质、能量与信息都是普遍存在的。

从物质客体看的本体论信息，是指物质自身呈现的运动状态及其变化方式。因此，信息是物质的根本属性。

信息的特殊性，除了从物质客体看的本体论的信息涵义外，还有从认识主体看的、认识论的信息涵义，即认识主体所表述的关于物质的运动状态及其变化方式。认识论信息有一个重要的特点，就是可以同它所表征的物质客体分离开来，负载在叫做载体的其他物质客体上，同时并不改变该客体本身。这就是说，认识论信息可以不是物质客体本身，因而它不同于一般的物质属性，而是一种特殊的物质属性。另外，认识论信息只有通过物质的相互作用，并在其他物上才能表现出来。

认识论信息的特殊性（可分离性），对认识世界具有极为重要的意义。在人们认识世界、改造世界的过程中，由于信息与它所表征的对象可以分离，使得信息具有如下的特殊作用：

① 可以不直接接触对象而获取它的信息；可以不改变对象而对它的信息进行采集、变换、加工、存储、利用。

② 可以不受时空的限制进行信息传输。

③ 同一信息可以用不同的载体携带；用不同的系统进行传输、加工、存储。

④ 不同的信息可以用同类的载体固定；可以用相同的系统进行传输、加工、

---

① 钱学森. 创建系统学. 上海：上海交通大学出版社，2007：203.

存储。

⑤ 即使对象已经消亡，但有关它的信息可以长期保存下来，有时还可以用一定的技术手段把它复制出来。

⑥ 虽然对象尚未产生，但可以用符号系统建构出它的信息形态，然后利用一定的技术手段把它建造出来。

⑦ 通过有关对象的信息，可以把它的过去、现在和未来联系在一起。从而可以立足现在，回顾过去和展望未来。

⑧ 文明的历史发展，有赖于创造出符号这种特殊的载体，利用它创造了语言、文字、科学、文化等。

信息范畴的出现，对世界观的深入发展有极为重要的意义。在信息范畴出现之前，人们认为客观世界由物质与能量（物质的运动）组成。在信息范畴出现之后，人们认识到客观世界由物质、能量与信息组成。

特别需要着重指出，信息的源泉是物质的运动，因此信息是客观的，是普遍存在的；信息与它所反映的对象的可分离性，表明信息具有相对独立性。这也表明，以符号、文字为表现形式的信息具有相对独立性。随着人类社会的发展，信息在人类认识世界、改造世界的过程中将占有越来越重要的地位。

9.1.2 信息概念

从20世纪40年代起，信息成为科学的一个重要概念，主要是从两个角度切入。一个角度是从科学层次上切入，有三位主要人物作出了重要贡献。

一位是控制论奠基人维纳。从发表其奠基性著作《控制论——关于在动物和机中控制和通讯的问题》一书以来，控制论的思想和方法已经渗透到了几乎所有的自然科学和社会科学领域。维纳把控制论看做是一门研究机器、生命和社会中控制和通信的一般规律的科学，是研究动态系统在变化的环境条件下如何保持平衡状态或稳定状态的科学。维纳就是从控制论的角度出发，认为信息是人们在适应外部世界，并在这种适应于外部世界的过程中，同外部世界进行互相交换的内容的名称。由此可见，维纳关于信息的概念包含了信息的内容与价值，它从动态的角度揭示了信息的功能与范围，撇开了人们在与外部世界的相互作用过程中同时也存在的物质与能量的交换。因此，信息科学的提出，与研究物质结构和能量转换的传统科学不同，它研究系统的信息变换和控制过程，只是把质量和能量看作系统工作的必要前提，着眼于从信息方面，研究系统的行为方式。

第二位是物理学家 Brillouin，在他的学术名著 *Science and Information Theory* 中则说：信息是负熵，是使熵减少的东西。熵的概念与物理学中的热力学熵有着紧密的联系。玻耳兹曼与吉布斯在统计物理学中对熵做了很多的工作，Brillouin 提出的负熵是受到物理学研究的启发。

第三位是意大利信息论学者 Longo 在 *Information Theory: New Trend and Open Problems* 中认为“信息是事物的差异，存在于差异之中”。

另一个角度是从工程技术层次上切入。贝尔研究所的香农为解决通信技术中的信息编码问题，把发射信息和接收信息作为一个整体的通信过程来研究，提出通信系统的一般模型；同时建立了信息量的统计公式。他在题为“通讯的数学理论”的著作中，系统地提出了关于信息的论述，创立了信息论。

香农把信息理解为“消除随机不确定性的东西”。例如，给定一个随机变量 X，如果它有 N 种可能不同的运动状态 x_1，x_2，…，x_N，假定这些状态变化的方式服从概率分布 $P=\{p_1,\ p_2,\ \cdots,\ p_N\}$，那么这个随机变量所具有的随机不确定性的大小可以用定义在它的概率分布上的泛函 H（P）来计量（称为概率熵，单位为比特)，即

$$H(P)=-\sum_{n=1}^{N}p_n\lg p_n \tag{9-1}$$

在理想情况下，为了消除这个随机不确定性，就需要数量为 H（P）比特的信息，即

$$I=H(P)-0=H(P) \tag{9-2}$$

式（9-2）印证了 Shannon 所说的“信息就是用来消除随机不确定性的东西”。由此也可以看出，H（P）既可以用来表示和计算随机不确定性的大小，同时在理想情况下也可以用来表示和计算为了消除这个随机不确定性所需要的信息量的大小。

9.2　从本体论信息到认识论信息（全信息）

9.2.1　认识论信息的认识主体及其含义

认识论信息是认识主体所表述的、关于事物的运动状态及其变化方式。它必须有认识主体存在，而且必须站在认识主体的立场来考虑问题。引入认识主体这一条件是十分必要的，因为人们研究信息的目的，并不是为研究信息而研究信息，而是为了利用信息科学的规律为人类（认识主体）造福。

由于引入了认识主体这一条件，认识论信息的内涵就变得比本体论信息的内涵更丰富更深刻也更复杂了。因为认识主体在认识过程中，他所关注的信息不仅包含所观察到的信息的形式，而且包含信息的含义和信息的功用或价值。于是，认识论信息更准确地可定义为：认识主体所表述的关于该事物的运动状态及其变化方式，包括信息的形式、含义和功用，分别称为语法信息、语义信息和语用信息。

在信息科学中，语法信息、语义信息和语用信息是一个有机整体，被称为全信息。换言之，全信息是认识论信息的同义语。鉴于认识论信息（全信息）概念的重要性，有必要了解语法信息、语义信息和语用信息的相互关系。全信息概念如图 9-1 所示。

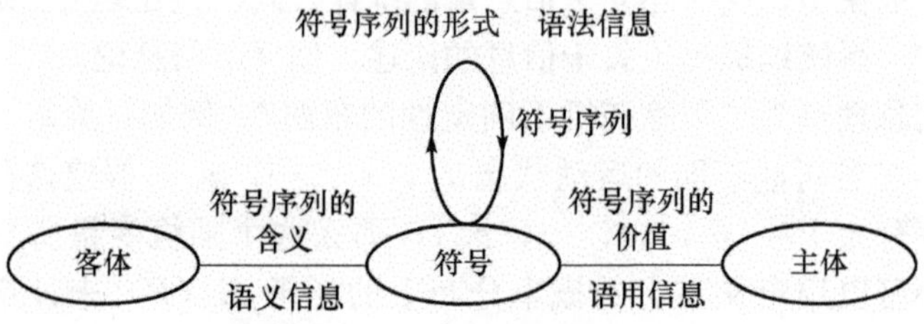

图 9-1　全信息的图示

由此可见，事物的运动状态（用抽象的符号来表示，如二进数字 0 和 1 等）及其变化方式（用符号序列来表示）的形式化就是语法信息。这种抽象的语法信息本身没有特定的含义，因为符号“0”和“1”既可以表示开关的“开”和“关”，也可以表示人的性别“男”和“女”，还可以表示比赛的“胜”和“负”或者天气的“冷”和“热”等。因此，在语法信息没有同它所实际代表的对象联系起来之前，无法确定“0”和“1”究竟是什么含义。但是一旦语法信息与它所实际代表的对象建立了关联，就会表现出清晰的语义信息。例如，如果语法信息所表示的对象是某场比赛的结局，那么符号“0”的语义就表示了“胜”的含义，符号“1”则代表了“负”的含义。一旦语法信息以及语义信息（图中整个中间和左边部分）与认识主体关联起来，它们就将表现出对主体目标而言的语用信息。例如，在语法信息代表比赛的情形，“胜”方的主体就可能会受到某种奖励（如升级），“负”方的主体就可能会受到某种处罚（如降级）。

9.2.2　研究认识论信息是现代科学的重大课题

在认识论信息定义中认识主体这一条件特别重要。

① 只有认识主体存在才有认识论信息（全信息）的存在。因而，对于人们提出在地球上出现人类之前，地球上是否存在信息的问题，从本体论信息的观点来看，答案必然是存在，因为本体论信息是客体本身的运动状态和状态变化的方式，它与是否存在人类（认识主体）没有关系。但是，如果从认识论信息去理解，答案必然是不存在，因为认识论信息以存在认识主体为前提，在地球上出现人类（认识主体）以前，不存在认识主体，当然也就不存在认识论信息。

② 人类认识世界的任务不仅在于认识世界，更重要的在于改造世界，这就要求主体的认识要和客观世界的运动规律相一致、相协调。因此，科学不仅要研

究客观世界的运动规律，还要研究主观世界的运动规律，尤其要研究客观世界与主观世界互相协调的规律。回避和排除后两方面内容的科学，是不成熟不完整的科学。特别是在研究应用信息科学技术为人类造福的信息服务的场合，人性化和个性化是十分重要的课题。

③ 对于不同的认识主体，他们研究的角度可能不同，认识论信息也因此可以有不同的涵义。例如，Shannon 信息就是从通信工程的角度进行研究的，因此可以表述为“用来消除随机不确定性的东西”。语言学家是从人类语言规律的角度研究的，他们的信息定义就可以表述为用来消除语法、语义和语用不确定性的东西。

需要指出，Shannon 理论的信息概念存在两方面的严重局限性。

一方面，Shannon 理论关于信息概念的不确定性只限于随机不确定性，它可以用概率理论来描述，如式（9-1），没有考虑其他类型的不确定性。实际上，科学技术领域和社会工程领域大量存在模糊类型的不确定性。显然，Shannon 信息理论无法处理这类更为常见和往往更为重要的不确定性问题。为此，必须把它改造成为能够同时处理随机型不确定性和模糊型不确定性的新的信息理论。

另一方面，Shannon 理论的信息只考虑了信息的形式方面（用信号的波形表示），没有考虑信息的含义方面和功用方面。这在通信理论的场合不会发生问题，因为“只考虑信息的形式而不考虑信息的含义和功用”正是通信工程的固有特点。但是，在社会工程领域，信息的形式、含义和功用是不可或缺的三位一体。如果只考虑信息的形式而不考虑信息的含义和功用，如何能保证社会工程决策所获得的是“损失最小或得益最大”的合理策略？因此，在社会工程领域必须把 Shannon 理论的信息概念改造为“同时考虑信息的形式、含义和功用的认识论信息”。

正是因为认识主体认识的角度可以各不相同，因此导致认识论信息的定义多种多样，至少有 100 余种。这表明，现实世界是复杂的，反映它的认识论信息也必然具有多样性特征。从科学研究的角度来考虑，我们一方面要坚持本体论信息的定义是最基本的，这是唯物主义者的立场；另一方面在研究过程中，我们又必须注意对象的多样性和复杂性，注意认识主体的不同角度和认识过程的复杂性。

9.3　从认识论信息到方法论信息（信息方法）

9.3.1　认识论信息的加工产物

在认识过程中认识论信息可以通过加工转换为下列产物：经验、知识、常识、策略和智能。它们都是对信息进行不同深度加工所得到的产物，它们与信息一起构成了信息加工过程的“加工链”，只有通过这个“加工链”的深入研究，才能深刻理解信息转换方法的精髓和意义。

(1) 经验

通常认为，经验是人们在解决实际问题的过程中通过摸索而形成的成功操作方案。一切成功的经验都具有这样的共同特征：它能够告诉人们，在什么样的环境下，对于处在什么样状态（原状态）的事物，应当运用什么样的操作方案（状态变化的方式）才有可能达到预想的目的（新状态）。

从认识论信息的定义可以看出，经验不是别的，正是认识主体所表述的事物运动的状态和状态变化的方式、含义和功用。也就是说，经验是由认识论信息加工出来的一种产物，介于认识论信息与知识之间。这是因为经验和认识主体有关，它是经过人们的实践、思考、分析和整理，成为某种虽然略显粗糙但仍然可供借鉴和推广应用的操作方案。因此，经验来源属于认识论信息，并且具有知识的秉性。

如果把形成一个经验的问题叫做源问题，那么只要面临的新问题与这个经验的源问题基本相似，所面临的环境也大体相同，经验的应用就很可能会取得成功。当然，由于经验的形成没有经过严格的科学论证，经验的可应用条件也可能不十分明确，因此经验运用的成功并没有严格的保证。在这个意义上，可以把经验看作是一种潜知识、前知识、准知识、欠成熟的知识或经验性知识，它是由信息通向知识的桥梁。

(2) 知识

知识是一个既熟悉又陌生的研究主题，自从 20 世纪 80 年代出现“知识经济”和“知识社会”的概念以来，情形便有了比较明显的改变。人们开始对知识以及知识如何支持社会发展的问题日益关注，展开了日趋活跃的研究，对知识的概念也形成了多种角度的描述：

① 知识是可应用于解决问题的有组织的信息。

② 知识是经过组织与分析的信息，因此可以使人了解与用于解决问题和决策。

③ 知识由事实与信念、观点与概念、评断与期望、方法论与实际技能等元素组成。

④ 知识是一整套被评估为正确与真实，因此用来引导人类思想、行为及沟通的洞察力、经验和流程。

⑤ 知识是对于数据与信息的评断与整理，以此引发绩效产生、问题解决、决策、学习与教导等能力等。

不难看出，这些概念并不完全准确，但也都有一定的道理。颇有启发意义的是，多数的知识概念都注意到了知识与信息的关系以及知识与能力的关系。

显而易见，就知识的整体而言，它是一个巨大而复杂的系统，是一个大规模、多层次、多分枝、交叉关联、动态演进、新陈代谢、不断增长、永远开放的网络系统。它的基本单元则是概念和概念之间的关系。之所以说它是个巨大的系统，是因为它拥有的概念总体数量以及概念之间关系的总体数量都非常巨大，而且还在继续日益增长；说它是个复杂的系统，因为它的许多概念（特别是一些新概念）本身就已经相当复杂，概念之间的关系也越来越复杂，而且这种复杂的程度也在与日俱增。

有鉴于此，知识理论研究的任务，不应当是进入这样巨大而复杂的知识网络系统内部对浩如烟海的一个一个具体的概念和概念关系进行微观的研究（这应当是各个学科的研究任务），而应当是对知识整体的共性规律和性质进行宏观的研究，也就是进行认识论的研究。

从认识论的观点看，可以认为：知识由经验总结而来，是经验的升华。这就是说，经验和知识直接同认识论信息相联系，而不是直接同本体论信息相联系。另一方面，经验和知识又具有很不相同的特点：经验是经过实践证明为有效，但是还没有被证明为普遍有效的操作性认识；知识则经过了大量实践的检验并且上升成为理性的认识，上升成为了规律。如果说经验还是一种欠成熟的知识，那么知识就已经是成熟的知识和规范性知识。因而，知识是认识主体关于事物运动状态及其变化规律的表述。

在这个定义中，知识表述的是事物的本质，是事物的运动状态及其变化的规律，而不仅仅是关于事物的现象和运动状态及其变化的具体方式。同时，认识论信息（全信息）和知识概念可以互相贯通，由具体的现象和状态变化方式（信息）到抽象的本质和状态变化规律（知识）的过程，正是人们对信息所进行的加工、提炼和抽象化的过程。因此，信息作为原材料，经过加工提炼就可能形成相应的抽象产物——知识。可以说，知识是由信息加工出来的反映事物本质及其运动规律的抽象产物。

例如，在牛顿力学中，$F=ma$ 是一个知识，它告诉人们质量为 m 的物体，受到大小为 F 的力作用后会产生加速度为 a 的加速运动。在这里，知识告诉人们的正是受力作用的物体的运动状态以及状态变化的规律。

又如，化学反应知识告诉我们如何由几种物质（原始状态）合成新物质（新状态）的规律；生物遗传工程学知识告诉我们父代（原有状态）如何衍生成子代（新状态）的规律；控制论告诉我们的则是如何才能使一个系统由起始状态演进到目标状态的规律等。

在有些场合，我们也说知识是一类特殊的信息。它的特殊表现在知识是抽象的而且具有普遍适用性，而不是个别的、粗糙的、具体的信息。这是因为作为事物运动状态及其变化规律的知识，当然满足了事物运动状态及其变化方式的要求，因此知识必然符合信息的质的规定。反过来，信息虽然可以被加工成为知识，但一般来说信息本身却不具有抽象性和规律性的品格，不符合知识的质的规定性，它只是知识的原材料。所以，信息与知识是相通的，区别在于信息是现象，知识是本质。

由信息（现象）提炼知识（本质）是人们获得知识的基本方法，但并不是唯一的方法。人们也可以通过演绎推理等抽象思维的方法由已有的知识获得新的知识。前一种途径称为知识获取的归纳方法，后者称为知识获取的演绎方法。两种知识获取的方法相辅相成，缺一不可。在科学技术发展的早期，由于所积累的知识较少，知识空间中的知识密度很低，演绎的方法难以奏效。随着科学技术的发展，演绎的方法变得越来越有效。但是归纳方法永远都不失为获得新知的基本方法。

（3）常识

与经验、知识密切相关的另一个概念是常识。

顾名思义，常识也应当是一种知识，但又不同于严格意义上的知识。所以，常识的概念比较模糊，通常被理解为普通人所拥有的普通知识。然而，普通人与普通知识也仍然是模糊的概念。为此，我们把常识更具体地定义为人们通过后天习得的、尽人皆知而且通常是无须证明的经验和知识。

这个定义表明，常识确实不同于严格意义上的知识。它的三个基本特征包括后天习得、尽人皆知、无须证明。因此，常识不仅可以来源于成熟的知识，而且也可以来源于欠成熟的经验，这是因为，在知识和经验这两类集合中都有能够同时满足上述三个基本特征的部分。另一方面，那些尽人皆知、无须证明的常识却不同于本能，因为常识不是人们与生俱来的先天产物，而是后天习得的结果。

如前所说，为了对知识进行全面的研究，除了要考察知识与信息的关系之外，还应当考察知识的发展走向，即知识与策略的关系（由知识生成策略）。为此，下面就来论述与此相关的策略和智能的概念。

（4）策略

简言之，策略就是在把握问题规律的基础上形成的、关于如何处理问题达到目标的对策与方略，包括在什么时间、什么地点、遵循什么规则、由什么主体采取什么行动、达到什么目标等一套具体而完整的行动规划、行动步骤、工作方式和工作方法。

策略所要告诉人们的是面对具体的问题（事物的原始状态），应当按照什么方法和步骤（状态变化的方式），才能把问题的原始状态一步一步地转变为目标状态，使问题得到满意的解决。其前提是对问题的本质规律的认识。

对照信息的定义就不难体会，策略也是一种特殊的信息，称为策略信息。不过，策略信息既不是天然的本体论信息，也不是一般的认识论信息，而是由认识主体运用经验与知识生成的用以求解问题的高级信息产物。对照知识的定义，我们同样也可以说，策略是一种知识，一种用来求解问题的知识，称为策略知识。因为策略也满足是由信息加工出来的反映事物本质及其运动规律的抽象产物，否则就不能用来求解问题。不过，这种策略知识又和一般的知识有很大不同，策略知识是和具体的求解问题以及具体的求解的目标紧紧联系在一起的特化知识。

还要指出，主体所生成的策略信息必须能够用来有效地解决问题。因此，策略既要体现主体的目标要求（否则就没有意义），又要符合客观规律（否则就不可能实现），是主体的目标要求与问题的客观规律两者的巧妙结合。从这个意义上可以认为，策略是智能（智慧能力）的集中体现，是智能的核心，可以称为核心智能或者狭义智能。正因为如此，人们往往在策略一词的前面冠以智能的修饰，称为智能策略。甚至，在不需要严格区分的时候就把智能策略简称为智能。

以上的讨论表明，面对待求解的问题，智能策略的生成一方面依赖于主体所拥有的关于问题的信息和知识，同时也依赖于主体预设的求解目标。如何由信息、知识、目标生成求解问题的智能策略，这正是智能理论要讨论的核心问题。

（5）智能

虽然在不需要严格区分智能和智能策略含义的时候可以把两者看作同义语，但是在严格意义上说，智能和智能策略并不完全是一回事情。因为智能是为了获得智能策略所需要的一种综合性的能力，而智能策略则只是智能这种能力工作的一个具体的结果。

不言而喻，智能的概念具有稳定的内核。这个内核可以表述为某种学习能力。也就是说，学习能力是智能的一个关键性表征：有学习能力就被认为有智能；没有学习能力就被认为没有智能。不过，智能的具体内涵却会因智能主体的不同而有所不同。例如，人类的智能、生物的智能和人工的智能这些概念都具有智能的特定内核——某种学习能力，但是这些不同主体的智能内涵之间却有重要的区别。

考虑到人乃万物之灵，因此从认识和理解智能规律的需要考虑，研究人类的智能具有特别深远的意义。另一方面，从利用智能机器为人类生存发展服务的需要考虑，研究人工智能应当是一项具有战略意义的任务。

因此，这里着重考虑人类智能和人工智能的概念。

人类智能是人类才具有的一种能力：当面对某种具体环境的时候，能够依据自己的知识和自身的长远目的去发现并定义为了实现目的而应当解决的问题以及求解问题应当达到的预设目标，进而为了解决问题去获得相关的信息，从中学习相应的专门知识，在目标引导下利用这些信息和知识制定求解问题的策略，运用策略去解决问题达到目标。

人类是具有目的的能动主体，也具有一定的知识（称为已有的知识）。因此，人类具有自主发现问题、定义问题和确定预设目标的能力（称为隐性智能），以及由此去获得必要的信息，并且通过学习从中获得专门知识，进而在目标引导下综合利用这些信息和知识制定求解问题的智能策略，从而解决问题达到目标的能力（称为显性智能）。可见，人类智能包括隐性智能和显性智能是一类具有自主创造力的智能。

人工智能是机器的一种能力，即面对给定的问题—知识—目标，获取相关的信息、从中学习相应的专门知识、在目标引导下利用这些信息和知识制定求解问题的策略、运用策略解决问题达到目标的能力。

这个定义表明，人工智能是一门非常有意义的科学技术，其目的是试图在理解人类智能机理的基础上制造人工智能机器，用以扩展和延长人类的智能，使人类有可能从自然力的束缚下获得越来越彻底的解放。

长期以来，学术界和社会公众中都存在一种看法，认为随着整个科学技术的进步，人工智能机器的智能总有一天会超过人类的智能水平。机器的工作速度快、精度高、耐力好，如果它的智能水平又比人类的智能水平高，那么按照优胜劣汰的竞争法则，人类就终将有一天会被人工智能机器所淘汰。这是一种误解。

事实上，机器（人工智能系统）没有自身的目的和先验知识，它所具有的知识、问题和目标都是人类设计者给定的。因此，人工智能系统不可能自主发现问题和定义问题，也不可能自主设定求解问题的目标。它们只能在人类设计者给定的问题—知识—目标框架内去寻求解决问题的具体办法。换言之，人工智能系统不具备隐性智能，只具有显性智能。由于种种条件的限制，人类设计者事先给定的问题—知识—目标不一定是完备和完全合理的，因此人工智能的显性智能的学习能力和创造性也会受到局限。这是人工智能与人类智能之间的重要区别，也是人工智能机器不可能超越人类智能的原因。

由此可知，人类智能与人工智能两者都具有显性智能，即获取信息—生成知识—制定策略—解决问题这些共性的能力要素，其中的核心则是获取信息—生成知识—制定策略。显性智能是目前相对而言比较有希望取得研究进展的部分，隐性智能则相对比较困难，目前还缺乏系统性的研究成果。有鉴于此，这里所说的智能都是指显性智能。

9.3.2 信息方法的特点

所谓信息方法，就是一种用来研究、理解和设计以信息现象为主导因素和以信息过程为基本脉络的开放复杂信息系统的普遍有效的现代科学方法。

人工智能系统就是这样的开放复杂信息系统。大规模信息网络也是这样的开放复杂信息系统。社会工程更是这样的开放复杂信息系统，它是信息方法可以大有作为的重要场所。

与传统方法不同，信息方法的特点是在分析和理解复杂信息系统的时候，首先要暂时抛开系统的物质因素和能量因素，突出系统的信息因素，在保证信息的完整性和信息过程真实性的前提下，着重剖析系统中信息转换过程的工作机制，在此基础上建立能够说明系统工作机制的信息模型。在设计和实现复杂信息系统的时候则反过来，首先要建立能够满足用户需求的信息转换模型和体现模型能力的工作机制，把信息模型转化为物理模型的时候再结合实际条件考虑实现模型所需要的物质条件和能量条件，最终形成所设计的系统。

从具体实施的角度来说，信息方法包含了一系列的信息转换。从更具一般意义的人类智能的角度考虑（人类智能既要包含发现问题的隐性智能又要包含解决问题的显性智能，因而更具全面性），信息方法主要包括如下基本步骤(图 9-2)：

(1) 发现问题和定义信息

根据长远的目的（不断改善人类生存发展条件）和已有的知识，人们首先要做的事情是发现为了实现目的而应当解决的问题，同时运用已有的知识规范地定义问题和求解问题的预设目标（定义基本信息）。这里需要特别关注的工作指标是已有的知识要正确而充分；定义的问题要清晰而且确实通过努力有可能解决，预设的目标要合理。

(2) 获取信息（从本体论信息到认识论信息转换）

面对外部世界的问题及其环境，利用自己的感觉器官（技术上则是利用传感系统）去获得关于问题、问题的环境以及问题的求解目标的原始信息（本体论信息），把它恰当地表示为感知信息（认识论信息）。这里需要特别关注的工作指标是获取信息的完整性、准确性、精炼性、适时性以及信息表示的合理性。

(3) 传递信息（认识论信息的空域转换）

如果需要传递，就要通过传导神经系统（技术上是通过通信系统）把获得的感知信息传到大脑的初级皮层（技术上是计算系统）。这里需要特别关注的工作指标是在传递过程中保持信息的真实性、有效性、可靠性和安全性。

(4) 存储信息（认识论信息的时域转换）

如果需要存储，就要把获得的感知信息保存在记忆系统（技术上是存储系统），以便在需要的时候提取出来使用。在这里需要特别关注的工作指标是要保持所存储信息的真实性、有效性、可靠性和安全性，同时还要保证信息提取的便捷性。

(5) 处理信息（认识论信息的形式转换）

大脑初级皮层（技术上是计算系统）对收到的感知信息进行初步加工（预处理），使信息更加便于应用。这里的预处理包括：为了便于后续处理而对信息进行适当的表示、提取信息的特征、提取信息的表征参数、对信息进行某种计算、按照某种准则对信息进行适当的分类、按照某种规则对信息进行相应的排序，或者对信息进行某种必要的逻辑处理等。这里需要特别关注的工作指标是要在各种预处理的过程中保持信息的完整性和真实性。

(6) 生成知识（从认识论信息到知识的转换）

大脑高级皮层特别是联合皮层（技术上是知识生成系统）运用已有的知识通过分析、类比、联想、归纳、学习等方法从收到的信息现象中提炼出共性的本质，生成不同于已有知识且与问题相关的新知识，获得对于问题本质的认识。这里需要特别关注的工作指标是所采用的信息—知识转换方法的科学性和有效性。

(7) 制定策略（从知识到策略的转换）

大脑高级皮层特别是联合皮层和皮层的前额叶（技术上是策略制定即决策系统）在问题求解目标的引导下通过分析、推理、学习等方法利用相关的信息和知识（相关的已有知识和新知识）演绎出求解问题的策略。这里需要特别关注的工作指标是所采用的知识—策略转换方法的科学性和有效性。

(8) 传递策略（策略的空间转换）

大脑制定求解问题的策略之后，还需要通过传导神经系统（技术上是通信系统）把策略从大脑传递到效应器官（技术上是控制系统）。由于策略传递与信息传递具有相同的性质（策略乃是信息加工的最高级产物）因此，这部分的情况与(3) 相同。

(9) 执行策略（从策略到行为的转换）

人类的效应器官（技术上是控制系统）把收到的问题求解策略转换为相应的行为，后者作用于所面对的外部世界的问题，使问题的状态按照求解策略逐步改变，直至问题的状态达到预期的目标状态，表明问题得到解决。这里需要特别关注的工作目标是策略—行为转换的保真性和效率。

(10) 反馈学习和优化（策略的优化）

如果由于信息方法的前期步骤运用不够理想（例如，或者获得的信息不够完全，或者传递和存储过程中引起了信息的失真，或者处理信息的过程不够恰当），可能会导致后面生成的知识不够全面、不够准确，从而使制定的策略不够合理，使得控制行为作用的结果不能满意地达到目标。在这种情况下，就要把由此产生的误差（问题解决的状态与目标状态之间的距离）作为新的信息反馈到大脑系统，使知识得到补充和矫正，使策略得到优化，使智能行为作用的结果更接近于目标，使问题得到满意的解决。这是一个反馈学习和优化的过程。

到此，信息方法又回到上面的 (1)，以不断发现新问题，不断解决新问题，不断螺旋式上升，不断波浪式前进，形成一个开放的、动态的、大规模的、复杂的、自下而上与自上而下完美结合的、充满不确定因素而又不断通过学习利用智慧消除不确定性的问题，发现问题的求解方法。

9.3.3　人工智能与信息方法

既然智能系统（包括人类智能系统和人工智能系统）是典型的开放复杂信息系统，那么就可以通过对于智能系统的解析来了解信息方法的基本思想。

图 9-2 给出了体现显性智能的一种智能系统参考模型。

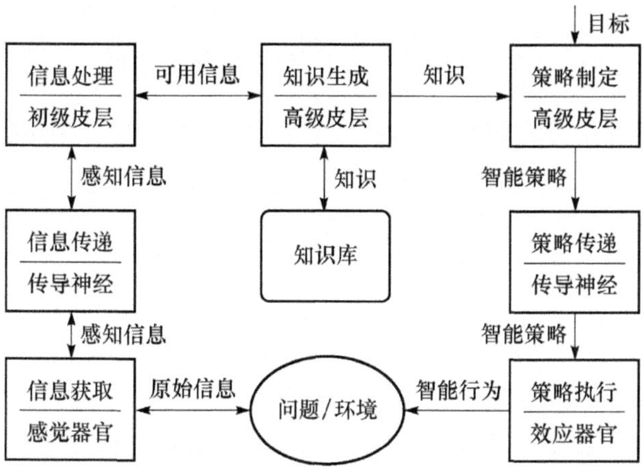

图 9-2　智能系统模型

需要指出的是，图 9-2 所示的智能系统模型比较全面地展示了信息方法的精髓，这就是“由信息到知识再到智能策略的转换”的过程（图中左边部分是信息获取、传递和处理过程，中间部分是信息—知识转换过程，右边部分是智能策略生成、传递和执行过程）。

这就意味着，各种智能系统（包括人类智能系统、生物智能系统和人工智能系统）是信息方法最恰当也是最典型的应用场所。因此，这里就结合图 9-2 的智能系统模型来理解和阐述信息方法的基本思想。

9.3.4　信息方法的意义

贯穿以上 10 个步骤的灵魂是信息的转换。这些转换的有机整体，就构成了信息方法的基本程序，它也是人们实现智能活动的基本过程。

结合图 9-2 的人工智能系统模型可以看出：信息方法包含了认识问题（它的标志是获得了知识从而认识了问题的本质）和解决问题（它的标志是生成了求解问题的智能策略从而懂得怎样去解决问题）两个基本的阶段，以及这两个阶段的动态交互与相辅相成的作用过程。概而言之，信息方法包含了认识世界和优化世界这样两个相辅相成的过程。

由此，可以理解信息方法的深刻意义。以信息转换为特征的信息方法揭示了人类认识世界和优化世界活动的共同本质：认识世界的过程，就是从外部世界不断获得信息并从中提炼和生成知识的过程；优化世界的过程，则是把人类利用知识和信息所制定的策略反作用于外部世界的过程；两个过程相互联系、相互作用、相互促进与相辅相成。因此，信息方法是人类认识世界和优化世界的基本方法，当然也是实施社会系统工程的基本方法。

物质、能量、信息是现实世界为人类提供的三大战略资源。人类正是通过各种各样的加工处理方法把这些资源转换成为丰富多彩的产品，包括物质产品和精神产品，来不断满足自己生存与发展的需要。历史已经证明，面向物质资源的质量转换原理和方法指导人们获得了越来越优秀的材料产品，面向能量资源的能量转换原理和方法指导人们获得了越来越高效的动力产品。信息科学技的发展已经证明，而且未来将进一步证明，面向信息资源的信息转换原理与方法可以指导人们获得越来越高级的智能产品。

物质产品为一切高级机器提供材料，能量产品为一切高级机器提供动力，信息（智能）产品则为一切高级机器和人类提供智能。材料和动力都需要在智能的驾驭下才能发挥积极的作用，人类有了智能，将充分发挥他的创造性和能动性。因此，与质量转换和能量转换方法相比，信息转换方法对于人类生存和社会进步的意义将会更重要、更深刻、更伟大。这就是以信息转换为特征的信息方法的重大意义。

9.4 信息方法在综合集成法中的作用

社会工程是面向全社会的开放复杂巨系统。具体来说，社会工程面向整个社会和整个国家。其基本宗旨是实现社会和国家在整体上的有序发展。这里所说的有序发展既不是传统的“计划”发展模式或者 20 世纪 70 年代苏联所宣传的基于现代科学技术（当时特别强调的是控制论和计算机）的计划经济发展模式，也不是纯粹无计划无政府的自由市场模式，而是一个先进的、开放的、民主的、动态演进的、宏观有序而微观积极活跃的发展模式。

社会工程的主要任务包括：

① 全面调查和准确掌握我国社会、经济、政治、文化与环境各方面发展的现实状态，客观分析和科学预测我国经济社会发展的基本需求，充分了解国内外科学技术发展的进程和发展趋势以及其他国家经济社会发展的成功经验与失败教训。在此基础上，依据国家的整体目标和基本政策、经济社会发展的客观规律以及人口—资源—环境约束，通过大规模的智能仿真，形成和提出全国性的长远发展规划和阶段性规划文本作为国家决策的参考。

② 在国家发展规划的执行过程中，按照自下而上和自上而下相促进、国内

发展与国际发展相参照、稳定发展与动态调整相依存、社会与环境（人与自然）相协调等基本原则，运用先进的信息网络技术展开广泛深入持久和适时地跟踪考察调研，及时总结和推广各地人民群众创造的成功经验，敏锐发现和迅速纠正实践中出现的各种偏差，适时调整和优化规划的相关内容和目标，引导国家规划的顺利实施和创新发展，并为制定新阶段的国家整体发展规划积累经验和数据。

总之，社会工程的主要任务就是不断地认识社会和优化社会。研究和处理这个重大问题唯一有效的方法是综合集成法，其操作程序主要是从调查研究中得到相关的信息，通过加工建立认识世界和优化世界的模型，然后通过计算机仿真实验，检验模型的真实和正确程度。按照这个程序反复多次地进行，不断修改、补充甚至推翻原先提出的模型。在整个操作程序中，从大量信息中提出模型，再用大量信息来检验模型的真实性和正确性，这是综合集成法的关键。也就是说，通过信息的激活（转换）、把大量信息变成有针对性的活智慧，这是至关紧要的。从本体论信息到认识论信息，再到方法论信息（信息方法）正是适应这一要求。除了准确理解和把握信息方法的基本思想外，在信息激活（转换）的过程中，还需要注意以下几个重要问题。

9.4.1 认识论信息（全信息）是基础

作为信息方法的基本要素，信息在其中扮演着基础性的角色。不言而喻，如果拥有的信息不够准确、或者不够完全、或者不够明晰、或者不够适时、或者不够稳定、或者不够真实可信，那么信息方法就会成为先天不足，甚至完全失去效力。这是在社会工程的设计和运转过程中需要首先关注的问题。

正如图 9-2 所表明的，在信息方法的流程中，信息获取、信息传递、信息存储、信息处理、知识生成、策略制定、策略传递、策略执行、策略优化等每一个环节都具有各自独特的贡献和作用，它们彼此协调一致的工作才能构成认识世界和优化世界的整体能力。不过，在所有这些环节之中，处于核心地位的却是知识生成和策略制定，其他各个环节都是从不同的角度为这两个核心环节服务的：一方面信息获取、信息传递、信息存储、信息处理等环节的作用是为知识生成和策略制定准备必要的条件；另一方面策略传递、策略执行的作用则是把策略付诸实施，使之发挥实际作用。可以想见，如果生成的知识正确而且制定的策略合理，方法就有可能取得成功；反之，就会招致失败。

怎样才能保证所生成的知识的准确性和所制定的策略的合理性呢？

显然，为了生成正确的知识和制定合理的策略，系统所利用的信息就不仅应当包含形式的因素（语法信息），而且必须包括含义的因素（语义信息）和功用的因素（语用信息）。这样，利用语法信息就可以了解事物的外表形态，利用语义信息就可以懂得事物的内容含义，利用语用信息就可以判断事物的利害功用，从而具备条件在理解的基础上生成准确的知识和制定合理的决策。反之，如果系统利用的信息只是 Shannon 信息，由于它只是一类统计型的语法信息，那么系统就只能依靠统计原理来生成知识和制定策略。然而，统计方法只是一种以大数定律为依据的平均行为，而不是充分理解的行为。因此，仅仅依赖 Shannon 信息生成的知识和制定的策略只在大数平均的意义上是正确的，并不能保证每个具体的实现都是正确和合理的。

这就是说，作为以人为本的理性的社会工程，信息方法的信息概念不能满足 Shannon 理论的信息概念，不能满足只看形式不问含义和功用的 Shannon 信息，而必须应用综合考虑语法、语义和语用因素的认识论信息（全信息）概念。

9.4.2 从本体论信息到认识论信息的转换是关键

脑神经科学的理论和实践都证明，人类感觉器官和技术上的传感系统都可以从外部世界感知事物的运动状态及其变化方式的形式，即可以感知和获取本体论信息并把它转换为语法信息。这是因为外部事物的运动状态及其变化方式一般都表现为某种或某些物理化学参量的大小及其变化，而人类的感觉器官和技术上的传感系统都会对某种或某些物理化学参量及其变化敏感。因此，一旦事物出现某种状态以及这些状态发生某种变化，就会在人类感觉器官和传感系统引起反应，从而感受到这种变化。

与此同时，脑神经科学的研究又证明，人类的感觉器官和技术上的传感系统都不可能直接从外部世界感知事物运动状态的内容含义。换句话说，人们可以直接从外部世界获得事物的语法信息，但是不可能直接获得语义信息。这是因为事物运动的状态及其变化方式的形式是具体的有形的，因而可以被感知，而事物运动的状态及其变化方式的内容含义则是抽象的无形的，因而无法直接感知。对于传感系统来说，以上两个结论是显而易见的。对于人类的感觉器官来说，也是完全正确的。

也许有人会反驳说：当我看到汽车就知道那是代步工具（汽车的内容），看到房屋就知道那是居住的场所（房屋的内容）。他们希望以此来证明感觉器官能够感知内容。其实，当你看到汽车就知道那是代步工具，这是因为你的感觉器官受到了你的大脑的提示。就感觉器官本身而言，它是不可能知道那是代步工具的。所以，人类的感觉器官和技术上的传感系统都只能从外部世界获得语法信息，而不能获得语义信息。

策略的制定必须拥有包括语法、语义、语用信息的认识论信息。于是就发生了这样的问题，在获得语法信息之后，怎样才能生成语义信息呢？或者说，看到了事物的形式之后，怎样才能知道它的内容呢？这个问题十分重要。这就是从本体论信息到认识论信息的转换，它的原理可以用图 9-3 的模型来加以说明。

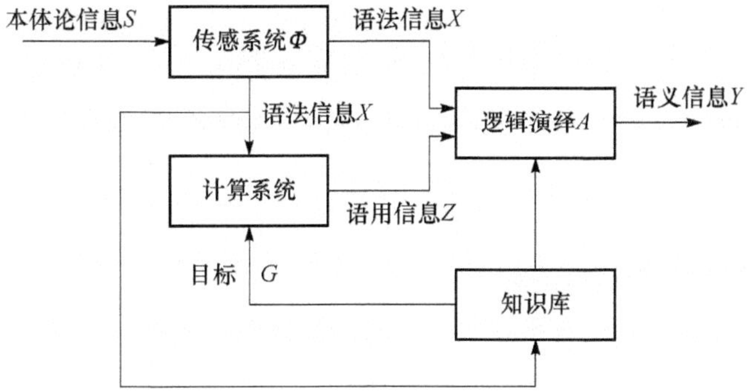

图 9-3　第一类信息转换的原理模型

模型的输入是本体论信息 S，输出是认识论信息，包括语法信息 X、语义信息 Y 和语用信息 Z 三个分量。

图 9-3 具体示出了在本体论信息的激励下，认识论信息的三个分量（语法信息、语义信息、语用信息）是如何生成的：第一步生成语法信息，第二步生成语用信息，第三步生成语义信息。有这样的生成顺序是因为语法信息可以直接感知，语用信息可以直接体验（体验对自身目的是有益还是有害）或计算，语义信息则是抽象的，只有在语法信息和语用信息两者都齐备了的情况下才可能通过逻辑推理得到。

下面分别叙述这个三步原理。

① 产生语法信息。给定本体论信息 S 以后，语法信息 X 可以通过感觉（传感）系统获得，这个过程的数学本质就是一类映射 Φ（理想情形下是一对一映射），把外部刺激的物理化学参量变化 S 形式映射（变换 Φ）为信号参量变化形式 Z（语法信息），即

$$\Phi: S \mapsto X \tag{9-3}$$

② 产生语用信息。如果知识库存有先验的“语法信息 X 和与之相应的语用信息 Z 的关系对 $\{X, Z\}$”，表明这个外部刺激是先前发生过的，那么语用信息 Z 就可以直接由 X 触发 $\{X, Z\}$ 得到。这种关系对的最初来源就是由认识主体的直接体验得到：什么样的 X 具有什么样的 Z，把它们成对地存入知识库内备用；如果知识库没有这样的关系对（面对的是新的外部刺激），语用信息 Z 的产生就有两种可能的途径：或者由主体进行新的体验；或者通过计算，在已经获得的语法信息 X 和知识库提供的主体目标矢量 G 的联合支持下为

$$Z \propto \mathrm{Cor}(X, G) \tag{9-4}$$

其中，Cor 表示矢量 X 与矢量 G 的相关性运算；目标 G 要通过语法信息 X 由知识库检索得到。

对于人类主体来说，式（9-4）的计算只是一种估量的过程。

③ 产生语义信息。由于语法信息 X 是抽象的内容，不可能通过感觉和体验得到，只能利用式（9-5）在语法信息 X 和语用信息 Z 的基础上，通过逻辑演绎推断出来，即

$$Y = \lambda(X, Z) \tag{9-5}$$

其中，λ 表示某种逻辑运算的算子。

在最简单的情况下，逻辑算子 λ 就是“逻辑与”，即

$$Y \approx X \cap Z \tag{9-6}$$

这就是说，语法信息 X 与语用信息 Z 就定义了与之相应的语义信息 Y。

举例来说，对于一个黄苹果，其语义信息可以表示为

$$Y = \{y \mid X \cap Z\},$$

其中，X={形圆如球，大小如拳，皮色嫩黄，重约半斤}；Z={水分丰富，味道鲜美，有益健康}。

这就是说，X={形圆如球，大小如拳，皮色嫩黄，重约半斤} 与 Z= {水分丰富，味道鲜美，有益健康} 就限定了黄苹果的语义信息 Y。

通过语法信息与语用信息的逻辑运算“与”来描述相应的语义信息，无论在学术研究中还是在日常生活中都一直在有效使用。可以认为，图 9-3 和式（9-3）~式(9-6) 表明，只要事先具有明确的目标 G，那么从本体论信息 S 产生语法信息 X 并进而产生语用信息 Z 和语义信息 Y 在原则上是完全可行的。

在目前实际应用的各种信息技术领域，人们所获得的信息都是用数字信号波形（0 和 1 序列）表示的语法信息，传递和存储的信息也是用数字波形表示的语法信息，所处理和计算的信息也基本上都是用数字波形表示的语法信息，就连制定决策的过程也大多是基于统计原理的数字波形处理，很少有基于内容（语义信息）的处理。这是当今的信息服务（如 Internet 信息检索、机器翻译、人机对话、复杂决策等服务）不能令人满意的基本原因之一，解决这一问题的主要出路就是要从语法信息生成语用信息和语义信息，或者说，要从形式悟出内容。这显然是社会工程特别期待的。

9.4.3 从信息到知识的转换是核心

在信息方法中，无论是事物自我呈现的事物运动状态及其变化方式的本体论信息，还是认识主体所表述的事物运动状态及其变化方式的形式、含义和功用。它们都是现象以及与现象直接关联的浅层感知。因此，如果直接利用信息进行决策必定是肤浅的决策，存在巨大的风险。为了有效规避这种由于肤浅决策而带来的风险，正确的做法是要从信息现象中设法提炼出能够反映事物运动状态及其变

化规律的知识。

考察信息和知识的定义可以发现，虽然由信息提炼知识的具体方法不计其数，但这些方法的共同本质都是归纳学习。由具体的事物运动状态及其变化方式提炼出抽象的事物运动状态及其变化规律，就是由大量具体现象归纳出抽象本质的过程。

由信息提炼知识的最常见的方法是概念的形成。其归纳算法具有较好的典型性和普适性，具体的算法可以描述如下。

① 设有一个规模足够大的信息库，首先在其内随机选出一个信息样本，记为 $s(1)$，根据某种目的和准则（具体的目的和准则依具体的问题而定）提取 $s(1)$ 的特征，记为 $f(1)$。关于样本特征的定义也依具体的问题而定，分别把 $s(1)$ 置入集合 S，把 $f(1)$ 置入集合 F，也就是说，这时有 $S=\{s(1)\}$，$F=\{f(1)\}$。

② 在同一信息库内随机选出一个新的信息样本，记为 $s(2)$，根据同样的目的和准则提取新样本 $s(2)$ 的特征，记为 $f(2)$。

③ 比较特征 $f(1)$ 与特征 $f(2)$，若有关系 $f(1)\approx f(2)$，则把 $s(2)$ 和 $f(2)$ 分别置入集合 S 和 F；否则，删除 $s(2)$ 和 $f(2)$。其中，符号“$\approx$”表示近似关系，但是对于近似程度的要求也依具体的问题而定。在前一情况下，有 $S=\{s(1), s(2)\}$，$F=\{f(1), f(2)\approx f(1)\}$；在后一情况下，则仍有集合 $S=\{s(1)\}$ 和 $F=\{f(1)\}$。

④ 多次重复步骤②和③，直到选出新的样本 $s(n)$及其特征 $f(n)$。当取出的样本数目 n 足够大时，可能存在某个整数 $k<n$（它是集合 S 和集合 F 分别所含有的样本数和特征数），使得无论怎样增加 n 也不可能使 k 增大（整数 k 达到了稳定值）。

⑤ 这时，样本集合 $S=\{s(1),\cdots,s(k)\}$，特征集合 $F=\{f(1),\cdots,f(k)\}$。通过上述步骤（归纳算法）已经形成了一个概念，并可以给它命名。这个概念的内涵就是它的特征集合 F，它的外延则是它的样本集合 S。

20 世纪 90 年代以来，国内外兴起了数据挖掘和知识发现的研究热潮，它所关注的问题，正是利用各种归纳型的学习算法由某类信息库的数据信息提炼知识，即实现某种信息—知识转换。

具体来说，所谓数据挖掘与知识发现就是面向给定的具体数据库，通过采用适当的归纳算法从给定数据库的数据集内挖掘出一些新颖的、稳定的、有价值的结果，后者就被称为所挖掘出来的知识。

需要指出，这里所说的数据乃是信息的一类载体，因此从数据中挖掘知识实质上是从数据所携带的信息中提炼知识。还应当指出，数据挖掘和知识发现并不是两个互相独立的概念。实际上标准的知识发现通常都包含三个互相衔接的步骤，即数据准备、数据挖掘、结果解释。因此，数据挖掘只是知识发现的一个核心步骤。

通常，给定的数据集合应当具有足够大的规模，而且应当具有良好的统计稳定性，能够满足统计集合的要求。从中挖掘出的结果必须是新颖的（而不是原先已有的）、统计稳定的（而不是偶然性的）、有价值的（而不是无意义的）知识。一般来说，这样挖掘出来的知识应当是一类经验型的知识，这种知识的稳定性一方面与数据集合的统计遍历程度有关，同时也与挖掘算法的合理性有关。需要注意的是，数据集合的统计性主要是指它的统计遍历性（各态历经），而不是单纯的数据规模。因为即使海量的数据集合往往也不一定能满足统计的遍历要求。

数据挖掘和知识发现所采用的知识获取方法，通常包括预测方法、分类方法、聚类方法、时间序列法、决策树方法以及关联规则挖掘方法等。原则上是统计的方法，而统计方法的核心规则是大数定律，也即多者为胜法则，是一种统计型的归纳算法。当然也要注意，归纳算法的本性决定了归纳生成的知识不一定能够保证结果的永真性。

9.4.4 信息与知识的综合集成

信息和知识是信息方法的重要基础，但面对复杂事物，不同的人从不同的角度进行观察就会获得不同的认识。即使是从同样的观察角度进行观察，由于不同人的知识背景和理解方式不同也会得到各不相同的认识。甚至，即使观察的角度、知识背景、理解方式都相同，但是由于不同人们的观察目的不同也仍然会得到不同的认识。因此，如何从各种不同渠道获得的认识（数据、信息、知识）得到真正完整的认识，这是人们熟悉的信息融合和知识整合的问题，也就是信息与知识的综合集成。

例如，在物联网的场合，人们利用若干个传感器来获得某事物 X 的信息，其中光学传感器可以获得事物的外在形态和颜色及其变化 x_1，声学传感器可以获得事物的声学特征及其变化 x_2，味觉传感器可以获得事物的味道信息 x_3，嗅觉传感器可以获得事物的化学性质 x_4，触觉传感器可以获得事物的质感信息 x_5 等。采用适当的方法把这些传感器获得的信息综合起来，就可以得到这个事物的整体认识。

例如，若用符号 X 表示某个事物的整体信息，用 x_i 表示其各个分量的信息，那么一个最简单的信息融合就是各分量的直接并列，即

$$X = \{x_i \mid i = 1,2,\cdots,N\}, \tag{9-7}$$

其中，N 是为了获得这个事物的整体信息所需要的传感器的数目，依具体事物的复杂程度不同而不同。

对于上面这个例子，事物的形态信息是 x_1，声音行为信息是 x_2，味觉信息是 x_3，化学成分信息是 x_4，质地信息是 x_5。这样就全面地表示了这个事物的信息。

对于更复杂的情形，如各个分量之间的信息并不是简单地互相并列的关系，而是存在互相作用、互相补充，那么信息融合的表示方法就会比式（9-7）更复杂。

如前所说，信息所表述的是事物的现象，知识表述的才是事物的本质。因此，信息融合是在现象层次上所做的由部分到整体的加工，而知识融合（整合）就应当是在本质层次上由部分到整体的加工。显然，知识整合要比信息融合更为复杂，也更为有用。

正是由于信息融合相对而言比较简单，目前已经有不少可供实用的技术系统。由于知识整合比信息融合复杂得多，虽然已经引起研究人员的高度重视，但技术上的实现还不太成熟，基本上还是依靠人工方法来实现。即使是人工实现的知识整合，通常也要求配备具有相应知识结构的专家团队来进行，才能较好地保证所整合的知识的科学性。这里的整合不再是简单的并列、叠加、加权或者选择，而是要把握各种知识来源之间的深层关系，然后依据这种内在的关系进行合理的整合，而且整合的结果往往是对整体认识上的质的升华。

在社会工程场合，由于其工作质量涉及整个社会整个国家的发展大计，因此对于所利用的信息质量和知识质量的要求应当十分严格。信息融合和知识整合都是不可或缺而且十分重要，应当给予高度的注意。

9.4.5　定性与定量的结合

任何事物都具有质和量两方面的属性，这是两个互相联系互相依存的属性。通过对于事物的质的深入认识，会有助于对事物的量的合理界定；反之，如果对于事物的量的计算越是准确，也会有助于加深对于事物的质的认识。

在科学技术领域，人们通常采用定性分析的方法来描述事物的质；采用定量计算的方法来界定事物的量。因此，定性分析和定量计算就成为人们认识和把握研究对象的两个相辅相成的基本方法。

定性分析和定量计算也是运用信息方法所必然要面对的问题。尤其在信息方法的制定决策阶段，为了比较各个备选方案的优劣和决定各个备选方案的取舍，就必须采用定性分析与定量计算相结合的方法来处理：首先，通过定性分析可以排除一些不利的备选方案，保留那些有利的备选方案；进一步，通过定量计算的比较可以在所保留的那些有利方案中选取最有利的方案。

对于认识论信息而言，它的语法信息和语用信息分量一般认为是可以定量计算的，而语义信息分量则因为它的抽象性品格而难以定量计算，知识也有类似的情形。

我们希望指出的是，应当合理地理解定量的含义。定量有两种含义，一种是绝对的度量，一种是相对的度量。绝对的度量要求给出某个事物的绝对数量指标，如重量是多少；相对的度量则只要求给出多个事物之间的孰重孰轻。其实，绝对的度量本身也是一种相对度量，因为绝对度量的数值只是相对于标准单位度量而言的相对数值。所以，相对度量是更为有意义的定量要求。特别是在决策的场合，定量处理的基本目的，是要比较不同对象之间的相对优劣，从而可以做出选择。

在数学上，相对度量的概念是给出某种序，它不一定能够给出这些被比较的对象的绝对指标值，却可以给出它们之间的序或者偏序。有了这种序，人们就可以做出必要的判断，或者做出恰当的选择。

定性与定量之间的界限并不是绝对固定的，绝对度量和相对度量之间的界限也不是固定不变的。随着人们对事物认识的不断加深，随着定量度量方法（数学和逻辑学）的不断进步，原先不能定量计算的对象就可能找到新的定量计算方法，原先不能进行绝对度量的对象也可能找到新的绝对度量方法。

因此，在社会工程中运用信息方法的时候，不要把定性和定量对立起来，也不要把绝对度量和相对度量对立起来，而应当发挥定性与定量之间相互支持的作用，发挥绝对度量和相对度量相互补偿的作用，以使决策尽可能做得科学合理。

9.4.6　情感与理智的关系

信息方法的一个重要特点是，不仅考虑了客观事物的本体论信息，而且也考虑了体现认识主体主观因素的认识论信息。由于认识主体具有观察能力、理解能力和追求目标的能力，认识论信息具有语法信息、语义信息和语用信息三个相辅相成的分量。这样就引出了一个非常新颖，而且非常有意义的问题：面对同样的事物，即使认识主体也具有相同的观察能力和理解能力，但是如果他们的目标不同，那么他们所获得的语用信息就会不同。这在传统方法看来是不可接受的，然而这正是信息方法的魅力。

正是由于信息方法具有这个特点，才有可能在面对外部事物（刺激）的时候表现出认识主体喜怒哀乐的感情：当外部刺激（本体论信息）有利于其所追求的目标的时候，主体就会获得值得高兴和喜欢的语用信息；当外部刺激有碍于其所追求的目标的时候，主体就会获得应当愤怒和反抗的语用信息；当外部刺激与其所追求的目标无关的时候，主体就会获得不予理会的语用信息。这是在本能知识、常识知识和经验知识基础上主要由语用信息转换而来的情感认知。

另一方面，在本能知识、常识知识、经验知识和规范知识的共同支持下，面对新的外部刺激，认识主体基于自己的观察能力、理解能力和追求目标的能力所形成的认识论信息可以通过归纳学习方法转换出新的规范知识（信息—知识转换），并在此基础上演绎出理性的策略（知识—智能策略转换）。这就是人们常说的"理智"认知。

情感认知是应激性的反应，所考虑的因素比较少，生成过程比较快；理智认知是正常的理性反应，所考虑的因素比较全面，生成过程相对较慢。对于制定决策而言，情感认知和理智认知两者都是重要的依据。在紧急和危险的场合，基于本能、常识和经验而且生成速度比较快的情感认知会首先起作用以化解危险。在正常情况下，情感认知会让位于理性认知以保证问题处理的圆满。

在社会工程的场合，信息方法的这个处理原则同样具有十分重要的意义。

9.4.7　主观预期与客观规律的关系

信息方法的起点是由认识主体根据长远目的和已有知识去发现应当解决而又可能解决的问题并预设求解问题的目标（隐性智能），然后去获取信息、学习新知、运用信息和知识去生成求解问题的智能策略、依据策略求解问题从而达到目标（显性智能）。

预设目标本身是一个十分重要、敏感而又困难的步骤。这是因为，一方面，面对需要求解的问题，人们必须要有一个求解的目标，否则，就不知道问题求解到什么地步才可以结束。另一方面，设定目标又是一个十分困难的问题，特别是在开始定义问题的阶段，认识主体仅有的依据只是自己所理解的长远目的和已有的知识。然而，长远目的不等于求解现实问题的具体目标，已有的知识也往往不足以完全解决现实面对的问题。可见，预设目标本身就是一个需要灵感需要创新才能解决的问题。在上述两项依据之中，长远目标体现的是认识主体的主观愿望，已有的知识体现的是客观的规律。因此，如何把长远追求的主观愿望和目前所理解到的客观规律巧妙结合起来，是成功预设问题求解目标的关键所在。这是处理主观预期与客观规律关系的一个方面。

另一方面，在确定预设目标之后，如果通过获取信息、学习新知、制定策略、求解问题的结果不能达到预设的目标，就要根据出现的偏差去获得更多的有用信息，从而完善知识和优化策略，再度求解（这就是反馈学习与优化策略的过程）。如果仍然没有达到目标，就要再次进行反馈学习和优化策略的过程。如果无论怎样反馈学习和优化策略都无法达到预设目标，这时就要判定预设目标不够合理。在这种情况下，就要改变和重新设定问题求解的目标。这是处理主观预期与客观规律关系的另一个方面。

这里隐含的判断认为：当初确定预设目标的时候，由于认识主体的知识不够充分，对客观规律的认识不够清晰，导致预设目标不够合理，因此需要重设。这里也体现了信息方法的这样一个信念：认识主体可以有自己的主观预期和追求，但是只有那些符合客观规律的主观追求才有可能实现；否则，就要修改自己的主观追求。处理好这一关系，在社会工程中十分重要。

9.4.8　开放民主综合集成的决策

把信息方法运用于社会工程，除了要处理好以上提到的形式与内容、现象与本质、部分与整体、定性与定量、情感与理智、主观与客观这些基础性的关系之外，还要特别注意把握好信息方法的核心环节，即综合集成决策的环节。

这是因为社会工程本身是一个面向整个国家（其实也必然要面向整个世界）、面向整个社会（其实也必然要面向整个人类）的现代化建设的复杂的系统工程，这个工程的空域之辽阔，时域之长远，领域之全面，内容之深刻，关系之错综，变化之快速，利害之重大，都是前所未有。正如钱学森指出的，它要包括整个国家的物质财富的生产、精神财富的创造、社会服务体系的运转、各级行政系统的操作、社会法制的实施、国际交往的展开、国防事业的推进、生态环境的建设、科研与教育事业的发展、道德文明的提高等等。因此，这里的决策必须是综合集成和全面协调的决策。

为了实施综合集成的决策，除了要满足信息完整、知识全面、方法科学、手段先进这些基础性条件之外，特别需要注意的是开放的民主决策。

最后需要指出，在社会工程中应用信息方法，还有许许多多需要进行深入研究和探索的事项。以上列举的这八个方面是相对而言更加重要、更加具有特殊意义的课题。毫无疑问，随着人们在社会工程中应用信息方法的实践不断深入，人们对于信息方法的认识必将越来越深刻，信息方法本身也会在实践中越来越完善。

主要参考文献

钱学森. 关于新技术革命的若干基本认识问题//迎接新技术革命. 长沙：湖南科学技术出版社，1984.

钱学森. 系统思想、系统科学与系统论//系统理论中的科学方法语哲学问题. 北京：清华大学出版社，1982.

钟义信. 机器知行学原理. 北京：科学出版社，2007.

钟义信. 信息科学原理（3版）. 北京：北京邮电大学出版社，2002.

Brillouin L. Science and Information Theory. New York：Academic Press，1962.

Longo G. Information Theory：New Trends and Open Problems. New York：Springer，1975.

Shannon C. Mathematical Theory of Communication. New York：MIT Press，1949.

Wiener N. Cybernetics. New York：Elsevier，1948.

Zhong Y X. Unity-based diversity：system approach toinformation defining. Information，2011.

第十章　社会系统工程的总体方案设计方法

1978 年钱学森等发表"组织管理的技术——系统工程"一文，开创性地提出系统工程的基本观点，认为"我们把极其复杂的研制对象称为'系统'，它是由相互作用和相互依赖的若干组成部分结合成的具有特定功能的有机整体，而且这个'系统'本身又是它所从属的一个更大系统的组成部分。"① 并独创地提出系统工程的方法，认为系统工程"是组织管理'系统'的规划、研究、设计、制造、实验和使用的科学方法。"② 它对所有'系统'都具有普遍意义。

20 世纪 70 年代，大系统理论（large scale systems theory）是国际新兴发展的一个研究领域，它研究的对象是工程技术、生物生态、社会经济领域的规模庞大、结构复杂、因素众多、功能综合的各种大系统。例如，综合自动化的钢铁联合企业、全国或大区的铁路自动调度系统、大规模情报自动检索系统、经济管理系统、环境保护系统等。

在钱学森亲自关怀、指导、支持下，我国学者在大系统理论与人工智能相结合的基础上，提出了创建大系统控制论（large systems cybernetics）新学科的思想。大系统控制论研究各种复杂大系统的共同规律、结构、性能，是关于大系统总体方案设计的理论方法与实现技术。

早在 1981 年钱学森、宋健著的《工程控制论》中，就增加了大系统一章。钱学森认为：研究大系统的控制理论是十分必要的，这是因为在我们建设社会主义的改造客观世界的伟大实践中，许多问题涉及大系统的控制理论。大系统控制论是一门技术学科，是介乎于基础科学（系统学和系统科学）与工程技术（系统工程）之间的技术科学。它是控制论的一个组成部分，是对控制论的一个发展③。

随后在 1985 年，钱学森又进一步明确指出大系统控制论这门新学科的性质和作用④：

① 它是属于系统科学这一现代科学技术大部门的技术科学层次的，这是它的本质。大系统控制论引用了人工智能（AI）、模式识别（PR）、知识工程

① 钱学森，等. 论系统工程. 上海：上海交通大学出版社，2007：2，3.
② 钱学森，等. 论系统工程. 上海：上海交通大学出版社，2007：3.
③ 钱学森，等. 论系统工程. 上海：上海交通大学出版社，2007：300.
④ 钱学森. 创建系统学. 上海：上海交通大学出版社，2007：244.

(KE)，是方法上的扩展，它主要的思想是系统思想。

② 在他创建的现代科学技术体系中，计算机科学不是一个与自然科学、社会科学、数学科学、系统科学、思维科学、人体科学、文艺理论、军事科学、行为科学九大部门平起平坐的，它分散于这九大部门中。所以，他所说的系统科学是广义的，大系统控制论概念的提出，发展了系统科学。

钱学森非常关注把系统工程推广到社会系统工程，也就是从工程管理推广到社会管理。他指出，通常研究的工厂、企业、机构等小系统，是受国家这个大系统制约的，如果大系统的组织管理没搞好，只讲小系统的系统工程，也达不到真正的好、快、省的目的。

社会系统工程是国家范围的组织管理技术，它的范围和复杂程度是一般系统工程所没有的。社会系统工程是多变量、多输入、多输出、多干扰、多目标、多参数、多关联、多回路的大系统，因此社会系统工程的协调控制理论是社会系统工程方法的拓广与发展。

钱学森指出：综合集成法的执行机构总体设计部，它的实践体现的科学方法就是系统方法。总体设计部从系统的总体出发，"设计的是系统的'总体'，是系统的'总体方案'，是实现整个系统的'技术途径'。"①

本章主要研讨社会系统工程这种复杂大系统，如何进行总体方案的设计方法，重点论述社会系统工程的基本总体方案和社会系统工程的典型总体方案。

10.1　系统工程的基本总体方案

社会系统工程大系统包括若干个子系统，每个子系统下面又包含具有若干层次的系统。在运行过程中如何进行总体协调是基本总体方案要解决的问题。这里提出三种基本总体方案，即集中控制总体方案、分散控制总体方案、递阶控制总体方案。

10.1.1　系统工程集中控制总体方案

社会系统工程的集中控制总体方案，是由最高层次的系统集中控制它所属的子系统，从而达到总体协调的目的，如图 10-1 所示。

(1) 社会系统工程集中控制总体方案的特征如下：

① 集中控制。由控制中心的集中控制器对大系统中各小系统进行集中控制，统一制订控制决策，发出控制指令。

② 集中观测。关于大系统中各小系统的运行状态的信息，都集中传送到控制中心，进行统一的信息处理和集中观测。

---

① 钱学森，等. 论系统工程. 上海：上海交通大学出版社，2007：3.

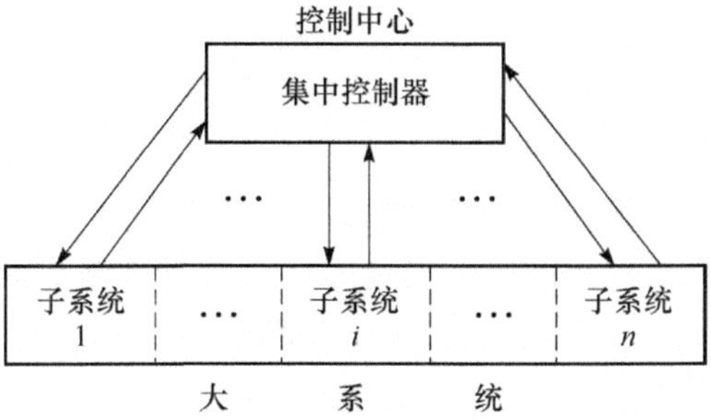

图 10-1　系统工程的集中控制总体方案

③ 纵向信息流。具有在集中控制器与被控制对象之间进行交互的纵向信息流，包括上行的状态观测信息流，下达的控制指令信息流。

④ 经典信息模式。所谓经典信息模式是指集中的控制与观测信息模式，集中控制器对大系统的全局状态，在结构上是可控制、可观测的。

⑤ 辐射式拓扑结构。集中控制器与各子对象之间，控制和观测信息通道形成辐射式的拓扑结构。

（2）社会系统工程集中控制总体方案的性能如下：

① 控制有效性。由于控制集中、观测集中，所以功能集中、权力集中，控制中心能够对大系统的全局运行状态，进行统一的、集中的观测和控制。可实现大系统的集中式的协调控制，不存在分散的多个局部控制器之间难以协调的问题，大系统的控制有效性较高。

② 运行可靠性。由于控制集中、观测集中，所以故障集中、风险集中。若控制中心的集中控制器发生故障，则大系统全局瘫痪，系统运行的结构可靠性较低。

③ 设计简易性。由于经典信息模式，结构上可控制、可观测，所以集中控制系统的设计可应用控制理论方法。但是，当系统规模庞大时，直接应用控制理论方法进行大系统分析和设计，将遇到维数灾难。

④ 技术实现性。为了实现大系统的集中控制，通常在控制中心需要采用大型、高速计算机。为了提高可靠性，可能要采取双机并联或三机表决的运行方案。此外，控制中心与被控制对象之间有大量信息传输，需要相应的外围接口、数据通信、信号电缆等设备。当距离较远时，还要解决传输过程的信号畸变及抗干扰问题，技术实现难度较大。

⑤ 设备经济性。大型、高速计算机的设备投资较大，且需要较高的机房条件，如控制中心的空调设备。如果采用双机或三机方案，设备费用要增加 2～3 倍。此外，信息传输设备的投资也很大，据统计，电缆设备费用可能占总设备投资的 40％～60％。

⑥ 维护方便性。通常，大型的高速计算机的维护工作量较大，要求较高。大量信息的距离较远的数据传输设备，维护也较复杂，而且大型计算机、传输电缆设备的更新也不容易。

因此，社会系统工程集中控制方案适用于下列场合：

① 系统规模不太大，控制中心与被控制对象的现场距离较近的场合，如车间的集中控制管理系统，农业机器的集中控制系统。

② 系统可靠性要求较高，采取双机并联或三机表决运行的场合，如大型电力系统集中控制的中央调度室。

③ 系统用户要求采用集中控制总体方案，如军事作战指挥系统的集中控制中心。

10.1.2 系统工程分散控制总体方案

社会系统工程的分散控制总体方案是各个系统对其所属的子系统分别进行控制，从而达到协调的目的，如图 10-2 所示。

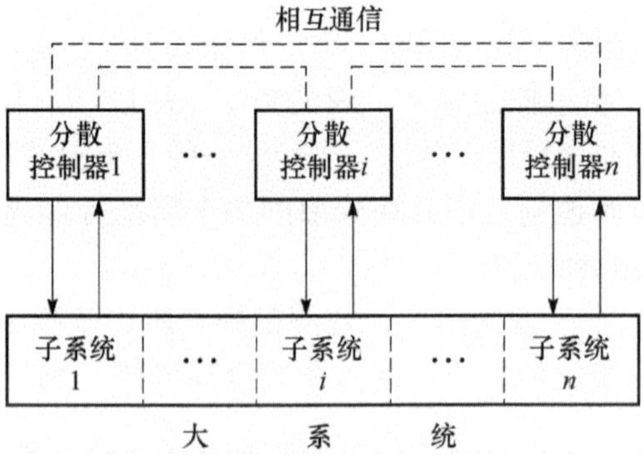

图 10-2 系统工程分散控制总体方案

(1) 社会系统工程分散控制总体方案的特征

① 分散控制。由多个局部控制器对大系统进行分散控制，每个局部控制器只能对相应的局部小系统进行控制，发出局部控制指令。

② 分散观测。由多个局部控制器对大系统进行分散观测，每个局部控制器只能对相应的小系统进行局部观测，接收局部观测信息。

③ 横向信息流。为了各局部控制的小系统之间的协调，需要进行相互通信，在局部控制器之间具有横向信息流，分为完全分散（即无横向信息流，不相互通信）和部分分散（即有横向信息流，部分相互通信）。

④ 非经典信息模式。具有分散的控制与观测信息模式，局部的分散控制器对大系统的全局状态，在结构上是不可控制、不可观测的。

⑤ 回路式拓扑结构。各个分散的局部控制器之间的相互通信（部分分散），其横向信息通道形成回路式拓扑结构。

（2）社会系统工程分散控制总体方案的性能

① 控制有效性。由于控制分散、观测分散，所以功能分散、权力分散。多个分散的局部控制器之间需要进行协调，而依靠相互通信进行分散式的协调控制，存在通信时延、噪声干扰及信号畸变的情况，难以进行全面的、及时的协调，因而大系统全局控制的有效性较低。但是，各个局部控制器的任务相对简化，可以就近安装，及时获取观测信息、制订控制策略、发出控制指令，对相应小系统的控制有效性较高，灵活性好。

② 运行可靠性。由于控制分散、观测分散，所以故障分散、风险分散，分散控制器发生局部故障，不会导致大系统全局瘫痪，因此大系统的可靠性较高。

③ 设计简易性。由于非经典信息模式，结构上不可控制、不可观测，局部的分散控制器对大系统的全局状态是不可控制、不可观测的。因此，原则上不能直接应用基于经典信息模式的控制理论方法进行分散控制系统设计。有人用反例证明：对于分散控制系统，最优控制理论的分离定理不成立，不能随意应用。由于各小系统之间的相互关联，可能发生再次猜测现象，存在发信策略问题。因此，状态观测与估计和状态控制是相互影响的。

④ 技术实现性。分散的局部控制器可以用微型或小型计算机实现，且可在相应的局部小对象附近就地安装，便于控制和观测信号的传输。为了实现协调所进行的相互通信，需要远距离的数据传输和通信设备，并存在通信时延、噪声干扰及信号畸变等技术难题。

⑤ 设备经济性。微型或小型计算机，对机房条件要求较低，且局部控制和观测信息传输设备较简单，所以局部控制子系统的投资较少。但是，为了进行协调需要相互通信设备，这将增加总设备费用。

⑥ 维护方便性。局部控制器的微型或小型计算机、信号传输设备的维护较简单，设备更新也较灵活，各局部控制器可尽量采用相同型号或系列的计算机和信号传输设备，以简化分散控制系统的软、硬件维修、备用及更新工作。但是，用于协调所需的相互通信设备，将增加系统维护工作的难度。

因此，社会系统工程分散控制总体方案适用于下列场合：

① 对系统的协调性要求不太高，或者相互通信比较方便的场合，如大城市交通分散控制管理调度系统。

② 系统规模太大，不能或难以进行集中控制的场合，如海、陆、空交通分散控制管理调度系统。

③ 系统用户需要采用分散控制总体方案的场合，如油田、气田分散控制管理调度系统。

10.1.3 系统工程递阶控制总体方案

社会系统工程的递阶控制总体方案，是集中控制方案和分散控制方案取长补短、相结合的总体方案，如图 10-3 所示。

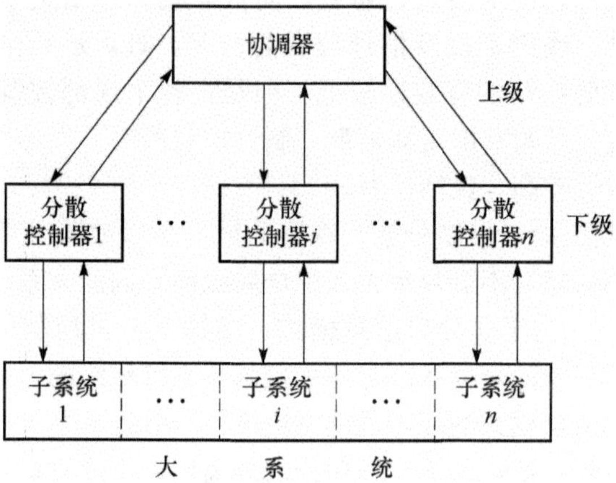

图 10-3 社会系统工程递阶控制总体方案

(1) 社会系统工程递阶控制总体方案的特征

① 递阶控制。采取上级—下级的分级递阶控制结构。其中，下级各分散的局部控制器，分别对相应的小系统进行局部控制；上级协调器通过对各局部控制器的协调控制，间接地对大系统进行集中式全局控制，从而实现集中＋分散相结合的大系统递阶控制。

② 递阶观测。采取下级—上级的分级式递阶观测结构。其中，下级各分散的局部控制器，分别对相应的小系统进行局部观测；上级协调器通过对各局部控制器的协调观测，间接地对大系统进行集中式全局观测，从而实现分散＋集中相结合的大系统递阶观测。

③ 递阶信息流。在协调器—各局部控制器—各子系统之间，递阶传递纵向信息流。其中，在协调器—各局部控制器之间，为上级的协调控制与协调观测信息；在各局部控制器—各子系统之间，为下级的各局部子系统的控制与观测信息。

④ 准经典信息模式。具有递阶式的控制与观测信息模式。协调器通过各控制器，在结构上有可能对大系统全局状态进行间接的控制和观测，故称之为准经典信息模式。

⑤ 宝塔式拓扑结构。上级协调器与下级各局部控制器、各小系统之间的信息通道，形成宝塔式的树型拓扑结构。

(2) 社会系统工程递阶控制总体方案的性能

① 控制有效性。递阶控制是集中控制与分散控制相结合，既有分散的、直接的、及时的局部控制，又有集中的、间接的、全局的协调控制，兼有集中控制和分散控制的优点。因此，可实现有效的递阶控制，大系统全局协调控制及各小系统局部控制的有效性高。

② 运行可靠性。由于控制递阶、观测递阶，所以故障分离、风险分散。下级的局部控制器发生故障，只影响相应的局部小系统，相当于分散控制的可靠性。上级协调器发生故障，将导致全局协调失灵，但各局部控制器仍可继续运行。这时，递阶控制将蜕化为分散控制，大系统不至于完全瘫痪，因此运行可靠性高。

③ 设计简易性。因为递阶控制系统具有准经典信息模式、在结构上是可控制、可观测的，所以可以运用分解＋协调、分解＋集结、分解＋联合等方法，推广控制理论中的最优控制、稳定化、模型化技术，进行递阶控制系统的分析和设计，以消除或缓解维数灾难。

④ 技术实现性。各局部控制器可用微型或小型计算机实现，且可与相应的小对象就近安装，便于局部控制与观测信号传输。协调器只进行协调控制，而不必对大系统进行直接全局控制。协调任务相对简化，协调控制与协调观测信息量较小，也便于传输和处理，协调器也可用微型或小型计算机实现。

⑤ 设备经济性。由于协调器与各局部控制器都可用微型或小型计算机实现，因此对机房条件及信号传输设备要求较低，设备投资较少。

⑥ 维护方便性。可采用相同型号或系列的微型或小型计算机，简化软、硬件维护。系统结构灵活，便于更新和扩展。

因此，由于取长补短，递阶控制兼有集中控制和分散控制的优点，弥补了各自的缺点，所以社会系统工程递阶控制总体方案获得了广泛的应用，是各领域系统工程普遍采用的总体方案。例如，工程技术领域，大型工业企业的多级计算机递阶控制、管理、调度系统；社会经济领域，国家行政机关的递阶控制、管理、调度系统；生物生态领域，脊椎动物的神经、体液的多级递阶控制系统等。

10.2　社会系统工程的典型总体方案

社会系统工程的对象是开放的复杂巨系统，因此它的总体协调方案，实际上是社会系统工程基本总体方案的各种变型、进化、组合、集成，是复杂的、多样化的。这里，给出社会系统工程的三种典型总体方案。

10.2.1　社会系统工程的多级系统总体方案

社会系统工程的多级系统总体方案，按控制结构分级，如图 10-4 所示。

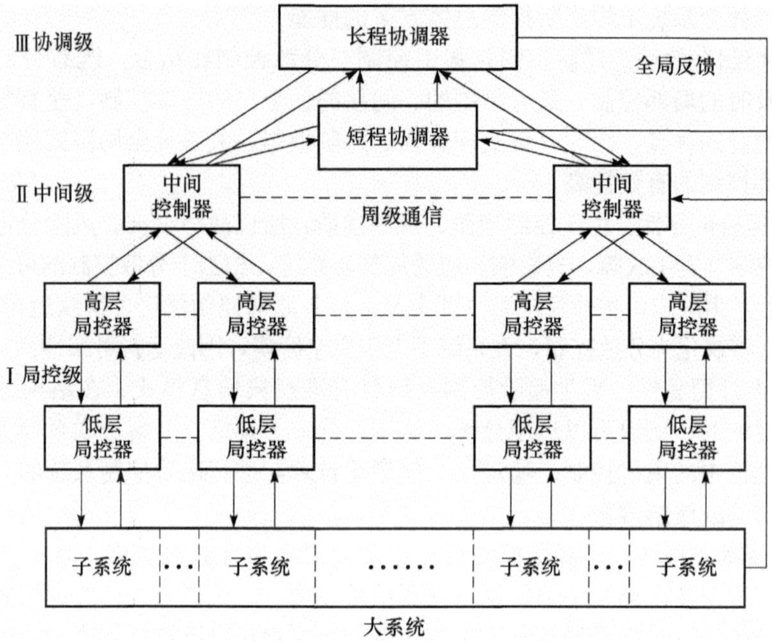

图 10-4　社会系统工程多级系统总体方案

社会系统工程多级系统总体方案的特点如下：

① 多级结构。增加递阶控制的中间级，承上启下，中间级对其上级相当于局控级，对其下级相当于协调级。实际上常用的是三级或四级控制方案，如公司级、工厂级、车间级。

② 分程协调。协调级分为长程协调（战略协调、长期协调、宏观协调），短程协调（战术协调、短期协调、微观协调）。

③ 分层局控。局部控制级分为高层控制（最优控制、自适应控制），低层控制（直接控制、常规控制）。

④ 同级协调。在中间级或局控级，设置适当的同级通信，进行辅助协调或局部协调，以提高协调的快速性、有效性，减轻上级协调的负担。

⑤ 全局反馈。协调级或中间级直接从被控制对象获取全局反馈信息，以提高协调控制的有效性、快速性。

社会系统工程多级系统总体方案，由于采用分程协调、同级协调，具有多级结构、全局反馈、分层局控，适用于工程技术、社会经济领域，各种具有多级结构的社会系统工程的控制、管理、调度系统。

① 工程技术领域，如大型电力、冶金、机械工业企业的多级计算机递阶控制、管理、调度系统。

② 社会经济领域，如国家行政机关、军事指挥部门的递阶控制、管理、调

度系统。

③ 生物生态领域，如人、脊椎动物的高级神经中枢—低级神经中枢—外周神经的多级递阶控制系统等。

10.2.2　社会系统工程的多层系统总体方案

社会系统工程的多层系统总体方案，按控制功能分层，如图 10-5 所示。

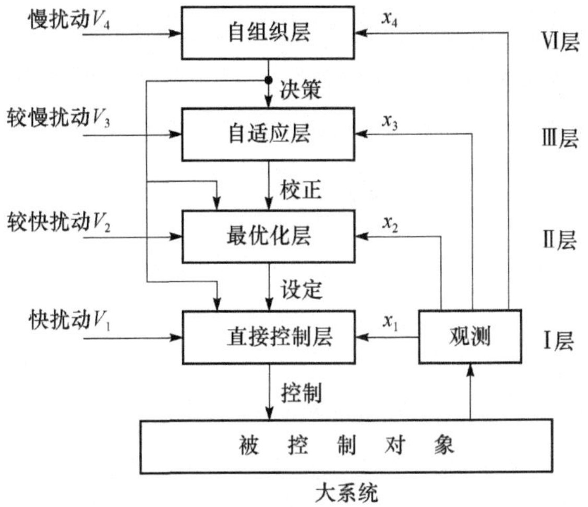

图 10-5　社会系统工程多层系统总体方案

社会系统工程的多层系统总体方案，按控制功能分层：直接控制层、最优化层、自适应层、自组织层。

① 直接控制层。对被控制对象进行直接控制（常规控制），如 PID 控制、DDC 控制等，克服快扰动影响，如负荷波动。

② 最优化层。实现最优化，设置直接控制层的定值或指令，用于克服较快扰动的影响，如信号干扰。

③ 自适应层。进行自适应控制，对最优化层进行校正（目标或约束），用于补偿较慢扰动的影响，如对象特性漂移、设备老化等，以适应环境条件变化，保持系统最优运行状态。

④ 自组织层。实现自组织，进行规划决策、计划协调、组织管理。根据大系统的总任务、目标和资源条件，制定决策，对各层进行组织协调，用于补偿慢扰动影响，如市场变化等。

社会系统工程多层系统总体方案的特点如下：

① 任务均衡。较高层的功能较复杂、扰动较慢，决策权较大、允许决策时间较长；较低层的功能较简单、扰动较快，决策权较小、允许决策时间短。

② 人机协调。通常，自组织层是人机系统，计算机辅助决策，可离线、非实时工作；直接控制层、最优化层、自适应层是在线、实时运行。

社会系统工程多层系统总体方案适用领域，按控制功能分层有自组织层、自适应层、最优化层、直接控制层，具有人机协调、任务均衡特点，适用于工程技术、社会经济领域，各种具有多层结构的控制、管理、调度系统。

① 工程技术领域，如大型电力、冶金、机械工业的计算机管理、优化调度、直接控制的多层系统。

② 社会经济领域，如国家情报机关、军事情报部门的重大、重点、核心、一般情报管理的多层系统。

③ 生物生态领域，如人体的心脏—肌肉—皮肤的多层系统等。

10.2.3 社会系统工程的多段系统总体方案

社会系统工程的多段系统总体方案，按控制过程分段，如图 10-6 所示。

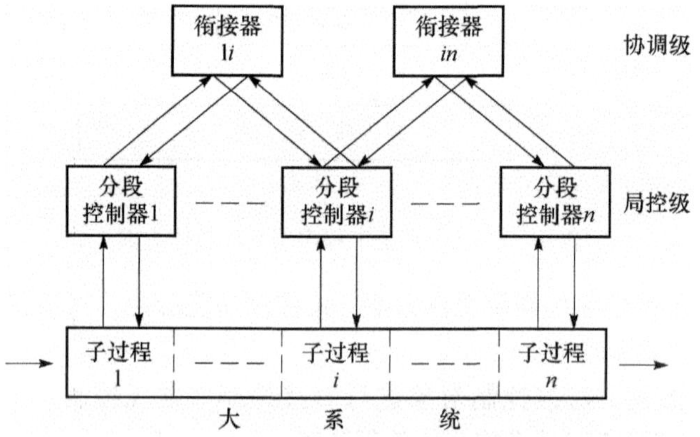

图 10-6 社会系统工程的多段系统总体方案

社会系统工程的多段系统总体方案，包括分段控制器和衔接器。

① 分段控制器。分段控制器为各段局部控制器，分别对各段小过程进行局部控制，即分段局部控制。

② 衔接协调器。衔接器为各段之间的协调器，对相邻二段之间进行衔接配合，满足衔接条件，实现多段系统的全过程的控制、管理。

社会系统工程的多段系统总体方案，适用于各种分段管理和控制过程。

① 弹道控制。采用多段系统总体方案，如洲际导弹的弹道控制分为主动段、惯性飞行段、末制导段，各段之间要满足预定的衔接条件，如姿态和轨道参数等。

② 航天飞机。采用多段系统总体方案，分为起飞段、轨道飞行段、再入段，而再入段又分为早期再入段、末区能量管理段、着陆段。

③ 连续生产过程。如化工、热工连续生产过程控制，连轧机、机械制造流水线等。可按工艺流程或设备条件，进行分段控制，采用多段系统总体方案。

如上所述，根据社会系统工程的实际应用的需要，由基本总体方案的变型，可以采用多级系统、多层系统、多段系统的典型总体方案。

10.3 结 论

为了学习、继承、发展钱学森的系统科学思想，本章研究社会系统工程的总体协调方法，主要研讨社会系统工程系统总体方案的设计方法，重点论述了社会系统工程的基本总体方案、社会系统工程的典型总体方案。

系统工程的基本总体方案，包括社会系统工程集中控制总体方案、社会系统工程分散控制总体方案、社会系统工程递阶控制总体方案。

社会系统工程的典型总体方案，包括社会系统工程多级系统总体方案、社会系统工程多层系统总体方案、社会系统工程多段系统总体方案。

利用社会系统工程的基本总体方案和社会系统工程的典型总体方案，还可以进一步综合集成，根据实际需求，构成各种社会系统工程的整体方案。例如，嵌套式多级系统总体方案、网络式多层系统总体方案中、封闭式多段系统总体方案。

社会系统工程的基本总体方案与社会系统工程的典型总体方案的综合运用，广泛适用于社会系统工程系统的各个领域。

社会系统工程的总体协调方法的发展方向，是研究开发智能化、拟人化、网络化、开放的、复杂的社会系统工程大系统。

主要参考文献

钱学森，等. 论系统工程. 长沙：湖南科学技术出版社，1982.
钱学森，宋健. 工程控制论（3 版）. 北京：科学出版社，2011.
钱学森. 创建系统学（新世纪版）. 上海：上海交通大学出版社，2007.
钱学森. 工程控制论（新世纪版），上海：上海交通大学出版社，2007.
钱学森. 大系统理论要创新. 系统工程理论与实践，1986.
涂序彦. 大系统控制论探讨. 系统工程理论与实践，1986.

涂序彦. 人工智能及其应用. 北京：电子工业出版社，1988.
涂序彦. 大系统控制论. 北京：国防工业出版社，1994.
涂序彦. 智能管理. 北京：清华大学出版社，1995.
涂序彦. 复杂系统协调控制论//香山科学会议第112次学术讨论会议论文集，1999.
涂序彦，等. 大系统控制论（修订版）. 北京：北京邮电大学出版社，2005.

第十一章　社会系统工程的协调控制方法

社会系统工程的对象是开放的复杂巨系统，必须有协调控制的方法和技术，系统才能有效地朝着预定的目标前进。钱学森根据他长期从事科学技术研究和指导工程实践的经验，深刻地指出："在一切规模较大的工程技术中，都有'总体'，都有'协调'问题，都需要有个指挥来从总体运动的观点协调个人活动。"这个指挥就是总体设计部的总设计师，由他"来'抓总'，协调设计工作。"①

总体设计部的任务是对大规模工程进行协调指挥，具体地说，就是"把系统作为它所从属的更大系统的组成部分进行研制，对它的所有技术要求都首先从实现这个更大系统技术协调的观点来考虑；总体设计部把系统作为若干分系统有机结合成的整体来设计，对每个分系统的技术要求都首先从实现整个系统技术协调的观点来考虑。"②

协调控制理论在社会系统工程的发展中起关键性的作用，应用系统科学理论，特别是应用技术科学层次的协调控制理论，研究社会系统工程中四个系统建设之间的相互关系，研究如何使它们协调发展，以取得最好的整体效益。这无疑对社会的建设和发展具有十分重要的理论意义与实际意义③。

钱学森认为：社会系统工程是一项复杂的工程系统，它所面临的基本问题是："怎样把比较笼统的初始研制要求逐步地变为成千上万个研制任务参加者的具体工作，以及怎样把这些工作最终综合成一个技术上合理、经济上合算、研制周期短、能协调运转的系统，并使这个系统成为它所从属的更大系统的有效组成部分。"②为此，总体设计部必须对研制过程中分系统与分系统之间的矛盾、分系统与系统之间的矛盾，首先从总体协调的需要研究协调控制的方法与技术。

关于如何对社会系统工程进行协调控制的问题，钱学森提出："搞社会系统工程还需要大大发展它的工具理论，即运筹学和控制论，把它们向巨系统方向推进。"④ 社会系统工程是一个开放的复杂巨系统，它的特点有两个：一是系统的组成是分层次、分区域的，即在一个小局部可以直接制约、协调；再在上还有更大的层次组织。这叫做多级结构。另一个特点是系统大了，作用就不可能是瞬时

① 钱学森，等. 论系统工程. 上海：上海交通大学出版社，2007：2.
② 钱学森，等. 论系统工程. 上海：上海交通大学出版社，2007：3.
③ 钱学森. 创建系统学. 上海：上海交通大学出版社，2007：76.
④ 钱学森，等. 论系统工程. 上海：上海交通大学出版社，2007：15.

一次的，而要分成多阶段来考虑。①

为了学习、继承、发展钱学森关于协调控制的科学技术思想，本章研究社会系统工程的协调控制方法，主要是从多变量和大系统两个侧面，分别论述多变量协调控制方法和大系统协调控制方法。

11.1 社会系统工程的多变量协调控制方法

11.1.1 自治调节

所谓自治调节或不相互影响的控制（non-interaction control）方法，其主要设计思想是：

① 要求各单变量控制过程不相互影响。控制设计的任务是将整个多变量控制的大系统分解为若干单变量控制的自治小系统。

② 实现自治调节的方法是建立各单变量调节器（控制器）之间的相互联系（耦合），抵消被控制对象中原有的相互联系的影响（解耦），使系统矩阵对角线化。

③ 假设或认为被控制对象中存在的各单变量控制过程之间原有相互联系都是有害的，与控制要求自治是矛盾的。

因此，自治调节也可称为解耦控制（de-coupling control），即利用控制器之间的耦合，去解除由于被控制对象之间存在的耦合作用。

自治调节原理在多变量控制系统设计中获得了应用，如锅炉机组的多变量自治调节，发动机组的多变量不相互影响的控制等。

在多变量控制理论中，采用传递函数矩阵模型或状态方程模型，研究实现自治调节的方法和条件，如反馈解耦、前馈解耦、复合解耦方法、不变性原理和内模原理等。

在实际的多变量控制系统设计中，有许多场合，不是要求自治，而是需要协调，即控制设计任务是要保持各单变量控制过程之间的某种协调关系，如函数关系，其中常见的是比例关系。

例如，在冶金、造纸生产过程中，连轧机的各机架轧辊速度、造纸机各分部传动速度之间的比例协调关系；在化工、石油、热工生产过程中，各种原料、反应物质、产品成分之间的比例关系；在电力系统中，各电站或机组之间的负荷分配关系；在垂直升船机，船闸、船坞、龙门吊车等许多生产设备的多电机同步旋转系统中，速度或行程的同步关系等。

另一方面，在被控制对象中存在的相互联系（耦合），实际上并不都是有害

---

① 钱学森，等. 论系统工程. 上海：上海交通大学出版社，2007：15.

的，甚至是有益的。例如，升船机的承船厢的机械耦合有一定的强迫同步作用，因此不需要或不可能都加以抵消（解耦）。

在多变量相互联系与相互作用的控制系统设计中，自治调节原理是不适用的。

11.1.2　协调控制

1960 年，在第一届国际自动控制联合大会 IFAC 世界大会上，中国学者发表论文“多变量协调控制理论”，认为苏美学者的自治调节、不相互影响的控制理论，在多变量相互联系与相互作用的情况下是不适用的，提出了多变量系统的协调控制方法。其主要设计思想如下：

（1）自整定内部给定量

协调控制的任务是保持给定的协调关系，而不是个别的被控制量。在多变量协调控制系统中，各被控制量没有外加的给定值，而是根据给定的协调关系，考虑系统当前的运行状态，自行整定其内部给定量。

（2）协调偏差反馈控制

为了保持给定协调关系，需要按协调偏差进行多向反馈控制，可以定义协调偏差 ε_i 为内部给定量 $\bar{y}$ 与被控制量 y 之差。

（3）控制作用协调联系

协调控制原理要求，建立控制设备巾控制作用之间的协调联系，保留或加强被控制对象中有益的联系，抵消或减弱对象中有害的联系。使系统特性适应于协调控制的需要，实现系统矩阵的协调化。

（4）扰动补偿复合控制

协调控制系统是在镇定状态下工作的，需要镇定的是协调关系。外部扰动是破坏协调关系的重要因素，若扰动是可观测的（直接或间接），2 则可进行扰动的协调补偿，建立扰动补偿的开环协调控制通道，以消除或减小扰动对系统协调工作的有害影响。它与按协调偏差的闭环控制相结合，构成复合协调控制系统。

采用多变量协调控制方法可以设计多变量协调控制系统，其体系结构如图 11-1 所示。其中，E 是被控制对象；C 是控制机构；B 是协调偏差控制信号装置；G 是控制作用反馈信号装置；F 是主扰动补偿信号装置；$\bar{y}$ 是被控制量；$\bar{\mu}$ 是控制作用；$\bar{v}$ 是主扰；$\bar{x}$ 是协调偏差控制信号；$\bar{r}$ 是补偿信号；$\bar{s}$ 是反馈信号。

多变量协调控制方法可应用于社会系统工程各领域，各种多变量、多输入、多输出、多干扰、多目标、多参数、多关联、多回路的多变量协调控制系统。例如，机械、冶金、电力、化工、水泥、造纸等工业生产过程，多输入、多输出的多变量协调控制系统。升船机、船闸、龙门吊、连轧机、造纸机等多电机速度、

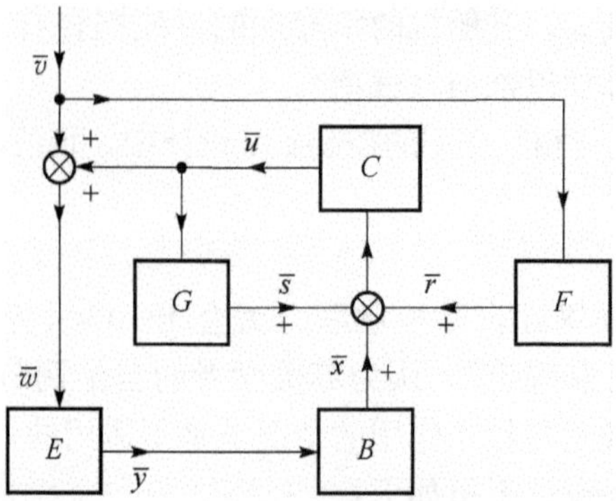

图 11-1　多变量协调控制系统体系结构图

角度、行程的多变量协调控制系统。锅炉、发动机、发电机、反应堆等多参数温度、压力、流量、转速、电压、电流、频率、成分的多变量协调控制系统。

如上所述，苏联学者提出的自治调节方法、美国学者提出的不相互影响的控制方法，实际上都是解耦控制方法，是多变量协调控制方法的一种特殊情形，是各个变量相互不干涉的情况下的协调控制方法。因此，在 1980 年《工程控制论》（修订版）中，把原来的第五章“不相互影响的控制”，修改为“协调控制”。

11.2　社会系统工程的大系统协调控制方法

上述社会系统工程的多变量协调控制方法，可以推广、发展，研究开发为大系统协调控制方法。

11.2.1　社会系统工程的大系统可协调性

协调是社会系统工程大系统控制的关键问题。所谓协调，就是如何使各小系统相互配合、协调工作，共同完成大系统的总任务。

社会系统工程的大系统可协调性，包括资源可协调性、任务可协调性。这意味着，社会系统工程大系统在结构、参数方面，满足资源可协调性、任务可协调性的判据。

社会系统工程大系统可协调性是复杂大系统组合优化、组合稳定化、协调快速性、协调准确度的前提条件。

大系统结构可协调性是社会系统工程大系统的重要结构特性，基于信道结构能通性，可分析社会系统工程大系统的结构可协调性。

（1）社会系统工程资源结构可协调性

若社会系统工程大系统的信息结构提供了实现资源可协调性所需的信息通道，满足资源可协调性判据的必要结构条件，则称社会系统工程大系统是资源结构可协调的。其物理概念如下：

① 大系统具有资源分配所需信息通道，结构上有可能将总资源分配给各子系统。

② 各子系统的局部任务在结构上可受资源协调作用控制，具有所需的控制信息通道。

③ 子系统间的关联在结构上不影响局部任务的完成，不具备相应的影响信息通道。

(2) 社会系统工程任务结构可协调性

若系统的信息结构提供了实现任务可协调性所需的信息通道，满足任务可协调性判据的必要结构条件，则称系统是任务结构可协调的。其物理概念如下：

① 大系统具有任务分配所需信息通道，结构上有可能将总任务分配给各子系统。

② 各子系统的局部资源在结构上可受任务协调作用控制，只有所需的控制信息通道。

③ 子系统间的关联在结构上不影响局部资源利用，不具备相互的影响信息通道。

11.2.2　社会系统工程大系统“递阶协调控制”方法

关于社会系统工程多变量控制系统的协调控制原理、概念和方法可以拓广，应用于研究社会系统工程大系统的协调控制问题。

社会系统工程大系统协调控制的任务是实现社会系统工程大系统的协调化，即通过协调控制，使社会系统工程大系统中的各小系统相互协调、相互配合、相互制约、相互促进。在实现各小系统的小目标、小任务的基础上，实现社会系统工程大系统的总目标、总任务。

以二级递阶控制结构的社会系统工程系统为例，讨论大系统递阶协调控制方法，给出社会系统工程二级递阶协调控制系统，如图 11-2 所示。其中，$\bar{J}$ 是总任务（总目标）；$\bar{R}$ 是总资源（总约束）；$\bar{J}_i$ 是分配给第 i 个子系统的局部任务；$\bar{R}_i$ 是分配给第 i 个子系统的局部资源；J_i 是第 i 个子系统完成的局部任务；R_i 是第 i 个子系统消耗的局部资源；$\Delta J_i=(\bar{J}_i-J_i)$ 是第 i 个子任务协调偏差；$\Delta R_i=(\bar{R}_i-R_i)$ 是第 i 个子资源协调偏差；x_i 是第 i 个子系统的状态；u_i 是第 i 个子系统的控制；$\bar{J}_j$ 是分配给第 j 个子系统的局部任务；$\bar{R}_j$ 是分配给第 j 个子系统的局部资源；J_j 是第 j 个子系统完成的局部任务；R_j 是第 j 个子系统消耗的局部资源；$\Delta J_j=(\bar{J}_j-J_j)$ 是第 j 个子任务协调偏差；$\Delta R_j=(\bar{R}_j-R_j)$ 是 j 个子资源协调偏差；x_j 是第 j 个子系统的状态；u_j 是第 j 个子系统的控制；z_{ij} 和 z_{ji} 第 i 个和第 j 个子系统的关联。

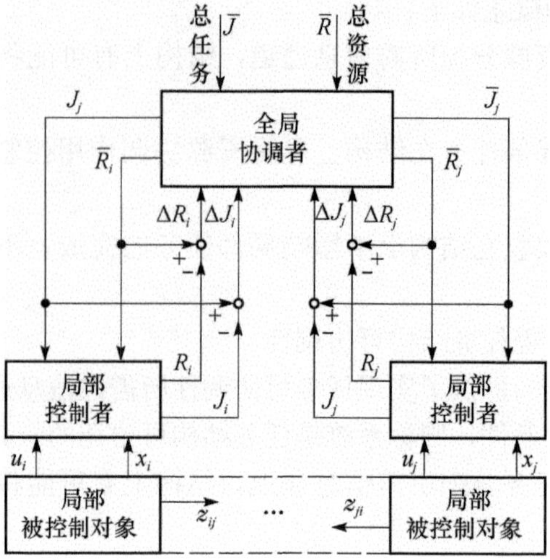

图 11-2　社会系统工程二级递阶协调控制系统

11.2.3　社会系统工程大系统“分散协调控制”方法

当社会系统工程大系统具有分散控制结构时，由于没有上级协调器，只能依靠各小系统之间的相互通信，实现社会系统工程大系统的分散协调控制，如图 11-3 所示。

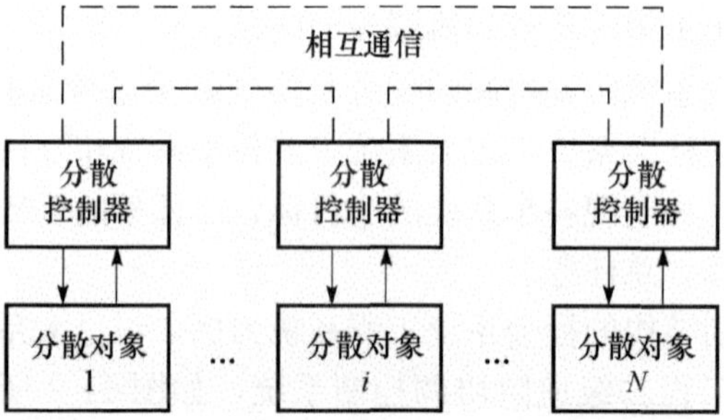

图 11-3　社会系统工程的分散协调控制系统

社会系统工程大系统分散协调控制方法，根据各分散控制器之间相互通信的方式和信息通道结构，可以采取不同的分散协调控制方法。

(1) 社会系统工程的导引协调方法

在分散社会系统工程大系统中选取某一个最重要、最关键的小系统为主导小系统，而其他小系统为从属小系统。由主导小系统对各从属小系统的工作状态进行观测、评价、整定，发出导引协调信号，对各从属小系统进行导引协调控制，在主导小系统的引导下，共同实现大系统的总目标、总任务。其相互通信的信道结构如图 11-4 所示。其中，1 是主导小系统；2～4 是从属小系统。

导引协调也可称为主—从协调。这里的主导小系统相当于递阶控制系统中的协调器，因而可引用大系统的递阶协调控制方法。

(2) 社会系统工程的循环协调方法

社会系统工程循环协调方法的信道结构，如图 11-5 所示。

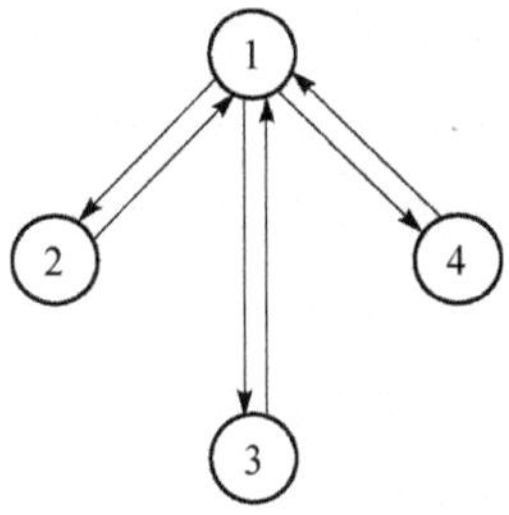

图 11-4　社会系统工程导引协调信道结构

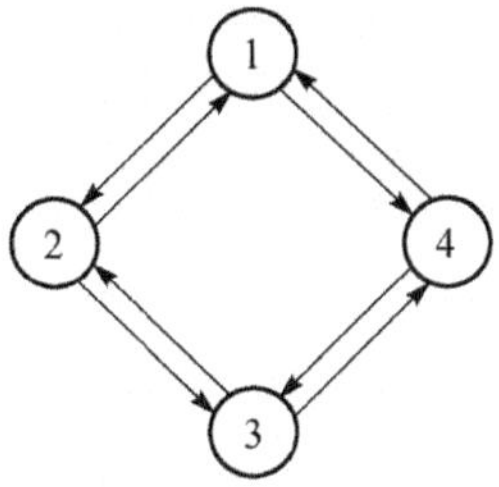

图 11-5　社会系统工程循环协调信道结构

在社会系统工程循环协调控制系统中，各小系统的地位是平等的，无主、从之分，而是按某种顺序，以串行方式，依次进行循环式协调。可以顺时针方向循环，也可以逆时针方向循环，在协调控制的环路中，相邻的小系统，既是协调者，又是被协调者。循环协调适用于具有环形或链式结构的大系统，如环形网、供需链等。

(3) 社会系统工程分组协调方法

根据分散控制系统中各子系统之间耦合的强弱、相互通信的难易、对协调需求的差异等具体情况，将子系统划分为若干组。各组分别并行地进行协调，可以采用不同的协调方案。如导引协调、循环协调等。具体分组方式很多，如配对分组等如图 11-6 所示。

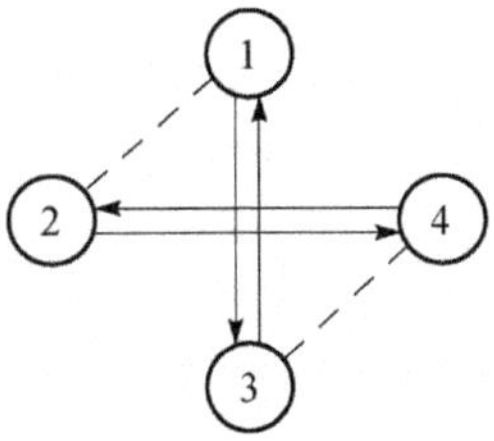

图 11-6　社会系统工程分组协调信道结构

各分组之间的协调如虚线所示，表示组间协调的需求较低、耦合较弱，或者相互通信很难实现。这时，不需要或不能依靠相互通信进行在线、实时的协调，只需要或只能进行离线、非实时的协调。分组协调适用于弱耦合、非均匀关联的大系统，如分布式油田、气田和企业集团的松散联盟等。

11.2.4 社会系统工程全息协调方法

社会系统工程全息协调的信道结构，如图 11-7 所示。

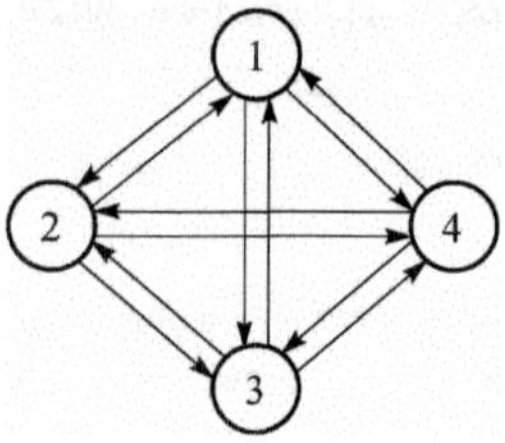

图 11-7 社会系统工程全息协调信道结构

社会系统工程全息协调信道结构意味着：大系统协调控制的信道结构是全连通图，各系统之间具有完全的相互通信的信息通道。

社会系统工程全息协调的分散控制系统中，任何二个小系统之间，都具有双向的协调信息通道，可以进行双向协调。因此，任何一个小系统，既是协调者，又是被协调者。通过全息协调，在分散控制的大系统中，各小系统相互协调、相互配合、相互制约、相互促进。以便在实现各小系统的小目标、小任务的过程中，同时也实现大系统的总目标、总任务。

社会系统工程全息协调方法适用于协调需求高、相互关联强的大系统，如海、陆、空三军大系统联合作战大系统。

从社会系统工程大系统分散协调控制信道结构如图 11-4～图 11-7 所示。可以看出，全息协调的信道结构是最完全的。因此，全息协调方法可视为导引协调、循环协调、分组协调方法的综合集成方法。反之，导引协调、循环协调、分组协调方法，也可视为全息协调方案的分解方案或部分实现。

上述几种协调方法是社会系统工程分散控制大系统的典型协调控制方法。在实际大系统中，它们可以相互结合，灵活应用。例如，对于规模甚大的分散控制系统，直接采用全息协调方法。如果难以实现，那么可以采用分组协调方法，其中每个分组本身的协调控制，根据具体条件，可灵活应用导引协调、循环协调或全息协调方法。各分组之间的协调也可选取导引协调、循环协调或全息协调方法。

从以上的论述中可知，大系统协调控制是多变量协调控制的发展。

在递阶控制大系统中，协调器的设计原理和方法，如关联平衡、关联预估等目标协调、模型协调策略，大系统多级最优化的分解＋协调方法，大系统稳定化的分解＋集结方法等，都可视为多变量协调控制原理和方法的发展。

在分散控制大系统中，基于相互通信的分散协调控制，也是多变量协调控制的发展。事实上，按平均协调偏差控制的多变量比例协调控制系统，其协调信息通道结构就是全息协调方案。例如，在自行协调旋转系统中，任何二套小系统都有双向协调信息，各小系统是相互协调的。

11.3　结　　论

为了学习、继承、发展钱学森关于协调控制的学术思想，本章研究社会系统工程的协调控制方法，主要从多变量与大系统两个侧面，论述社会系统工程的多变量协调控制方法和社会系统工程的大系统协调控制方法。

社会系统工程的多变量协调控制方法，研究论述了协调控制方法和自治调节方法（不相互影响的控制方法）。我们认为自治调节方法不过是多变量协调控制方法的特殊情形。

社会系统工程的大系统协调控制方法，研究论述了大系统可协调性、大系统结构可协调性、大系统递阶协调控制方法、大系统分散协调控制方法。

给出了社会系统工程大系统分散协调控制的导引协调、循环协调、分组协调、全息协调方法。

社会系统工程的大系统协调控制方法，已广泛地、成功地应用于工程技术、生物生态、社会经济领域的大系统协调控制。

展望未来，社会系统工程协调控制方法的发展方向是机—机协调、人—机协调、人—人协调。

主要参考文献

钱学森. 创建系统学（新世纪版）. 上海：上海交通大学出版社，2007.

钱学森，等. 论系统工程. 北京：湖南科学技术出版社，1982.

钱学森，宋健. 工程控制论（3 版）. 上册. 北京：科学出版社，2011.

涂序彦，等. 大系统控制论（修订版）. 北京：北京邮电大学出版社，2005.

涂序彦. 多变量协调控制理论//第一届国际自动控制联合会 IFAC 世界大会论文集，1960.

涂序彦. 复杂系统协调控制论//香山科学会议第 112 次学术讨论会议论文集，1999.

涂序彦. 论协调. 科学学与科技管理，1981.

涂序彦. 人机和谐智能 CAD 系统//CSCW 国际学术会议论文集，1998.

涂序彦. 社会协调学与社会计算//中国科协第 20 期新观点新思想学术沙龙：社会计算，2008.

涂序彦. 智能管理. 北京：清华大学出版社，1995.

第十二章 社会系统工程的建模仿真方法

现代科学技术正处在综合化、整体化发展的时期，它研究和解决复杂系统的方法是由科学家与技术专家组成的集体（总体设计部）实行的。其思维过程为

问题——信息与知识——广义模型——算法与软件——计算机仿真

这实际上是从定性到定量综合集成方法的具体实现。在这个过程中，起关键作用的模型的建立（定性）与模型的仿真实验（定量）都离不开计算机。

因此，钱学森指出：系统工程方法不仅需要系统科学的理论，而且“需要强有力的运算手段——电子数字计算机。”①

特别是在社会系统工程的建模与仿真中，电子计算机是非常强有力的、绝对不可缺少的工具，因为社会系统工程的对象是开放的复杂大系统。它规模庞大、结构复杂、因素众多、功能综合；要提出有科学依据的方案，供领导咨询，“按照系统工程的方法，总是把与系统有关的数量关系归纳成反映系统机制和性能的数学方程组，即数学模型，然后在约束条件下求解这个数学方程组，找出答案。”②

在系统工程的建模与仿真的整个过程中，电子计算机起着十分重要的作用，主要如下：

① 电子计算机能形成一个高效的数据库，它可以按照计划部门和领导者的需要，把任何一项工作的历史情况和最新进度显示出来。

② 通过电子计算机对经常变动的计划进展情况进行快速处理，计划管理人员能够及时掌握整个计划的全面动态，及时发现短线和窝工，采取调度措施改变这种状况。

③ 电子计算机能在短时间内对可能采取的几个调度措施的效果进行计算比较，帮助计划部门确定最合适的调度方案。

在我国，由于有运筹学、控制论和电子计算机这些工具，又有经济、政治、教育、行政、法律、环境等领域系统工程的实践，就为社会系统工程完成更大的任务，组织管理现代化建设，制订社会和国家规模的长远规划，以及社会和国家

---

① 钱学森，等. 论系统工程. 上海：上海交通大学出版社，2007：7.

② 钱学森，等. 论系统工程. 上海：上海交通大学出版社，2007：8.

规模的协调、平衡，创造了条件。

社会系统工程需要运算能力很大的计算机，除了巨型计算机站外，还要利用国家的电子计算机网。

为了学习、继承、发展钱学森关于在社会系统工程中，如何运用电子计算机的思想和方法，本章研究社会系统工程的建模仿真方法，主要研讨社会系统工程运用电子计算机的建模与仿真的方法和技术，重点论述社会系统工程广义模型的建模方法和社会系统工程的计算机智能仿真技术。

12.1　社会系统工程的广义模型

模型是对原型（实际系统）的一种表达形式，它将原型按研究要求的比例、仿真度、取舍度、归整度等，进行抽象而成的。按照模型的表现形式可以分为物理模型、数学模型、结构模型和仿真模型。

复杂系统的模型与简单系统的模型不同，由于它的复杂性，可以有多种含义，因而把它称之为广义模型。

12.1.1　集成广义模型

广义模型之一是知识模型、数学模型、关系模型相互结合的集成广义模型。

(1) 知识模型

它是运用人工智能和知识工程的方法与技术建立的模型。例如，运用知识表达方法（产生式规则、语义网络、框架等），知识获取技术（人工移植、机器感知、机器学习等）所建立的知识模型。它主要用于表达人们关于事物的定性知识和经验知识，以便利用知识进行定性分析和逻辑推理，求解有关问题。

(2) 数学模型

它是运用控制理论或运筹学的理论、方法建立的模型。例如，运用状态方程、传递函数、代数方程等建立的数学模型。它主要用于定量地描述事物的有关动态过程与静态特性，对问题进行定量分析和数值计算。

(3) 关系模型

它是运用图论方法和逻辑学建立的各种关系模型。例如，赋值的有向图、无向图、树图、网络图、逻辑式等。它主要用于定性或定量地描述人们或事物之间的各种关系。例如，组织机构、工艺流程、信息传递、时序关系等。用于进行系统的结构分析与结构综合，也可称之为结构模型。

在社会系统工程建模的实际工作中，应根据具体任务的需求和环境条件的可能，在知识模型、数学模型、关系模型相结合的基础上，利用计算机软件进行集成，建立适合于实际系统的集成模型，从而可以全面地（定性、定量、静态、动态）描述实际系统的结构、参数、功能和特性。

12.1.2 控制论模型

广义模型之二是控制者模型与被控制对象模型相结合的控制论模型。

(1) 控制者模型

控制者产生控制作用，接收反馈信息，它可以是人，如控制、管理、调度、指挥、决策人员等；也可以是机器，如控制器、调节器、计算机等。

(2) 被控制对象模型

被控制对象接受控制作用，提供反馈信息，它通常是机器或设备，也可以是人或人群，如社会经济控制系统。

在控制理论方面，主要致力于建立被控制对象的数学模型，如系统辨识的方法和技术，较少研究控制者的模型化问题。所以，在控制系统模型化的方法上存在片面性。

特别是在社会系统工程中，它是有人参加的系统，可利用人工智能专家系统的方法和技术，建立控制者的知识模型，以有经验的操作、调度、指挥人员作为领域专家，建立相应的知识模型，以及基于知识库的、用于控制或管理的、各种人工智能专家系统。

12.1.3 变粒度模型

广义模型之三是变粒度模型。它分别地对巨系统、大系统、小系统建立相应的粗粒度、中粒度、细粒度的模型，将它们组织起来，构成社会系统工程系统的变粒度模型。

(1) 粗粒度模型

粗粒度模型是用粗大的量化单位或知识基元去描述大系统的宏观模型。例如，国家级的经济模型，从全国的宏观水平，用国民经济总产值、全国人均年收入等粗粒度的经济指标，描述国民经济管理系统。

(2) 中粒度模型

中粒度模型是用中等规模的量化单位或知识基元描述分系统的中观模型。例如，省级经济模型，从各省的角度，用各省经济总产值、各省人均月收入等指标，描述各省的经济管理系统。

（3）细粒度模型

细粒度模型是用细小的量化单位或知识基元描述分系统的微观模型。例如，县级经济模型，从各县角度，用各县经济总产值、各县人均日收入等指标，描述各县经济管理系统。

利用粗粒度、中粒度、细粒度的量化单位、知识基元（国家级、省级、县级的经济指标）之间的关系，可将上述宏观、中观、微观模型组织起来，建立描述社会系统工程系统的变粒度广义模型。

12.1.4　智能化模型

广义模型之四是智能化模型。为了建立发展中的系统、不确定、不确知系统、主动系统的模型，可以运用人工智能、控制理论、运筹学相结合的方法，开发各种智能化模型，如自学习模型、自适应模型、自组织模型等。

（1）自学习模型

利用人工智能的自学习方法与控制理论的系统辨识技术相结合，发展智能辨识技术，建立具有自学习性能的数学模型。在系统运行过程中，通过示教学习或非示教学习，获取知识，积累经验、自动辨识修改模型参数，提高模型的精度以跟踪实际系统的变化和发展。

（2）自适应模型

利用在线动态系统辨识技术和自校正方法，可以建立具有自适应性能的模型。当系统的环境条件发生变化或对象特性漂移时，能够自动校正模型参数，以适应系统的变化和漂移。

（3）自组织模型

利用模型库及模型库管理系统，可以根据用户需求和解题规划，进行模型构造和组织。在知识模型、数学模型、关系模型相结合的基础上，组成适用于实际系统的自组织模型。

综上所述，广义模型是从控制论观点，用人工智能、系统辨识、图论等多学科方法和技术，灵活运用知识模型、数学模型、关系模型，并行处理控制者模型、被控制对象模型，建立宏观、中观、微观相结合的，具有自学习、自适应、自组织性、变粒度、智能化的模型。广义模型中的各种不同模型（知识、数学、关系模型）可在计算机中相互结合，构成面向对象的软件集成模型。

广义模型的概念体系如图 12-1 所示。

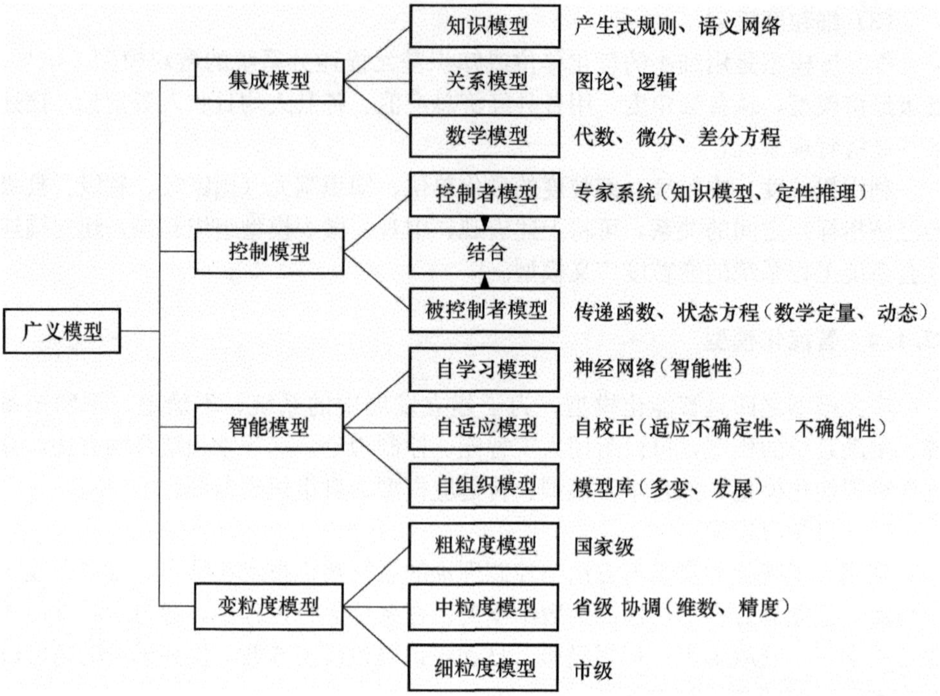

图 12-1 广义模型的概念体系

12.2 社会系统工程广义模型的建模方法

12.2.1 社会系统工程广义模型的建模原则

“建模是指将一个实际系统的结构、功能、输入、输出关系用数学模型、逻辑模型等描述出来，用对模型的研究来反映对实际系统的研究。”① 建模是研究系统的重要手段和前提。由于描述的关系不同，所以实现这一过程的手段和方法是多种多样的，但它们都必须遵守下列原则。

(1) 分离性

因为客观世界是相互联系、相互制约的，在建立系统模型时，要注意可分离性或相对独立性，考虑该系统是否可以、如何才能从周围环境中分离出来，使系统对环境具有相对独立性，即把系统和环境分离。

(2) 因果性

因果关系分析是建立关系模型、知识模型、数学模型的基础。系统的输入

① 钱学森. 创建系统学. 上海：上海交通大学出版社，2007：113.

(环境对系统的作用)、输出（系统对环境的作用）；控制者的输入、输出；被控制对象的输入、输出；大系统中各小系统之间的相互作用；系统中的正反馈或负反馈作用等，都要根据因果关系来确定或判别。同一结果（输出）可能有多种原因（输入）；反之，同一原因也可产生多种结果。

（3）主次性

社会系统工程系统是因素众多的系统，是多变量、多输入、多输出、多参数、多指标、多干扰的系统。在系统建模中，要根据系统分析与综合的实际需要和可能条件，在众多因素中，分清主次，把握主要因素，略去次要因素，以便建立适用的模型，既有足够的精确性，反映实际系统特性，又不过分复杂，便于进行系统分析与综合。

（4）时空性

为了判断建模的类型，需要对实际系统的时空特性进行分析。例如，系统结构、参数、状态、性能随时间变化的规律，在空间分布的特性等。以便选取相应的模型类别，如静态模型、动态模型；定性模型、定量模型；连续模型、离散模型；确定性模型、非确定性模型；集总参数模型、分布参数模型；定结构模型、变结构模型；线性模型、非线性模型等。

12.2.2　社会系统工程广义模型的建模方法

社会系统工程广义模型有多种含义，因而实现建模过程的手段和方法是多种多样的。“既需要理论方法又需要经验知识，还要有真实的统计数据和有关资料。”[①] 在建模过程中，一般可以通过对系统本身运动规律的分析，根据事物的机理来建模，也可以通过对系统的实验或统计数据的处理，并根据关于系统的已有的知识和经验来建模。这里介绍适用于它的几种方法。

（1）演绎＋归纳建模法

利用演绎法建立系统模型，根据有关系统的一般原理、定律的知识，系统结构和参数的具体信息和数据，进行从一般到特殊的演绎推理和论证，建立面向系统的模型。它对应于“白箱”方法。

这种演绎建模法需要掌握与实际系统有关的全部信息，对系统的具体结构和参数有详细了解。从而，可以利用严格的演绎方法，建立系统的内模型，具有唯一解。

利用归纳法建立系统模型，对实际系统的输入、输出的观测和统计数据，运行记录或实验资料，进行从特殊到一般的归纳推理和总结，建立系统的外部等效模型。它对应于“黑箱”方法。

---

① 钱学森. 创建系统学. 上海：上海交通大学出版社，2007：113.

这种归纳建模法不需要关于系统结构和参数的完备信息，而是利用输入、输出观测实验和运行记录，进行归纳总结和数据拟合，建立实际系统的外模型。这种外部功能的等效模型不是唯一的。

由于社会系统工程系统的复杂性、单纯采用演绎法或归纳法建模都有困难。一方面，用演绎法难以全面掌握大系统结构和参数的完备信息，关于大系统的特性，如社会经济、生物生态系统，有些理论还不成熟，原理和规律还不太清楚。另一方面，由于系统规模庞大，用归纳法难以进行大量的观测实验和数据采集以及信息处理，可能需要耗费巨额资金、人力和时间。

因此，我们建议采取演绎和归纳相结合的演绎归纳建模法，即“白箱”与“黑箱”相结合的“灰箱”方法。从而有可能在系统结构、参数信息不完备的条件下，利用部分的观测实验和数据采集，建立适用于社会系统工程系统的广义模型。例如，利用演绎法确定模型类别和维数及结构，而用归纳法辨识模型的参数。

(2) 分解＋联合建模法

社会系统工程系统往往由若干小系统相互联系组成，可以分解为若干小系统。例如，一个电力系统由若干发电站、用电户所组成。因此，在大系统模型化中，我们建议采用分解＋联合建模法。

① 分解建模。将大系统分解为若干小系统，不计各小系统之间的相互联系，分别应用演绎＋归纳建模法，建立各个小系统的局部的小模型。由于小系统规模小而简单，所以小模型的建立也相对地较容易，可以根据各小系统的具体情况，采用相应的方法和粒度，建立适用的小模型。

② 联合建模。将各小系统的小模型联合起来，构成大系统的全局的总模型。这时，要应用演绎＋归纳建模法，建立各小系统之间的关系模型。利用各种关系模型，将各小模型联合起来，组成总模型。关系模型反映各小系统之间的定性、定量、静态、动态的相互影响、相互联系。可以利用相应的方法和粒度，分别建立每两个小系统之间的关系模型，从而逐步建立所需的关系模型。

(3) 人机结合建模法

通常，控制系统的模型化，传统的方法是致力于建立被控制对象的数学模型，以便根据被控对象数学模型，应用控制理论方法，设计所需的控制器，实现要求的控制过程，完成预定的控制任务。

对于复杂的社会系统工程系统，要建立既有足够精确的，又便于系统分析设计的被控制对象的数学模型，往往是相当困难的，要耗费大量的人力、物力和时间。这是控制理论在实际应用中的主要障碍之一。

然而，有不少实际场合，即使缺乏适用的被控制对象的数学模型，依靠专家的知识和经验，也可以对系统进行有效的控制，获得满意的结果。这里是依靠人的智能，控制者的知识、经验和技巧，完成预定的控制任务。

如果应用人工智能的知识表达方法，建立控制者的知识模型，或者应用模糊数学方法，建立控制者的数学模型，并进一步用计算机仿真，就建立了控制者的计算机模型，也就是拟人的智能控制器。

因此，建议采用人机结合建模方法，即控制者（人）的模型与被控制对象（机）的模型相结合，根据实际系统的具体情况，灵活运用。例如，控制者的知识模型与被控制对象机理模型相结合，这是人机协调与拟人化方法在模型化方面的体现。

12.2.3　社会系统工程广义模型的建模步骤

使用计算机以数学方法描述系统的建模步骤，主要如下：

(1) 广义模型需求分析

根据大系统分析与综合的需要，研究对广义模型的需求。主要内容包括：

① 模型对象，如控制者、被控对象。

② 模型粒度，如宏观、中观、微观。

③ 模型智能，如自适应、自学习、自组织。

④ 模型特性，如定性、定量、静态、动态。

⑤ 模型格式，如知识、数学、关系。

(2) 广义模型环境调研

对大系统的结构、功能、参数、特性进行调研，了解广义模型化的环境和条件。主要内容包括：

① 知识源，如专家知识、经验，因果关系。

② 数据源，如统计数据，运行记录，结构参数。

③ 时空特性，如时变、定性、集总、分布。

④ 不确定性、不确知性。

⑤ 计算机资源、通信资源。

⑥ 观测、实验条件。

(3) 广义模型方案设计

在广义模型需求分析及环境调研基础上，根据建模原则，参照广义模型体系，可以进行面向实际系统的广义模型方案设计，包括模型对象、粒度、智能、特性和格式的选择和拟定等。

(4) 广义模型方法配置

按所设计的广义模型方案，配置相应的建模方法。例如，控制者知识模型可配置人工智能专家系统方法，被控制对象数学模型可配置控制理论系统辨识方法等。

(5) 广义模型技术支持

采用计算机辅助建模技术，进行计算机仿真，建立模型库等。

(6) 广义模型建造调试

应用分解＋联合、演绎＋归纳、人机结合方法，以及有关具体建模方法、技术支持手段和设备，建造广义模型的各子模型、关系模型，并构成总模型，在计算机上联调。

(7) 广义模型运行维护

所建造的广义模型投入试运行，在试运行过程中，进行模型的校正、增删和更新等维护工作。

(8) 广义模型评价鉴定

根据试运行结果，对广义模型的适用性进行评价和鉴定。

12.3 社会系统工程的智能仿真方法

“有了系统模型，再借助计算机就可以模拟系统和功能，这就是系统仿真。”① 仿真是利用模型复现实际系统中的运动与变化过程，并通过对模型的实验来研究设计中的系统，又称模拟。社会系统工程研究的系统成本十分昂贵，而且实验的风险性很大，往往需要很长的时间，才能了解模型是否正确或近似正确地反映实际，因此仿真是一种特别适合的、有效的研究手段。仿真的重要工具是计算机，它与数值计算、求解方法的区别在于：它首先是一种实验技术。仿真的过程包括建立仿真模型和进行仿真实验两个主要步骤。

12.3.1 社会系统工程智能仿真的概念

为了提高计算机仿真系统的智能水平，我们在《智能管理》一书中曾提出智能仿真的概念：人工智能与仿真技术相结合，研究开发智能仿真技术。

智能仿真系统是智能化、集成化、协调化的仿真系统，具有下列特性：

(1) 智能性

由于人工智能的应用、人机智能结合，所以在仿真输入信息预处理、仿真模型生成、仿真算法的灵活性、有效性、仿真结果的分析与解释等方面，体现出较高智能水平。

(2) 适用性

拥有适用范围大的广义仿真模型，求解效率高的智能仿真算法，编程方便的综合仿真语言，多库协同的仿真软件支持环境，文、图、声并茂的人—机界面，

① 钱学森. 创建系统学. 上海：上海交通大学出版社，2007：113.

所以适用性好。

（3）友好性

通过多媒体智能仿真界面，进行人机友好交互，辅助用户采集数据、建立模型、整理结果，便于用户输入启发信息，监控仿真过程，接受仿真输出信息，进行分析和理解。

12.3.2　社会系统工程智能仿真方案

根据智能仿真的概念，给出了智能仿真系统的技术方案，如图 12-2 所示。

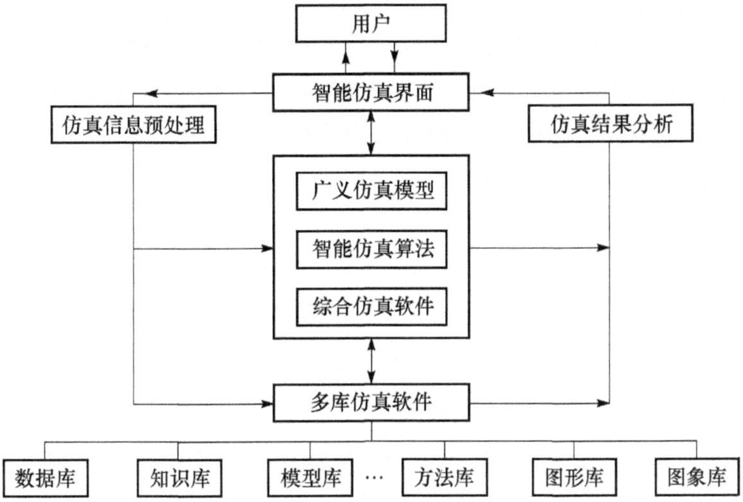

图 12-2　智能仿真系统技术方案

智能仿真系统的关键技术如下：

（1）广义仿真模型

应用广义模型的概念、方法和技术，开发适用的广义仿真模型。例如，知识模型、数学模型、网络模型相结合的集成化仿真模型，以提高仿真模型的描述能力，扩大仿真模型的应用范围。

（2）仿真模型生成

研究与开发仿真模型生成系统，模型库及其管理系统。利用仿真建模的专业知识、典型仿真模型模块、通用仿真语言工具，根据用户的需求及环境条件，进行模型选用、赋值、组装、构造及验证，以生成面向用户实用系统的仿真模型。

（3）智能仿真算法

引用专家系统、人工神经网络、模式识别方法和技术，与常用的仿真算法相结合，开发适用于广义仿真模型的、具有知识推理、逻辑判断、学习训练，或联想识别的性能的，集成化的智能仿真算法。

(4) 智能仿真界面

多媒体智能接口技术与仿真技术相结合，开发人—机友好交互、自然通信的文、图、声并茂的智能仿真界面，便于在仿真过程中，用户可以输入启发信息，进行动态监控与示教学习，实现人—机结合的协同智能仿真。

(5) 仿真结果分析

开发仿真结果分析系统，辅助用户对仿真结果进行解释。根据关于仿真对象的知识，输入的初始参数、边界条件及仿真模型、方法特性，对输出的仿真结果的可信度、灵敏度进行分析，解释仿真结果的物理意义和应用价值。

(6) 多库仿真软件

为了对广义仿真模型、智能仿真算法、智能仿真界面及仿真结果分析，提供有效的软件支持环境，以便采集、存储、调用、管理和维护多媒体的仿真信息，需要开发由数据库、知识库、模型库、图形库、图像库、音素库、语料库等组成的多库仿真软件技术。

(7) 综合仿真语言

广义仿真模型及智能仿真算法的程序实现需要综合仿真语言，为此要在已有的通用和专用仿真语言、人工智能程序设计语言、通用计算机语言相结合的基础上，进行联结、嵌套、组装、集成，开发综合仿真语言。

(8) 仿真信息处理

系统仿真、方案仿真、预测仿真都需要输入大量数据和有关信息。为了提高输入信息的可信度和效率，需要开发计算机辅助的输入信息预处理技术。例如，输入数据的统计处理、输入知识的编辑整理等。同时，输出的仿真结果，也需要进行后处理，以便满足用户的需求。

12.4 结　论

为了学习、继承、发展钱学森关于在社会系统工程中如何运用电子计算机的思想和方法，本章研究了社会系统工程的建模仿真方法，重点论述社会系统工程广义模型的建模方法和社会系统工程的计算机智能仿真技术。

① 社会系统工程广义模型的概念，包括集成广义模型、控制论模型、变粒度模型、智能化模型。

② 社会系统工程广义模型的建模方法，包括演绎＋归纳建模法、分解＋联合建模法、人机结合建模法。

③ 社会系统工程广义模型的建模步骤，包括广义模型需求分析、环境调研、方案设计、方法配置、技术支持、建造调试、运行维护、评价鉴定。

④ 社会系统工程的智能仿真概念。智能仿真系统是智能化、集成化、协调

化的仿真系统，具有智能性、适用性、友好性。

⑤ 会系统工程的智能仿真技术方案。智能仿真系统的关键技术包括广义仿真模型、仿真模型生成、智能仿真算法、智能仿真界面、仿真结果分析、多库仿真软件、综合仿真语言、仿真信息处理。

⑥ 社会系统工程的智能仿真技术的发展，即面向知识经济的智能仿真技术，基于智体的网络化智能仿真技术，协同智能建模与协同智能仿真。

主要参考文献

钱学森. 创建系统学（新世纪版）. 上海：上海交通大学出版社，2007.

钱学森，等. 论系统工程. 长沙：湖南科学技术出版社，1982.

钱学森，宋健. 工程控制论（3 版）. 北京：科学出版社，2011.

涂序彦，等. 大系统控制论（修订版）. 北京：北京邮电大学出版社，2005.

涂序彦，等. 面向知识经济的智能仿真. 计算机仿真，1999.

涂序彦，等. 智能管理. 北京：清华大学出版社，1995.

涂序彦. 广义模型、智能仿真、软件人//中国系统建模与仿真技术高层论坛，2008.

涂序彦. 人工智能及其应用. 北京：电子工业出版社，1988.

涂序彦. 协同智能建模与协同智能仿真//中国系统建模与仿真技术高层论坛，2009.

涂序彦. 智能仿真技术. 北京：清华大学出版社，1995.